ITALIAANS

WOORDENSCHAT

THEMATISCHE WOORDENLIJST

NEDERLANDS
ITALIAANS

De meest bruikbare woorden
Om uw woordenschat uit te breiden en
uw taalvaardigheid aan te scherpen

9000 woorden

Thematische woordenschat Nederlands-Italiaans - 9000 woorden

Door Andrey Taranov

Woordenlijsten van T&P Books zijn bedoeld om u woorden van een vreemde taal te helpen leren, onthouden, en bestudering. Dit woordenboek is ingedeeld in thema's en behandelt alle belangrijk terreinen van het dagelijkse leven, bedrijven, wetenschap, cultuur, etc.

Het proces van het leren van woorden met behulp van de op thema's gebaseerde aanpak van T&P Books biedt u de volgende voordelen:

- Correct gegroepeerde informatie is bepalend voor succes bij opeenvolgende stadia van het leren van woorden
- De beschikbaarheid van woorden die van dezelfde stam zijn maakt het mogelijk om woordgroepen te onthouden (in plaats van losse woorden)
- Kleine groepen van woorden faciliteren het proces van het aanmaken van associatieve verbindingen, die nodig zijn bij het consolideren van de woordenschat
- Het niveau van talenkennis kan worden ingeschat door het aantal geleerde woorden

T&P Books Publishing
www.tpbooks.com

ISBN: 978-1-78492-274-0

Dit boek is ook beschikbaar in e-boek formaat.
Gelieve www.tpbooks.com te bezoeken of de belangrijkste online boekwinkels.

ITALIAANSE WOORDENSCHAT
nieuwe woorden leren

T&P Books woordenlijsten zijn bedoeld om u te helpen vreemde woorden te leren, te onthouden, en te bestuderen. De woordenschat bevat meer dan 9000 veel gebruikte woorden die thematisch geordend zijn.

- De woordenlijst bevat de meest gebruikte woorden
- Aanbevolen als aanvulling bij welke taalcursus dan ook
- Voldoet aan de behoeften van de beginnende en gevorderde student in vreemde talen
- Geschikt voor dagelijks gebruik, bestudering en zelftestactiviteiten
- Maakt het mogelijk om uw woordenschat te evalueren

Bijzondere kenmerken van de woordenschat

- De woorden zijn gerangschikt naar hun betekenis, niet volgens alfabet
- De woorden worden weergegeven in drie kolommen om bestudering en zelftesten te vergemakkelijken
- Woorden in groepen worden verdeeld in kleine blokken om het leerproces te vergemakkelijken
- De woordenschat biedt een handige en eenvoudige beschrijving van elk buitenlands woord

De woordenschat bevat 256 onderwerpen zoals:

Basisconcepten, getallen, kleuren, maanden, seizoenen, meeteenheden, kleding en accessoires, eten & voeding, restaurant, familieleden, verwanten, karakter, gevoelens, emoties, ziekten, stad, dorp, bezienswaardigheden, winkelen, geld, huis, thuis, kantoor, werken op kantoor, import & export, marketing, werk zoeken, sport, onderwijs, computer, internet, gereedschap, natuur, landen, nationaliteiten en meer ...

INHOUDSOPGAVE

UITSPRAAKGIDS

T&P fonetisch alfabet	Italiaans voorbeeld	Nederlands voorbeeld
[a]	casco ['kasko]	acht
[e]	sfera ['sfera]	delen, spreken
[i]	filo ['filo]	bidden, tint
[o]	dolce ['doltʃe]	overeenkomst
[u]	siluro [si'luro]	hoed, doe
[y]	würstel ['vyrstel]	fuut, uur
[b]	busta ['busta]	hebben
[d]	andare [an'dare]	Dank u, honderd
[dz]	zinco ['dzinko]	zeldzaam
[dʒ]	Norvegia [nor'vedʒa]	jeans, jungle
[ʒ]	garage [ga'raʒ]	journalist, rouge
[f]	ferrovia [ferro'via]	feestdag, informeren
[g]	ago ['ago]	goal, tango
[k]	cocktail ['koktejl]	kennen, kleur
[j]	piazza ['pjattsa]	New York, januari
[l]	olive [o'live]	delen, luchter
[ʎ]	figlio ['fiʎʎo]	biljet, morille
[m]	mosaico [mo'zaiko]	morgen, etmaal
[n]	treno ['treno]	nemen, zonder
[ŋ]	granchio ['graŋkio]	optelling, jongeman
[ɲ]	magnete [ma'ɲete]	cognac, nieuw
[p]	pallone [pal'lone]	parallel, koper
[r]	futuro [fu'turo]	roepen, breken
[s]	triste ['triste]	spreken, kosten
[ʃ]	piscina [pi'ʃina]	shampoo, machine
[t]	estintore [estin'tore]	tomaat, taart
[ts]	spezie ['spetsie]	niets, plaats
[tʃ]	lancia ['lantʃa]	Tsjechië, cello
[v]	volo ['volo]	beloven, schrijven
[w]	whisky ['wiski]	twee, willen
[z]	deserto [de'zerto]	zeven, zesde

AFKORTINGEN
gebruikt in de woordenschat

Nederlandse afkortingen

abn	-	als bijvoeglijk naamwoord
bijv.	-	bijvoorbeeld
bn	-	bijvoeglijk naamwoord
bw	-	bijwoord
enk.	-	enkelvoud
enz.	-	enzovoort
form.	-	formele taal
inform.	-	informele taal
mann.	-	mannelijk
mil.	-	militair
mv.	-	meervoud
on.ww.	-	onovergankelijk werkwoord
ontelb.	-	ontelbaar
ov.	-	over
ov.ww.	-	overgankelijk werkwoord
telb.	-	telbaar
vn	-	voornaamwoord
vrouw.	-	vrouwelijk
vw	-	voegwoord
vz	-	voorzetsel
wisk.	-	wiskunde
ww	-	werkwoord

Nederlandse artikelen

de	-	gemeenschappelijk geslacht
de/het	-	gemeenschappelijk geslacht, onzijdig
het	-	onzijdig

Italiaanse afkortingen

agg	-	bijvoeglijk naamwoord
f	-	vrouwelijk zelfstandig naamwoord
f pl	-	vrouwelijk meervoud
m	-	mannelijk zelfstandig naamwoord
m pl	-	mannelijk meervoud

m, f	-	mannelijk, vrouwelijk
pl	-	meervoud
v aus	-	hulp werkwoord
vi	-	onovergankelijk werkwoord
vi, vt	-	onovergankelijk, overgankelijk werkwoord
vr	-	reflexief werkwoord
vt	-	overgankelijk werkwoord

BASISBEGRIPPEN

Basisbegrippen Deel 1

1. Voornaamwoorden

ik	io	['io]
jij, je	tu	['tu]
hij	lui	['luj]
zij, ze	lei	['lej]
wij, we	noi	['noj]
jullie	voi	['voi]
zij, ze	loro, essi	['loro], ['essi]

2. Begroetingen. Begroetingen. Afscheid

Hallo! Dag!	Buongiorno!	[buon'dʒorno]
Hallo!	Salve!	['salve]
Goedemorgen!	Buongiorno!	[buon'dʒorno]
Goedemiddag!	Buon pomeriggio!	[bu'on pome'ridʒo]
Goedenavond!	Buonasera!	[buona'sera]
gedag zeggen (groeten)	salutare (vt)	[salu'tare]
Hoi!	Ciao! Salve!	['tʃao], ['salve]
groeten (het)	saluto (m)	[sa'luto]
verwelkomen (ww)	salutare (vt)	[salu'tare]
Hoe gaat het?	Come va?	['kome 'va]
Is er nog nieuws?	Che c'è di nuovo?	[ke tʃe di nu'ovo]
Dag! Tot ziens!	Arrivederci!	[arrive'dertʃi]
Tot snel! Tot ziens!	A presto!	[a 'presto]
Vaarwel!	Addio!	[ad'dio]
afscheid nemen (ww)	congedarsi (vr)	[kondʒe'darsi]
Tot kijk!	Ciao!	['tʃao]
Dank u!	Grazie!	['gratsie]
Dank u wel!	Grazie mille!	['gratsie 'mille]
Graag gedaan	Prego	['prego]
Geen dank!	Non c'è di che!	[non tʃe di 'ke]
Geen moeite.	Di niente	[di 'njente]
Excuseer me, ... (inform.)	Scusa!	['skuza]
Excuseer me, ... (form.)	Scusi!	['skuzi]
excuseren (verontschuldigen)	scusare (vt)	[sku'zare]
zich verontschuldigen	scusarsi (vr)	[sku'zarsi]

Mijn excuses.	**Chiedo scusa**	['kjedo 'skuza]
Het spijt me!	**Mi perdoni!**	[mi per'doni]
vergeven (ww)	**perdonare** (vt)	[perdo'nare]
Maakt niet uit!	**Non fa niente**	[non fa 'njente]
alsjeblieft	**per favore**	[per fa'vore]
Vergeet het niet!	**Non dimentichi!**	[non di'mentiki]
Natuurlijk!	**Certamente!**	[tʃerta'mente]
Natuurlijk niet!	**Certamente no!**	[tʃerta'mente no]
Akkoord!	**D'accordo!**	[dak'kordo]
Zo is het genoeg!	**Basta!**	['basta]

3. Hoe aan te spreken

meneer	**signore**	[si'ɲore]
mevrouw	**signora**	[si'ɲora]
juffrouw	**signorina**	[siɲo'rina]
jongeman	**signore**	[si'ɲore]
jongen	**ragazzo**	[ra'gattso]
meisje	**ragazza**	[ra'gattsa]

4. Kardinale getallen. Deel 1

nul	**zero** (m)	['dzero]
een	**uno**	['uno]
twee	**due**	['due]
drie	**tre**	['tre]
vier	**quattro**	['kwattro]
vijf	**cinque**	['tʃinkwe]
zes	**sei**	['sej]
zeven	**sette**	['sette]
acht	**otto**	['otto]
negen	**nove**	['nove]
tien	**dieci**	['djetʃi]
elf	**undici**	['unditʃi]
twaalf	**dodici**	['doditʃi]
dertien	**tredici**	['treditʃi]
veertien	**quattordici**	[kwat'torditʃi]
vijftien	**quindici**	['kwinditʃi]
zestien	**sedici**	['seditʃi]
zeventien	**diciassette**	[ditʃas'sette]
achttien	**diciotto**	[di'tʃotto]
negentien	**diciannove**	[ditʃan'nove]
twintig	**venti**	['venti]
eenentwintig	**ventuno**	[ven'tuno]
tweeëntwintig	**ventidue**	['venti 'due]
drieëntwintig	**ventitre**	['venti 'tre]
dertig	**trenta**	['trenta]

eenendertig	trentuno	[tren'tuno]
tweeëndertig	trentadue	[trenta 'due]
drieëndertig	trentatre	[trenta 'tre]

veertig	quaranta	[kwa'ranta]
eenenveertig	quarantuno	[kwa'rant'uno]
tweeënveertig	quarantadue	[kwa'ranta 'due]
drieënveertig	quarantatre	[kwa'ranta 'tre]

vijftig	cinquanta	[ʧin'kwanta]
eenenvijftig	cinquantuno	[ʧin'kwant'uno]
tweeënvijftig	cinquantadue	[ʧin'kwanta 'due]
drieënvijftig	cinquantatre	[ʧin'kwanta 'tre]

zestig	sessanta	[ses'santa]
eenenzestig	sessantuno	[sessan'tuno]
tweeënzestig	sessantadue	[ses'santa 'due]
drieënzestig	sessantatre	[ses'santa 'tre]

zeventig	settanta	[set'tanta]
eenenzeventig	settantuno	[settan'tuno]
tweeënzeventig	settantadue	[set'tanta 'due]
drieënzeventig	settantatre	[set'tanta 'tre]

tachtig	ottanta	[ot'tanta]
eenentachtig	ottantuno	[ottan'tuno]
tweeëntachtig	ottantadue	[ot'tanta 'due]
drieëntachtig	ottantatre	[ot'tanta 'tre]

negentig	novanta	[no'vanta]
eenennegentig	novantuno	[novan'tuno]
tweeënnegentig	novantadue	[no'vanta 'due]
drieënnegentig	novantatre	[no'vanta 'tre]

5. Kardinale getallen. Deel 2

honderd	cento	['ʧento]
tweehonderd	duecento	[due'ʧento]
driehonderd	trecento	[tre'ʧento]
vierhonderd	quattrocento	[kwattro'ʧento]
vijfhonderd	cinquecento	[ʧinkwe'ʧento]

zeshonderd	seicento	[sej'ʧento]
zevenhonderd	settecento	[sette'ʧento]
achthonderd	ottocento	[otto'ʧento]
negenhonderd	novecento	[nove'ʧento]

duizend	mille	['mille]
tweeduizend	duemila	[due'mila]
drieduizend	tremila	[tre'mila]
tienduizend	diecimila	['djeʧi 'mila]
honderdduizend	centomila	[ʧento'mila]
miljoen (het)	milione (m)	[mi'ljone]
miljard (het)	miliardo (m)	[mi'ljardo]

6. Ordinale getallen

eerste (bn)	primo	['primo]
tweede (bn)	secondo	[se'kondo]
derde (bn)	terzo	['tertso]
vierde (bn)	quarto	['kwarto]
vijfde (bn)	quinto	['kwinto]
zesde (bn)	sesto	['sesto]
zevende (bn)	settimo	['settimo]
achtste (bn)	ottavo	[ot'tavo]
negende (bn)	nono	['nono]
tiende (bn)	decimo	['detʃimo]

7. Getallen. Breuken

breukgetal (het)	frazione (f)	[fra'tsjone]
half	un mezzo	[un 'meddzo]
een derde	un terzo	[un 'tertso]
kwart	un quarto	[un 'kwarto]
een achtste	un ottavo	[un ot'tavo]
een tiende	un decimo	[un 'detʃimo]
twee derde	due terzi	['due 'tertsi]
driekwart	tre quarti	[tre 'kwarti]

8. Getallen. Eenvoudige berekeningen

aftrekking (de)	sottrazione (f)	[sottra'tsjone]
aftrekken (ww)	sottrarre (vt)	[sot'trarre]
deling (de)	divisione (f)	[divi'zjone]
delen (ww)	dividere (vt)	[di'videre]
optelling (de)	addizione (f)	[addi'tsjone]
erbij optellen (bij elkaar voegen)	addizionare (vt)	[additsjo'nare]
optellen (ww)	addizionare (vt)	[additsjo'nare]
vermenigvuldiging (de)	moltiplicazione (f)	[moltiplika'tsjone]
vermenigvuldigen (ww)	moltiplicare (vt)	[moltipli'kare]

9. Getallen. Diversen

cijfer (het)	cifra (f)	['tʃifra]
nummer (het)	numero (m)	['numero]
telwoord (het)	numerale (m)	[nume'rale]
minteken (het)	meno (m)	['meno]
plusteken (het)	più (m)	['pju]
formule (de)	formula (f)	['formula]
berekening (de)	calcolo (m)	['kalkolo]

tellen (ww)	contare (vt)	[kon'tare]
bijrekenen (ww)	calcolare (vt)	[kalko'lare]
vergelijken (ww)	comparare (vt)	[kompa'rare]

Hoeveel? (ontelb.)	Quanto?	['kwanto]
Hoeveel? (telb.)	Quanti?	['kwanti]

som (de), totaal (het)	somma (f)	['somma]
uitkomst (de)	risultato (m)	[rizul'tato]
rest (de)	resto (m)	['resto]

enkele (bijv. ~ minuten)	qualche ...	['kwalke]
weinig (bw)	un po'di ...	[un po di]
restant (het)	resto (m)	['resto]
anderhalf	uno e mezzo	['uno e 'meddzo]
dozijn (het)	dozzina (f)	[dod'dzina]

middendoor (bw)	in due	[in 'due]
even (bw)	in parti uguali	[in 'parti u'gwali]
helft (de)	metà (f), mezzo (m)	[me'ta], ['meddzo]
keer (de)	volta (f)	['volta]

10. De belangrijkste werkwoorden. Deel 1

aanbevelen (ww)	raccomandare (vt)	[rakkoman'dare]
aandringen (ww)	insistere (vi)	[in'sistere]
aankomen (per auto, enz.)	arrivare (vi)	[arri'vare]
aanraken (ww)	toccare (vt)	[tok'kare]
adviseren (ww)	consigliare (vt)	[konsiʎ'ʎare]

afdalen (on.ww.)	scendere (vi)	['ʃendere]
afslaan (naar rechts ~)	girare (vi)	[dʒi'rare]
antwoorden (ww)	rispondere (vi, vt)	[ris'pondere]
bang zijn (ww)	avere paura	[a'vere pa'ura]
bedreigen (bijv. met een pistool)	minacciare (vt)	[mina'tʃare]

bedriegen (ww)	ingannare (vt)	[ingan'nare]
beëindigen (ww)	finire (vt)	[fi'nire]
beginnen (ww)	cominciare (vt)	[komin'tʃare]
begrijpen (ww)	capire (vt)	[ka'pire]
beheren (managen)	dirigere (vt)	[di'ridʒere]

beledigen (met scheldwoorden)	insultare (vt)	[insul'tare]
beloven (ww)	promettere (vt)	[pro'mettere]
bereiden (koken)	cucinare (vi)	[kutʃi'nare]
bespreken (spreken over)	discutere (vt)	[di'skutere]

bestellen (eten ~)	ordinare (vt)	[ordi'nare]
bestraffen (een stout kind ~)	punire (vt)	[pu'nire]
betalen (ww)	pagare (vi, vt)	[pa'gare]
betekenen (beduiden)	significare (vt)	[siɲifi'kare]
betreuren (ww)	rincrescere (vi)	[rin'kreʃere]

bevallen (prettig vinden)	piacere (vi)	[pja'tʃere]
bevelen (mil.)	ordinare (vt)	[ordi'nare]
bevrijden (stad, enz.)	liberare (vt)	[libe'rare]
bewaren (ww)	conservare (vt)	[konser'vare]
bezitten (ww)	possedere (vt)	[posse'dere]

bidden (praten met God)	pregare (vi, vt)	[pre'gare]
binnengaan (een kamer ~)	entrare (vi)	[en'trare]
breken (ww)	rompere (vt)	['rompere]
controleren (ww)	controllare (vt)	[kontrol'lare]
creëren (ww)	creare (vt)	[kre'are]

deelnemen (ww)	partecipare (vi)	[partetʃi'pare]
denken (ww)	pensare (vi, vt)	[pen'sare]
doden (ww)	uccidere (vt)	[u'tʃidere]
doen (ww)	fare (vt)	['fare]
dorst hebben (ww)	avere sete	[a'vere 'sete]

11. De belangrijkste werkwoorden. Deel 2

een hint geven	dare un suggerimento	[dare un sudʒeri'mento]
eisen (met klem vragen)	esigere (vt)	[e'zidʒere]
excuseren (vergeven)	battaglia (f)	[bat'taʎʎa]
existeren (bestaan)	esistere (vi)	[e'zistere]
gaan (te voet)	andare (vi)	[an'dare]

gaan zitten (ww)	sedersi (vr)	[se'dersi]
gaan zwemmen	fare il bagno	['fare il 'baɲo]
geven (ww)	dare (vt)	['dare]
glimlachen (ww)	sorridere (vi)	[sor'ridere]
goed raden (ww)	indovinare (vt)	[indovi'nare]

grappen maken (ww)	scherzare (vi)	[sker'tsare]
graven (ww)	scavare (vt)	[ska'vare]

hebben (ww)	avere (vt)	[a'vere]
helpen (ww)	aiutare (vt)	[aju'tare]
herhalen (opnieuw zeggen)	ripetere (vt)	[ri'petere]
honger hebben (ww)	avere fame	[a'vere 'fame]

hopen (ww)	sperare (vi, vt)	[spe'rare]
horen	sentire (vt)	[sen'tire]
(waarnemen met het oor)		
huilen (wenen)	piangere (vi)	['pjandʒere]
huren (huis, kamer)	affittare (vt)	[affit'tare]
informeren (informatie geven)	informare (vt)	[infor'mare]

instemmen (akkoord gaan)	essere d'accordo	['essere dak'kordo]
jagen (ww)	cacciare (vt)	[ka'tʃare]
kennen (kennis hebben	conoscere	[ko'noʃere]
van iemand)		
kiezen (ww)	scegliere (vt)	['ʃeʎʎere]
klagen (ww)	lamentarsi (vr)	[lamen'tarsi]
kosten (ww)	costare (vt)	[ko'stare]

kunnen (ww)	**potere** (v aus)	[po'tere]
lachen (ww)	**ridere** (vi)	['ridere]
laten vallen (ww)	**lasciar cadere**	[la'ʃar ka'dere]
lezen (ww)	**leggere** (vi, vt)	['ledʒere]

liefhebben (ww)	**amare qn**	[a'mare]
lunchen (ww)	**pranzare** (vi)	[pran'tsare]
nemen (ww)	**prendere** (vt)	['prendere]
nodig zijn (ww)	**occorrere**	[ok'korrere]

12. De belangrijkste werkwoorden. Deel 3

onderschatten (ww)	**sottovalutare** (vt)	[sottovalu'tare]
ondertekenen (ww)	**firmare** (vt)	[fir'mare]
ontbijten (ww)	**fare colazione**	['fare kola'tsjone]
openen (ww)	**aprire** (vt)	[a'prire]
ophouden (ww)	**cessare** (vt)	[tʃes'sare]
opmerken (zien)	**accorgersi** (vr)	[ak'kordʒersi]

opscheppen (ww)	**vantarsi** (vr)	[van'tarsi]
opschrijven (ww)	**annotare** (vt)	[anno'tare]
plannen (ww)	**pianificare** (vt)	[pjanifi'kare]
prefereren (verkiezen)	**preferire** (vt)	[prefe'rire]
proberen (trachten)	**tentare** (vt)	[ten'tare]
redden (ww)	**salvare** (vt)	[sal'vare]

rekenen op ...	**contare su ...**	[kon'tare su]
rennen (ww)	**correre** (vi)	['korrere]
reserveren (een hotelkamer ~)	**riservare** (vt)	[rizer'vare]
roepen (om hulp)	**chiamare** (vt)	[kja'mare]
schieten (ww)	**sparare** (vi)	[spa'rare]
schreeuwen (ww)	**gridare** (vi)	[gri'dare]

schrijven (ww)	**scrivere** (vt)	['skrivere]
souperen (ww)	**cenare** (vi)	[tʃe'nare]
spelen (kinderen)	**giocare** (vi)	[dʒo'kare]
spreken (ww)	**parlare** (vi, vt)	[par'lare]
stelen (ww)	**rubare** (vt)	[ru'bare]
stoppen (pauzeren)	**fermarsi** (vr)	[fer'marsi]

studeren (Nederlands ~)	**studiare** (vt)	[stu'djare]
sturen (zenden)	**mandare** (vt)	[man'dare]
tellen (optellen)	**contare** (vt)	[kon'tare]
toebehoren aan ...	**appartenere** (vi)	[apparte'nere]

toestaan (ww)	**permettere** (vt)	[per'mettere]
tonen (ww)	**mostrare** (vt)	[mo'strare]

twijfelen (onzeker zijn)	**dubitare** (vi)	[dubi'tare]
uitgaan (ww)	**uscire** (vi)	[u'ʃire]
uitnodigen (ww)	**invitare** (vt)	[invi'tare]
uitspreken (ww)	**pronunciare** (vt)	[pronun'tʃare]
uitvaren tegen (ww)	**sgridare** (vt)	[zgri'dare]

13. De belangrijkste werkwoorden. Deel 4

vallen (ww)	cadere (vi)	[ka'dere]
vangen (ww)	afferrare (vt)	[affer'rare]
veranderen (anders maken)	cambiare (vt)	[kam'bjare]
verbaasd zijn (ww)	stupirsi (vr)	[stu'pirsi]
verbergen (ww)	nascondere (vt)	[na'skondere]
verdedigen (je land ~)	difendere (vt)	[di'fendere]
verenigen (ww)	unire (vt)	[u'nire]
vergelijken (ww)	comparare (vt)	[kompa'rare]
vergeten (ww)	dimenticare (vt)	[dimenti'kare]
vergeven (ww)	perdonare (vt)	[perdo'nare]
verklaren (uitleggen)	spiegare (vt)	[spje'gare]
verkopen (per stuk ~)	vendere (vt)	['vendere]
vermelden (praten over)	menzionare (vt)	[mentsjo'nare]
versieren (decoreren)	decorare (vt)	[deko'rare]
vertalen (ww)	tradurre (vt)	[tra'durre]
vertrouwen (ww)	fidarsi (vr)	[fi'darsi]
vervolgen (ww)	continuare (vt)	[kontinu'are]
verwarren (met elkaar ~)	confondere (vt)	[kon'fondere]
verzoeken (ww)	chiedere, domandare	['kjedere], [doman'dare]
verzuimen (school, enz.)	mancare le lezioni	[man'kare le le'tsjoni]
vinden (ww)	trovare (vt)	[tro'vare]
vliegen (ww)	volare (vi)	[vo'lare]
volgen (ww)	seguire (vt)	[se'gwire]
voorstellen (ww)	proporre (vt)	[pro'porre]
voorzien (verwachten)	prevedere (vt)	[preve'dere]
vragen (ww)	chiedere, domandare	['kjedere], [doman'dare]
waarnemen (ww)	osservare (vt)	[osser'vare]
waarschuwen (ww)	avvertire (vt)	[avver'tire]
wachten (ww)	aspettare (vt)	[aspet'tare]
weerspreken (ww)	obiettare (vt)	[objet'tare]
weigeren (ww)	rifiutarsi (vr)	[rifju'tarsi]
werken (ww)	lavorare (vi)	[lavo'rare]
weten (ww)	sapere (vt)	[sa'pere]
willen (verlangen)	volere (vt)	[vo'lere]
zeggen (ww)	dire (vt)	['dire]
zich haasten (ww)	avere fretta	[a'vere 'fretta]
zich interesseren voor ...	interessarsi di ...	[interes'sarsi di]
zich vergissen (ww)	sbagliare (vi)	[zbaʎ'ʎare]
zich verontschuldigen	scusarsi (vr)	[sku'zarsi]
zien (ww)	vedere (vt)	[ve'dere]
zijn (ww)	essere (vi)	['essere]
zoeken (ww)	cercare (vt)	[tʃer'kare]
zwemmen (ww)	nuotare (vi)	[nuo'tare]
zwijgen (ww)	tacere (vi)	[ta'tʃere]

14. Kleuren

kleur (de)	colore (m)	[ko'lore]
tint (de)	sfumatura (f)	[sfuma'tura]
kleurnuance (de)	tono (m)	['tono]
regenboog (de)	arcobaleno (m)	[arkoba'leno]

wit (bn)	bianco	['bjanko]
zwart (bn)	nero	['nero]
grijs (bn)	grigio	['gridʒo]

groen (bn)	verde	['verde]
geel (bn)	giallo	['dʒallo]
rood (bn)	rosso	['rosso]

blauw (bn)	blu	['blu]
lichtblauw (bn)	azzurro	[ad'dzurro]
roze (bn)	rosa	['roza]
oranje (bn)	arancione	[aran'tʃone]
violet (bn)	violetto	[vio'letto]
bruin (bn)	marrone	[mar'rone]

goud (bn)	d'oro	['doro]
zilverkleurig (bn)	argenteo	[ar'dʒenteo]

beige (bn)	beige	[beʒ]
roomkleurig (bn)	color crema	[ko'lor 'krema]
turkoois (bn)	turchese	[tur'keze]
kersrood (bn)	rosso ciliegia (f)	['rosso tʃi'ljedʒa]
lila (bn)	lilla	['lilla]
karmijnrood (bn)	rosso lampone	['rosso lam'pone]

licht (bn)	chiaro	['kjaro]
donker (bn)	scuro	['skuro]
fel (bn)	vivo, vivido	['vivo], ['vivido]

kleur-, kleurig (bn)	colorato	[kolo'rato]
kleuren- (abn)	a colori	[a ko'lori]
zwart-wit (bn)	bianco e nero	['bjanko e 'nero]
eenkleurig (bn)	in tinta unita	[in 'tinta u'nita]
veelkleurig (bn)	multicolore	[multiko'lore]

15. Vragen

Wie?	Chi?	[ki]
Wat?	Che cosa?	[ke 'koza]
Waar?	Dove?	['dove]
Waarheen?	Dove?	['dove]
Waarvandaan?	Di dove?, Da dove?	[di 'dove], [da 'dove]
Wanneer?	Quando?	['kwando]
Waarom?	Perché?	[per'ke]
Waarom?	Perché?	[per'ke]
Waarvoor dan ook?	Per che cosa?	[per ke 'koza]

Hoe?	Come?	['kome]
Wat voor …?	Che?	[ke]
Welk?	Quale?	['kwale]

Aan wie?	A chi?	[a 'ki]
Over wie?	Di chi?	[di 'ki]
Waarover?	Di che cosa?	[di ke 'koza]
Met wie?	Con chi?	[kon 'ki]
Van wie? (mann.)	Di chi?	[di 'ki]

16. Voorzetsels

met (bijv. ~ beleg)	con	[kon]
zonder (~ accent)	senza	['sentsa]
naar (in de richting van)	a	[a]
over (praten ~)	di	[di]
voor (in tijd)	prima di …	['prima di]
voor (aan de voorkant)	di fronte a …	[di 'fronte a]

onder (lager dan)	sotto	['sotto]
boven (hoger dan)	sopra	['sopra]
op (bovenop)	su	[su]
van (uit, afkomstig van)	da, di	[da], [di]
van (gemaakt van)	di	[di]

| over (bijv. ~ een uur) | fra … | [fra] |
| over (over de bovenkant) | attraverso | [attra'verso] |

17. Functiewoorden. Bijwoorden. Deel 1

Waar?	Dove?	['dove]
hier (bw)	qui	[kwi]
daar (bw)	lì	[li]

| ergens (bw) | da qualche parte | [da 'kwalke 'parte] |
| nergens (bw) | da nessuna parte | [da nes'suna 'parte] |

| bij … (in de buurt) | vicino a … | [vi'tʃino a] |
| bij het raam | vicino alla finestra | [vi'tʃino 'alla fi'nestra] |

Waarheen?	Dove?	['dove]
hierheen (bw)	di qui	[di kwi]
daarheen (bw)	ci	[tʃi]
hiervandaan (bw)	da qui	[da kwi]
daarvandaan (bw)	da lì	[da 'li]

| dichtbij (bw) | vicino, accanto | [vi'tʃino], [a'kanto] |
| ver (bw) | lontano | [lon'tano] |

in de buurt (van …)	vicino a …	[vi'tʃino a]
dichtbij (bw)	vicino	[vi'tʃino]
niet ver (bw)	non lontano	[non lon'tano]

linker (bn)	**sinistro**	[si'nistro]
links (bw)	**a sinistra**	[a si'nistra]
linksaf, naar links (bw)	**a sinistra**	[a si'nistra]
rechter (bn)	**destro**	['destro]
rechts (bw)	**a destra**	[a 'destra]
rechtsaf, naar rechts (bw)	**a destra**	[a 'destra]
vooraan (bw)	**davanti**	[da'vanti]
voorste (bn)	**anteriore**	[ante'rjore]
vooruit (bw)	**avanti**	[a'vanti]
achter (bw)	**dietro**	['djetro]
van achteren (bw)	**da dietro**	[da 'djetro]
achteruit (naar achteren)	**indietro**	[in'djetro]
midden (het)	**mezzo** (m), **centro** (m)	['meddzo], ['tʃentro]
in het midden (bw)	**in mezzo, al centro**	[in 'meddzo], [al 'tʃentro]
opzij (bw)	**di fianco**	[di 'fjanko]
overal (bw)	**dappertutto**	[dapper'tutto]
omheen (bw)	**attorno**	[at'torno]
binnenuit (bw)	**da dentro**	[da 'dentro]
naar ergens (bw)	**da qualche parte**	[da 'kwalke 'parte]
rechtdoor (bw)	**dritto**	['dritto]
terug (bijv. ~ komen)	**indietro**	[in'djetro]
ergens vandaan (bw)	**da qualsiasi parte**	[da kwal'siazi 'parte]
ergens vandaan	**da qualche posto**	[da 'kwalke 'posto]
(en dit geld moet ~ komen)		
ten eerste (bw)	**in primo luogo**	[in 'primo lu'ogo]
ten tweede (bw)	**in secondo luogo**	[in se'kondo lu'ogo]
ten derde (bw)	**in terzo luogo**	[in 'tertso lu'ogo]
plotseling (bw)	**all'improvviso**	[all improv'vizo]
in het begin (bw)	**all'inizio**	[all i'nitsio]
voor de eerste keer (bw)	**per la prima volta**	[per la 'prima 'volta]
lang voor … (bw)	**molto tempo prima di …**	['molto 'tempo 'prima di]
opnieuw (bw)	**di nuovo**	[di nu'ovo]
voor eeuwig (bw)	**per sempre**	[per 'sempre]
nooit (bw)	**mai**	[maj]
weer (bw)	**ancora**	[an'kora]
nu (bw)	**adesso**	[a'desso]
vaak (bw)	**spesso**	['spesso]
toen (bw)	**allora**	[al'lora]
urgent (bw)	**urgentemente**	[urdʒente'mente]
meestal (bw)	**di solito**	[di 'solito]
trouwens, …	**a proposito, …**	[a pro'pozito]
(tussen haakjes)		
mogelijk (bw)	**è possibile**	[e pos'sibile]
waarschijnlijk (bw)	**probabilmente**	[probabil'mente]
misschien (bw)	**forse**	['forse]

trouwens (bw)	inoltre ...	[i'noltre]
daarom ...	ecco perché ...	['ekko per'ke]
in weerwil van ...	nonostante	[nono'stante]
dankzij ...	grazie a ...	['gratsie a]

wat (vn)	che cosa	[ke 'koza]
dat (vw)	che	[ke]
iets (vn)	qualcosa	[kwal'koza]
iets	qualcosa	[kwal'koza]
niets (vn)	niente	['njente]

wie (~ is daar?)	chi	[ki]
iemand (een onbekende)	qualcuno	[kwal'kuno]
iemand	qualcuno	[kwal'kuno]
(een bepaald persoon)		

niemand (vn)	nessuno	[nes'suno]
nergens (bw)	da nessuna parte	[da nes'suna 'parte]
niemands (bn)	di nessuno	[di nes'suno]
iemands (bn)	di qualcuno	[di kwal'kuno]

zo (Ik ben ~ blij)	così	[ko'zi]
ook (evenals)	anche	['aŋke]
alsook (eveneens)	anche, pure	['aŋke], ['pure]

18. Functiewoorden. Bijwoorden. Deel 2

Waarom?	Perché?	[per'ke]
om een bepaalde reden	per qualche ragione	[per 'kwalke ra'dʒone]
omdat ...	perché ...	[per'ke]
voor een bepaald doel	per qualche motivo	[per 'kwalke mo'tivo]

en (vw)	e	[e]
of (vw)	o ...	[o]
maar (vw)	ma	[ma]
voor (vz)	per	[per]

te (~ veel mensen)	troppo	['troppo]
alleen (bw)	solo	['solo]
precies (bw)	esattamente	[ezatta'mente]
ongeveer (~ 10 kg)	circa	['tʃirka]

omstreeks (bw)	approssimativamente	[approsimativa'mente]
bij benadering (bn)	approssimativo	[approssima'tivo]
bijna (bw)	quasi	['kwazi]
rest (de)	resto (m)	['resto]

elk (bn)	ogni	['oɲi]
om het even welk	qualsiasi	[kwal'siazi]
veel mensen	molta gente	['molta 'dʒente]
iedereen (alle personen)	tutto, tutti	['tutto], ['tutti]

| in ruil voor ... | in cambio di ... | [in 'kambio di] |
| in ruil (bw) | in cambio | [in 'kambio] |

met de hand (bw)	**a mano**	[a 'mano]
onwaarschijnlijk (bw)	**poco probabile**	['poko pro'babile]
waarschijnlijk (bw)	**probabilmente**	[probabil'mente]
met opzet (bw)	**apposta**	[ap'posta]
toevallig (bw)	**per caso**	[per 'kazo]
zeer (bw)	**molto**	['molto]
bijvoorbeeld (bw)	**per esempio**	[per e'zempjo]
tussen (~ twee steden)	**fra**	[fra]
tussen (te midden van)	**fra**	[fra]
zoveel (bw)	**tanto**	['tanto]
vooral (bw)	**soprattutto**	[sopra'tutto]

Basisbegrippen Deel 2

19. Dagen van de week

maandag (de)	lunedì (m)	[lune'di]
dinsdag (de)	martedì (m)	[marte'di]
woensdag (de)	mercoledì (m)	[merkole'di]
donderdag (de)	giovedì (m)	[dʒove'di]
vrijdag (de)	venerdì (m)	[vener'di]
zaterdag (de)	sabato (m)	['sabato]
zondag (de)	domenica (f)	[do'menika]
vandaag (bw)	oggi	['odʒi]
morgen (bw)	domani	[do'mani]
overmorgen (bw)	dopodomani	[dopodo'mani]
gisteren (bw)	ieri	['jeri]
eergisteren (bw)	l'altro ieri	['laltro 'jeri]
dag (de)	giorno (m)	['dʒorno]
werkdag (de)	giorno (m) lavorativo	['dʒorno lavora'tivo]
feestdag (de)	giorno (m) festivo	['dʒorno fes'tivo]
verlofdag (de)	giorno (m) di riposo	['dʒorno di ri'pozo]
weekend (het)	fine (m) settimana	['fine setti'mana]
de hele dag (bw)	tutto il giorno	['tutto il 'dʒorno]
de volgende dag (bw)	l'indomani	[lindo'mani]
twee dagen geleden	due giorni fa	['due 'dʒorni fa]
aan de vooravond (bw)	il giorno prima	[il 'dʒorno 'prima]
dag-, dagelijks (bn)	quotidiano	[kwoti'djano]
elke dag (bw)	ogni giorno	['oɲi 'dʒorno]
week (de)	settimana (f)	[setti'mana]
vorige week (bw)	la settimana scorsa	[la setti'mana 'skorsa]
volgende week (bw)	la settimana prossima	[la setti'mana 'prossima]
wekelijks (bn)	settimanale	[settima'nale]
elke week (bw)	ogni settimana	['oɲi setti'mana]
twee keer per week	due volte alla settimana	['due 'volte 'alla setti'mana]
elke dinsdag	ogni martedì	['oɲi marte'di]

20. Uren. Dag en nacht

morgen (de)	mattina (f)	[mat'tina]
's morgens (bw)	di mattina	[di mat'tina]
middag (de)	mezzogiorno (m)	[meddzo'dʒorno]
's middags (bw)	nel pomeriggio	[nel pome'ridʒo]
avond (de)	sera (f)	['sera]
's avonds (bw)	di sera	[di 'sera]

nacht (de)	**notte** (f)	['notte]
's nachts (bw)	**di notte**	[di 'notte]
middernacht (de)	**mezzanotte** (f)	[medʣa'notte]

seconde (de)	**secondo** (m)	[se'kondo]
minuut (de)	**minuto** (m)	[mi'nuto]
uur (het)	**ora** (f)	['ora]
halfuur (het)	**mezzora** (f)	[med'dzora]
kwartier (het)	**un quarto d'ora**	[un 'kwarto 'dora]
vijftien minuten	**quindici minuti**	['kwinditʃi mi'nuti]
etmaal (het)	**ventiquattro ore**	[venti'kwattro 'ore]

zonsopgang (de)	**levata** (f) **del sole**	[le'vata del 'sole]
dageraad (de)	**alba** (f)	['alba]
vroege morgen (de)	**mattutino** (m)	[mattu'tino]
zonsondergang (de)	**tramonto** (m)	[tra'monto]

's morgens vroeg (bw)	**di buon mattino**	[di bu'on mat'tino]
vanmorgen (bw)	**stamattina**	[stamat'tina]
morgenochtend (bw)	**domattina**	[domat'tina]
vanmiddag (bw)	**oggi pomeriggio**	['odʒi pome'ridʒo]
's middags (bw)	**nel pomeriggio**	[nel pome'ridʒo]
morgenmiddag (bw)	**domani pomeriggio**	[do'mani pome'ridʒo]
vanavond (bw)	**stasera**	[sta'sera]
morgenavond (bw)	**domani sera**	[do'mani 'sera]

klokslag drie uur	**alle tre precise**	['alle tre pre'tʃize]
ongeveer vier uur	**verso le quattro**	['verso le 'kwattro]
tegen twaalf uur	**per le dodici**	[per le 'doditʃi]

over twintig minuten	**fra venti minuti**	[fra 'venti mi'nuti]
over een uur	**fra un'ora**	[fra un 'ora]
op tijd (bw)	**puntualmente**	[puntual'mente]

kwart voor ...	**un quarto di ...**	[un 'kwarto di]
binnen een uur	**entro un'ora**	['entro un 'ora]
elk kwartier	**ogni quindici minuti**	['oɲi 'kwinditʃi mi'nuti]
de klok rond	**giorno e notte**	['dʒorno e 'notte]

21. Maanden. Seizoenen

januari (de)	**gennaio** (m)	[dʒen'najo]
februari (de)	**febbraio** (m)	[feb'brajo]
maart (de)	**marzo** (m)	['martso]
april (de)	**aprile** (m)	[a'prile]
mei (de)	**maggio** (m)	['madʒo]
juni (de)	**giugno** (m)	['dʒuɲo]

juli (de)	**luglio** (m)	['luʎʎo]
augustus (de)	**agosto** (m)	[a'gosto]
september (de)	**settembre** (m)	[set'tembre]
oktober (de)	**ottobre** (m)	[ot'tobre]
november (de)	**novembre** (m)	[no'vembre]
december (de)	**dicembre** (m)	[di'tʃembre]

lente (de)	**primavera** (f)	[prima'vera]
in de lente (bw)	**in primavera**	[in prima'vera]
lente- (abn)	**primaverile**	[primave'rile]
zomer (de)	**estate** (f)	[e'state]
in de zomer (bw)	**in estate**	[in e'state]
zomer-, zomers (bn)	**estivo**	[e'stivo]
herfst (de)	**autunno** (m)	[au'tunno]
in de herfst (bw)	**in autunno**	[in au'tunno]
herfst- (abn)	**autunnale**	[autun'nale]
winter (de)	**inverno** (m)	[in'verno]
in de winter (bw)	**in inverno**	[in in'verno]
winter- (abn)	**invernale**	[inver'nale]
maand (de)	**mese** (m)	['meze]
deze maand (bw)	**questo mese**	['kwesto 'meze]
volgende maand (bw)	**il mese prossimo**	[il 'meze 'prossimo]
vorige maand (bw)	**il mese scorso**	[il 'meze 'skorso]
een maand geleden (bw)	**un mese fa**	[un 'meze fa]
over een maand (bw)	**fra un mese**	[fra un 'meze]
over twee maanden (bw)	**fra due mesi**	[fra 'due 'mezi]
de hele maand (bw)	**un mese intero**	[un 'meze in'tero]
een volle maand (bw)	**per tutto il mese**	[per 'tutto il 'meze]
maand-, maandelijks (bn)	**mensile**	[men'sile]
maandelijks (bw)	**mensilmente**	[mensil'mente]
elke maand (bw)	**ogni mese**	['oɲi 'meze]
twee keer per maand	**due volte al mese**	['due 'volte al 'meze]
jaar (het)	**anno** (m)	['anno]
dit jaar (bw)	**quest'anno**	[kwest'anno]
volgend jaar (bw)	**l'anno prossimo**	['lanno 'prossimo]
vorig jaar (bw)	**l'anno scorso**	['lanno 'skorso]
een jaar geleden (bw)	**un anno fa**	[un 'anno fa]
over een jaar	**fra un anno**	[fra un 'anno]
over twee jaar	**fra due anni**	[fra 'due 'anni]
het hele jaar	**un anno intero**	[un 'anno in'tero]
een vol jaar	**per tutto l'anno**	[per 'tutto 'lanno]
elk jaar	**ogni anno**	['oɲi 'anno]
jaar-, jaarlijks (bn)	**annuale**	[annu'ale]
jaarlijks (bw)	**annualmente**	[annual'mente]
4 keer per jaar	**quattro volte all'anno**	['kwattro 'volte all 'anno]
datum (de)	**data** (f)	['data]
datum (de)	**data** (f)	['data]
kalender (de)	**calendario** (m)	[kalen'dario]
een half jaar	**mezz'anno** (m)	[med'dzanno]
zes maanden	**semestre** (m)	[se'mestre]
seizoen (bijv. lente, zomer)	**stagione** (f)	[sta'dʒone]
eeuw (de)	**secolo** (m)	['sekolo]

22. Tijd. Diversen

tijd (de)	tempo (m)	['tempo]
ogenblik (het)	istante (m)	[i'stante]
moment (het)	momento (m)	[mo'mento]
ogenblikkelijk (bn)	istantaneo	[istan'taneo]
tijdsbestek (het)	periodo (m)	[pe'riodo]
leven (het)	vita (f)	['vita]
eeuwigheid (de)	eternità (f)	[eterni'ta]
epoche (de), tijdperk (het)	epoca (f)	['epoka]
era (de), tijdperk (het)	era (f)	['era]
cyclus (de)	ciclo (m)	['tʃiklo]
periode (de)	periodo (m)	[pe'riodo]
termijn (vastgestelde periode)	scadenza (f)	[ska'dentsa]
toekomst (de)	futuro (m)	[fu'turo]
toekomstig (bn)	futuro	[fu'turo]
de volgende keer	la prossima volta	[la 'prossima 'volta]
verleden (het)	passato (m)	[pas'sato]
vorig (bn)	scorso	['skorso]
de vorige keer	la volta scorsa	[la 'volta 'skorsa]
later (bw)	più tardi	[pju 'tardi]
na (~ het diner)	dopo	['dopo]
tegenwoordig (bw)	oggigiorno	[odʒi'dʒorno]
nu (bw)	adesso, ora	[a'desso], [ora]
onmiddellijk (bw)	subito	['subito]
snel (bw)	fra poco, presto	[fra 'poko], ['presto]
bij voorbaat (bw)	in anticipo	[in an'titʃipo]
lang geleden (bw)	tanto tempo fa	['tanto 'tempo fa]
kort geleden (bw)	di recente	[di re'tʃente]
noodlot (het)	destino (m)	[de'stino]
herinneringen (mv.)	ricordi (m pl)	[ri'kordi]
archief (het)	archivio (m)	[ar'kiwio]
tijdens ... (ten tijde van)	durante ...	[du'rante]
lang (bw)	a lungo	[a 'lungo]
niet lang (bw)	per poco tempo	[per 'poko 'tempo]
vroeg (bijv. ~ in de ochtend)	presto	['presto]
laat (bw)	tardi	['tardi]
voor altijd (bw)	per sempre	[per 'sempre]
beginnen (ww)	cominciare (vt)	[komin'tʃare]
uitstellen (ww)	posticipare (vt)	[postitʃi'pare]
tegelijkertijd (bw)	simultaneamente	[simultanea'mento]
voortdurend (bw)	tutto il tempo	['tutto il 'tempo]
voortdurend	costante	[ko'stante]
tijdelijk (bn)	temporaneo	[tempo'raneo]
soms (bw)	a volte	[a 'volte]
zelden (bw)	raramente	[rara'mente]
vaak (bw)	spesso	['spesso]

23. Tegenovergestelden

rijk (bn)	ricco	['rikko]
arm (bn)	povero	['povero]
ziek (bn)	malato	[ma'lato]
gezond (bn)	sano	['sano]
groot (bn)	grande	['grande]
klein (bn)	piccolo	['pikkolo]
snel (bw)	rapidamente	[rapida'mente]
langzaam (bw)	lentamente	[lenta'mente]
snel (bn)	veloce	[ve'lotʃe]
langzaam (bn)	lento	['lento]
vrolijk (bn)	allegro	[al'legro]
treurig (bn)	triste	['triste]
samen (bw)	insieme	[in'sjeme]
apart (bw)	separatamente	[separata'mente]
hardop (~ lezen)	ad alta voce	[ad 'alta 'votʃe]
stil (~ lezen)	in silenzio	[in si'lentsio]
hoog (bn)	alto	['alto]
laag (bn)	basso	['basso]
diep (bn)	profondo	[pro'fondo]
ondiep (bn)	basso	['basso]
ja	sì	[si]
nee	no	[no]
ver (bn)	lontano	[lon'tano]
dicht (bn)	vicino	[vi'tʃino]
ver (bw)	lontano	[lon'tano]
dichtbij (bw)	vicino	[vi'tʃino]
lang (bn)	lungo	['lungo]
kort (bn)	corto	['korto]
vriendelijk (goedhartig)	buono	[bu'ono]
kwaad (bn)	cattivo	[kat'tivo]
gehuwd (mann.)	sposato	[spo'zato]
ongehuwd (mann.)	celibe	['tʃelibe]
verbieden (ww)	vietare (vt)	[vje'tare]
toestaan (ww)	permettere (vt)	[per'mettere]
einde (het)	fine (f)	['fine]
begin (het)	inizio (m)	[i'nitsio]

| linker (bn) | sinistro | [si'nistro] |
| rechter (bn) | destro | ['destro] |

| eerste (bn) | primo | ['primo] |
| laatste (bn) | ultimo | ['ultimo] |

| misdaad (de) | delitto (m) | [de'litto] |
| bestraffing (de) | punizione (f) | [puni'tsjone] |

| bevelen (ww) | ordinare (vt) | [ordi'nare] |
| gehoorzamen (ww) | obbedire (vi) | [obbe'dire] |

| recht (bn) | dritto | ['dritto] |
| krom (bn) | curvo | ['kurvo] |

| paradijs (het) | paradiso (m) | [para'dizo] |
| hel (de) | inferno (m) | [in'ferno] |

| geboren worden (ww) | nascere (vi) | ['naʃere] |
| sterven (ww) | morire (vi) | [mo'rire] |

| sterk (bn) | forte | ['forte] |
| zwak (bn) | debole | ['debole] |

| oud (bn) | vecchio | ['vekkio] |
| jong (bn) | giovane | ['dʒovane] |

| oud (bn) | vecchio | ['vekkio] |
| nieuw (bn) | nuovo | [nu'ovo] |

| hard (bn) | duro | ['duro] |
| zacht (bn) | morbido | ['morbido] |

| warm (bn) | caldo | ['kaldo] |
| koud (bn) | freddo | ['freddo] |

| dik (bn) | grasso | ['grasso] |
| dun (bn) | magro | ['magro] |

| smal (bn) | stretto | ['stretto] |
| breed (bn) | largo | ['largo] |

| goed (bn) | buono | [bu'ono] |
| slecht (bn) | cattivo | [kat'tivo] |

| moedig (bn) | valoroso | [valo'rozo] |
| laf (bn) | codardo | [ko'dardo] |

24. Lijnen en vormen

vierkant (het)	quadrato (m)	[kwa'drato]
vierkant (bn)	quadrato	[kwa'drato]
cirkel (de)	cerchio (m)	['tʃerkio]
rond (bn)	rotondo	[ro'tondo]

driehoek (de)	**triangolo** (m)	[tri'angolo]
driehoekig (bn)	**triangolare**	[triango'lare]
ovaal (het)	**ovale** (m)	[o'vale]
ovaal (bn)	**ovale**	[o'vale]
rechthoek (de)	**rettangolo** (m)	[ret'tangolo]
rechthoekig (bn)	**rettangolare**	[rettango'lare]
piramide (de)	**piramide** (f)	[pi'ramide]
ruit (de)	**rombo** (m)	['rombo]
trapezium (het)	**trapezio** (m)	[tra'petsio]
kubus (de)	**cubo** (m)	['kubo]
prisma (het)	**prisma** (m)	['prizma]
omtrek (de)	**circonferenza** (f)	[tʃirkonfe'rentsa]
bol, sfeer (de)	**sfera** (f)	['sfera]
bal (de)	**palla** (f)	['palla]
diameter (de)	**diametro** (m)	[di'ametro]
straal (de)	**raggio** (m)	['radʒo]
omtrek (~ van een cirkel)	**perimetro** (m)	[pe'rimetro]
middelpunt (het)	**centro** (m)	['tʃentro]
horizontaal (bn)	**orizzontale**	[oriddzon'tale]
verticaal (bn)	**verticale**	[verti'kale]
parallel (de)	**parallela** (f)	[paral'lela]
parallel (bn)	**parallelo**	[paral'lelo]
lijn (de)	**linea** (f)	['linea]
streep (de)	**tratto** (m)	['tratto]
rechte lijn (de)	**linea** (f) **retta**	['linea 'retta]
kromme (de)	**linea** (f) **curva**	['linea 'kurva]
dun (bn)	**sottile**	[sot'tile]
omlijning (de)	**contorno** (m)	[kon'torno]
snijpunt (het)	**intersezione** (f)	[interse'tsjone]
rechte hoek (de)	**angolo** (m) **retto**	['angolo 'retto]
segment (het)	**segmento**	[seg'mento]
sector (de)	**settore** (m)	[set'tore]
zijde (de)	**lato** (m)	['lato]
hoek (de)	**angolo** (m)	['angolo]

25. Meeteenheden

gewicht (het)	**peso** (m)	['pezo]
lengte (de)	**lunghezza** (f)	[lun'gettsa]
breedte (de)	**larghezza** (f)	[lar'gettsa]
hoogte (de)	**altezza** (f)	[al'tettsa]
diepte (de)	**profondità** (f)	[profondi'ta]
volume (het)	**volume** (m)	[vo'lume]
oppervlakte (de)	**area** (f)	['area]
gram (het)	**grammo** (m)	['grammo]
milligram (het)	**milligrammo** (m)	[milli'grammo]

kilogram (het)	chilogrammo (m)	[kilo'grammo]
ton (duizend kilo)	tonnellata (f)	[tonnel'lata]
pond (het)	libbra (f)	['libbra]
ons (het)	oncia (f)	['ontʃa]

meter (de)	metro (m)	['metro]
millimeter (de)	millimetro (m)	[mil'limetro]
centimeter (de)	centimetro (m)	[tʃen'timetro]
kilometer (de)	chilometro (m)	[ki'lometro]
mijl (de)	miglio (m)	['miʎʎo]

duim (de)	pollice (m)	['pollitʃe]
voet (de)	piede (f)	['pjede]
yard (de)	iarda (f)	[jarda]

vierkante meter (de)	metro (m) quadro	['metro 'kwadro]
hectare (de)	ettaro (m)	['ettaro]

liter (de)	litro (m)	['litro]
graad (de)	grado (m)	['grado]
volt (de)	volt (m)	[volt]
ampère (de)	ampere (m)	[am'pere]
paardenkracht (de)	cavallo vapore (m)	[ka'vallo va'pore]

hoeveelheid (de)	quantità (f)	[kwanti'ta]
een beetje ...	un po'di ...	[un po di]
helft (de)	metà (f)	[me'ta]
dozijn (het)	dozzina (f)	[dod'dzina]
stuk (het)	pezzo (m)	['pettso]

afmeting (de)	dimensione (f)	[dimen'sjone]
schaal (bijv. ~ van 1 op 50)	scala (f)	['skala]

minimaal (bn)	minimo	['minimo]
minste (bn)	minore	[mi'nore]
medium (bn)	medio	['medio]
maximaal (bn)	massimo	['massimo]
grootste (bn)	maggiore	[ma'dʒore]

26. Containers

glazen pot (de)	barattolo (m) di vetro	[ba'rattolo di 'vetro]
blik (conserven~)	latta (f), lattina (f)	['latta], [lat'tina]
emmer (de)	secchio (m)	['sekkio]
ton (bijv. regenton)	barile (m), botte (f)	[ba'rile], ['botte]

ronde waterbak (de)	catino (m)	[ka'tino]
tank (bijv. watertank-70-ltr)	serbatoio (m)	[serba'tojo]
heupfles (de)	fiaschetta (f)	[fias'ketta]
jerrycan (de)	tanica (f)	['tanika]
tank (bijv. ketelwagen)	cisterna (f)	[tʃi'sterna]

beker (de)	tazza (f)	['tattsa]
kopje (het)	tazzina (f)	[tat'tsina]

schoteltje (het)	**piattino** (m)	[pjat'tino]
glas (het)	**bicchiere** (m)	[bik'kjere]
wijnglas (het)	**calice** (m)	['kalitʃe]
pan (de)	**casseruola** (f)	[kasseru'ola]

| fles (de) | **bottiglia** (f) | [bot'tiʎʎa] |
| flessenhals (de) | **collo** (m) | ['kollo] |

karaf (de)	**caraffa** (f)	[ka'raffa]
kruik (de)	**brocca** (f)	['brokka]
vat (het)	**recipiente** (m)	[retʃi'pjente]
pot (de)	**vaso** (m) **di coccio**	['vazo di 'kotʃo]
vaas (de)	**vaso** (m)	['vazo]

flacon (de)	**boccetta** (f)	[bo'tʃetta]
flesje (het)	**fiala** (f)	[fi'ala]
tube (bijv. ~ tandpasta)	**tubetto** (m)	[tu'betto]

zak (bijv. ~ aardappelen)	**sacco** (m)	['sakko]
tasje (het)	**sacchetto** (m)	[sak'ketto]
pakje (~ sigaretten, enz.)	**pacchetto** (m)	[pak'ketto]

doos (de)	**scatola** (f)	['skatola]
kist (de)	**cassa** (f)	['kassa]
mand (de)	**cesta** (f)	['tʃesta]

27. Materialen

materiaal (het)	**materiale** (m)	[mate'rjale]
hout (het)	**legno** (m)	['leɲo]
houten (bn)	**di legno**	[di 'leɲo]

| glas (het) | **vetro** (m) | ['vetro] |
| glazen (bn) | **di vetro** | [di 'vetro] |

| steen (de) | **pietra** (f) | ['pjetra] |
| stenen (bn) | **di pietra** | [di 'pjetra] |

| plastic (het) | **plastica** (f) | ['plastika] |
| plastic (bn) | **di plastica** | [di 'plastika] |

| rubber (het) | **gomma** (f) | ['gomma] |
| rubber-, rubberen (bn) | **di gomma** | [di 'gomma] |

| stof (de) | **stoffa** (f) | ['stoffa] |
| van stof (bn) | **di stoffa** | [di 'stoffa] |

| papier (het) | **carta** (f) | ['karta] |
| papieren (bn) | **di carta** | [di 'karta] |

karton (het)	**cartone** (m)	[kar'tone]
kartonnen (bn)	**di cartone**	[di kar'tone]
polyethyleen (het)	**polietilene** (m)	[polieti'lene]
cellofaan (het)	**cellofan** (m)	['tʃellofan]

multiplex (het)	**legno** (m) **compensato**	['leɲo kompen'sato]
porselein (het)	**porcellana** (f)	[port∫el'lana]
porseleinen (bn)	**di porcellana**	[di port∫el'lana]
klei (de)	**argilla** (f)	[ar'dʒilla]
klei-, van klei (bn)	**d'argilla**	[dar'dʒilla]
keramiek (de)	**ceramica** (f)	[t∫e'ramika]
keramieken (bn)	**ceramico**	[t∫e'ramiko]

28. Metalen

metaal (het)	**metallo** (m)	[me'tallo]
metalen (bn)	**metallico**	[me'talliko]
legering (de)	**lega** (f)	['lega]

goud (het)	**oro** (m)	['oro]
gouden (bn)	**d'oro**	['doro]
zilver (het)	**argento** (m)	[ar'dʒento]
zilveren (bn)	**d'argento**	[dar'dʒento]

ijzer (het)	**ferro** (m)	['ferro]
ijzeren	**di ferro**	[di 'ferro]
staal (het)	**acciaio** (m)	[a't∫ajo]
stalen (bn)	**d'acciaio**	[da't∫ajo]
koper (het)	**rame** (m)	['rame]
koperen (bn)	**di rame**	[di 'rame]

aluminium (het)	**alluminio** (m)	[allu'minio]
aluminium (bn)	**di alluminio**	[allu'minio]
brons (het)	**bronzo** (m)	['brondzo]
bronzen (bn)	**di bronzo**	[di 'brondzo]

messing (het)	**ottone** (m)	[ot'tone]
nikkel (het)	**nichel** (m)	['nikel]
platina (het)	**platino** (m)	['platino]
kwik (het)	**mercurio** (m)	[mer'kurio]
tin (het)	**stagno** (m)	['staɲo]
lood (het)	**piombo** (m)	['pjombo]
zink (het)	**zinco** (m)	['dzinko]

MENS

Mens. Het lichaam

29. Mensen. Basisbegrippen

mens (de)	uomo (m), essere umano (m)	[u'omo], ['essere u'mano]
man (de)	uomo (m)	[u'omo]
vrouw (de)	donna (f)	['donna]
kind (het)	bambino (m)	[bam'bino]
meisje (het)	bambina (f)	[bam'bina]
jongen (de)	bambino (m)	[bam'bino]
tiener, adolescent (de)	adolescente (m, f)	[adole'ʃente]
oude man (de)	vecchio (m)	['vekkio]
oude vrouw (de)	vecchia (f)	['vekkia]

30. Menselijke anatomie

organisme (het)	organismo (m)	[orga'nizmo]
hart (het)	cuore (m)	[ku'ore]
bloed (het)	sangue (m)	['sangue]
slagader (de)	arteria (f)	[ar'teria]
ader (de)	vena (f)	['vena]
hersenen (mv.)	cervello (m)	[tʃer'vello]
zenuw (de)	nervo (m)	['nervo]
zenuwen (mv.)	nervi (m pl)	['nervi]
wervel (de)	vertebra (f)	['vertebra]
ruggengraat (de)	colonna (f) vertebrale	[ko'lonna verte'brale]
maag (de)	stomaco (m)	['stomako]
darmen (mv.)	intestini (m pl)	[inte'stini]
darm (de)	intestino (m)	[inte'stino]
lever (de)	fegato (m)	['fegato]
nier (de)	rene (m)	['rene]
been (deel van het skelet)	osso (m)	['osso]
skelet (het)	scheletro (m)	['skeletro]
rib (de)	costola (f)	['kostola]
schedel (de)	cranio (m)	['kranio]
spier (de)	muscolo (m)	['muskolo]
biceps (de)	bicipite (m)	[bitʃi'pite]
triceps (de)	tricipite (m)	[tritʃi'pite]
pees (de)	tendine (m)	['tendine]
gewricht (het)	articolazione (f)	[artikola'tsjone]

longen (mv.)	polmoni (m pl)	[pol'moni]
geslachtsorganen (mv.)	genitali (m pl)	[dʒeni'tali]
huid (de)	pelle (f)	['pelle]

31. Hoofd

hoofd (het)	testa (f)	['testa]
gezicht (het)	viso (m)	['vizo]
neus (de)	naso (m)	['nazo]
mond (de)	bocca (f)	['bokka]

oog (het)	occhio (m)	['okkio]
ogen (mv.)	occhi (m pl)	['okki]
pupil (de)	pupilla (f)	[pu'pilla]
wenkbrauw (de)	sopracciglio (m)	[sopra'tʃiʎʎo]
wimper (de)	ciglio (m)	['tʃiʎʎo]
ooglid (het)	palpebra (f)	['palpebra]

tong (de)	lingua (f)	['lingua]
tand (de)	dente (m)	['dente]
lippen (mv.)	labbra (f pl)	['labbra]
jukbeenderen (mv.)	zigomi (m pl)	['dzigomi]
tandvlees (het)	gengiva (f)	[dʒen'dʒiva]
gehemelte (het)	palato (m)	[pa'lato]

neusgaten (mv.)	narici (f pl)	[na'ritʃi]
kin (de)	mento (m)	['mento]
kaak (de)	mascella (f)	[ma'ʃella]
wang (de)	guancia (f)	['gwantʃa]

voorhoofd (het)	fronte (f)	['fronte]
slaap (de)	tempia (f)	['tempia]
oor (het)	orecchio (m)	[o'rekkio]
achterhoofd (het)	nuca (f)	['nuka]
hals (de)	collo (m)	['kollo]
keel (de)	gola (f)	['gola]

haren (mv.)	capelli (m pl)	[ka'pelli]
kapsel (het)	pettinatura (f)	[pettina'tura]
haarsnit (de)	taglio (m)	['taʎʎo]
pruik (de)	parrucca (f)	['parrukka]

snor (de)	baffi (m pl)	['baffi]
baard (de)	barba (f)	['barba]
dragen (een baard, enz.)	portare (vt)	[por'tare]
vlecht (de)	treccia (f)	['tretʃa]
bakkebaarden (mv.)	basette (f pl)	[ba'zette]

ros (roodachtig, rossig)	rosso	['rosso]
grijs (~ haar)	brizzolato	[brittso'lato]
kaal (bn)	calvo	['kalvo]
kale plek (de)	calvizie (f)	[kal'vitsie]
paardenstaart (de)	coda (f) di cavallo	['koda di ka'vallo]
pony (de)	frangetta (f)	[fran'dʒetta]

32. Menselijk lichaam

hand (de)	mano (f)	['mano]
arm (de)	braccio (m)	['bratʃo]
vinger (de)	dito (m)	['dito]
teen (de)	dito (m) del piede	['dito del 'pjede]
duim (de)	pollice (m)	['pollitʃe]
pink (de)	mignolo (m)	[mi'ɲolo]
nagel (de)	unghia (f)	['ungia]
vuist (de)	pugno (m)	['puɲo]
handpalm (de)	palmo (m)	['palmo]
pols (de)	polso (m)	['polso]
voorarm (de)	avambraccio (m)	[avam'bratʃo]
elleboog (de)	gomito (m)	['gomito]
schouder (de)	spalla (f)	['spalla]
been (rechter ~)	gamba (f)	['gamba]
voet (de)	pianta (f) del piede	['pjanta del 'pjede]
knie (de)	ginocchio (m)	[dʒi'nokkio]
kuit (de)	polpaccio (m)	[pol'patʃo]
heup (de)	anca (f)	['anka]
hiel (de)	tallone (m)	[tal'lone]
lichaam (het)	corpo (m)	['korpo]
buik (de)	pancia (f)	['pantʃa]
borst (de)	petto (m)	['petto]
borst (de)	seno (m)	['seno]
zijde (de)	fianco (m)	['fjanko]
rug (de)	schiena (f)	['skjena]
lage rug (de)	zona (f) lombare	['dzona lom'bare]
taille (de)	vita (f)	['vita]
navel (de)	ombelico (m)	[ombe'liko]
billen (mv.)	natiche (f pl)	['natike]
achterwerk (het)	sedere (m)	[se'dere]
huidvlek (de)	neo (m)	['neo]
moedervlek (de)	voglia (f)	['voʎʎa]
tatoeage (de)	tatuaggio (m)	[tatu'adʒo]
litteken (het)	cicatrice (f)	[tʃika'tritʃe]

Kleding en accessoires

33. Bovenkleding. Jassen

kleren (mv.)	vestiti (m pl)	[ve'stiti]
bovenkleding (de)	soprabito (m)	[so'prabito]
winterkleding (de)	abiti (m pl) invernali	['abiti inver'nali]
jas (de)	cappotto (m)	[kap'potto]
bontjas (de)	pelliccia (f)	[pel'litʃa]
bontjasje (het)	pellicciotto (m)	[pelli'tʃotto]
donzen jas (de)	piumino (m)	[pju'mino]
jasje (bijv. een leren ~)	giubbotto (m), giaccha (f)	[dʒub'botto], ['dʒakka]
regenjas (de)	impermeabile (m)	[imperme'abile]
waterdicht (bn)	impermeabile	[imperme'abile]

34. Heren & dames kleding

overhemd (het)	camicia (f)	[ka'mitʃa]
broek (de)	pantaloni (m pl)	[panta'loni]
jeans (de)	jeans (m pl)	['dʒins]
colbert (de)	giacca (f)	['dʒakka]
kostuum (het)	abito (m) da uomo	['abito da u'omo]
jurk (de)	abito (m)	['abito]
rok (de)	gonna (f)	['gonna]
blouse (de)	camicetta (f)	[kami'tʃetta]
wollen vest (de)	giacca (f) a maglia	['dʒakka a 'maʎʎa]
blazer (kort jasje)	giacca (f) tailleur	['dʒakka ta'jer]
T-shirt (het)	maglietta (f)	[maʎ'ʎetta]
shorts (mv.)	pantaloni (m pl) corti	[panta'loni 'korti]
trainingspak (het)	tuta (f) sportiva	['tuta spor'tiva]
badjas (de)	accappatoio (m)	[akkappa'tojo]
pyjama (de)	pigiama (m)	[pi'dʒama]
sweater (de)	maglione (m)	[maʎ'ʎone]
pullover (de)	pullover (m)	[pul'lover]
gilet (het)	gilè (m)	[dʒi'le]
rokkostuum (het)	frac (m)	[frak]
smoking (de)	smoking (m)	['zmoking]
uniform (het)	uniforme (f)	[uni'forme]
werkkleding (de)	tuta (f) da lavoro	['tuta da la'voro]
overall (de)	salopette (f)	[salo'pett]
doktersjas (de)	camice (m)	[ka'mitʃe]

35. Kleding. Ondergoed

ondergoed (het)	intimo (m)	['intimo]
herenslip (de)	boxer briefs (m)	['bokser brifs]
slipjes (mv.)	mutandina (f)	[mutan'dina]
onderhemd (het)	maglietta (f) intima	[maʎ'ʎetta 'intima]
sokken (mv.)	calzini (m pl)	[kal'tsini]
nachthemd (het)	camicia (f) da notte	[ka'mitʃa da 'notte]
beha (de)	reggiseno (m)	[redʒi'seno]
kniekousen (mv.)	calzini (m pl) alti	[kal'tsini 'alti]
panty (de)	collant (m)	[kol'lant]
nylonkousen (mv.)	calze (f pl)	['kaltse]
badpak (het)	costume (m) da bagno	[ko'stume da 'baɲo]

36. Hoofddeksels

hoed (de)	cappello (m)	[kap'pello]
deukhoed (de)	cappello (m) di feltro	[kap'pello di feltro]
honkbalpet (de)	cappello (m) da baseball	[kap'pello da 'bejzbol]
kleppet (de)	coppola (f)	['koppola]
baret (de)	basco (m)	['basko]
kap (de)	cappuccio (m)	[kap'putʃo]
panamahoed (de)	panama (m)	['panama]
gebreide muts (de)	berretto (m) a maglia	[ber'retto a 'maʎʎa]
hoofddoek (de)	fazzoletto (m) da capo	[fattso'letto da 'kapo]
dameshoed (de)	cappellino (m) donna	[kappel'lino 'donna]
veiligheidshelm (de)	casco (m)	['kasko]
veldmuts (de)	bustina (f)	[bu'stina]
helm, valhelm (de)	casco (m)	['kasko]
bolhoed (de)	bombetta (f)	[bom'betta]
hoge hoed (de)	cilindro (m)	[tʃi'lindro]

37. Schoeisel

schoeisel (het)	calzature (f pl)	[kaltsa'ture]
schoenen (mv.)	stivaletti (m pl)	[stiva'letti]
vrouwenschoenen (mv.)	scarpe (f pl)	['skarpe]
laarzen (mv.)	stivali (m pl)	[sti'vali]
pantoffels (mv.)	pantofole (f pl)	[pan'tofole]
sportschoenen (mv.)	scarpe (f pl) da tennis	['skarpe da 'tennis]
sneakers (mv.)	scarpe (f pl) da ginnastica	['skarpe da dʒin'nastika]
sandalen (mv.)	sandali (m pl)	['sandali]
schoenlapper (de)	calzolaio (m)	[kaltso'lajo]
hiel (de)	tacco (m)	['takko]

paar (een ~ schoenen)	**paio** (m)	['pajo]
veter (de)	**laccio** (m)	['latʃo]
rijgen (schoenen ~)	**allacciare** (vt)	[ala'tʃare]
schoenlepel (de)	**calzascarpe** (m)	[kaltsa'skarpe]
schoensmeer (de/het)	**lucido** (m) **per le scarpe**	['lutʃido per le 'skarpe]

38. Textiel. Weefsel

katoen (de/het)	**cotone** (m)	[ko'tone]
katoenen (bn)	**di cotone**	[di ko'tone]
vlas (het)	**lino** (m)	['lino]
vlas-, van vlas (bn)	**di lino**	[di 'lino]
zijde (de)	**seta** (f)	['seta]
zijden (bn)	**di seta**	[di 'seta]
wol (de)	**lana** (f)	['lana]
wollen (bn)	**di lana**	[di 'lana]
fluweel (het)	**velluto** (m)	[vel'luto]
suède (de)	**camoscio** (m)	[ka'moʃo]
ribfluweel (het)	**velluto** (m) **a coste**	[vel'luto a 'koste]
nylon (de/het)	**nylon** (m)	['najlon]
nylon-, van nylon (bn)	**di nylon**	[di 'najlon]
polyester (het)	**poliestere** (m)	[poli'estere]
polyester- (abn)	**di poliestere**	[di poli'estere]
leer (het)	**pelle** (f)	['pelle]
leren (van leer gemaak)	**di pelle**	[di 'pelle]
bont (het)	**pelliccia** (f)	[pel'litʃa]
bont- (abn)	**di pelliccia**	[di pel'litʃa]

39. Persoonlijke accessoires

handschoenen (mv.)	**guanti** (m pl)	['gwanti]
wanten (mv.)	**manopole** (f pl)	[ma'nopole]
sjaal (fleece ~)	**sciarpa** (f)	['ʃarpa]
bril (de)	**occhiali** (m pl)	[ok'kjali]
brilmontuur (het)	**montatura** (f)	[monta'tura]
paraplu (de)	**ombrello** (m)	[om'brello]
wandelstok (de)	**bastone** (m)	[ba'stone]
haarborstel (de)	**spazzola** (f) **per capelli**	['spattsola per ka'pelli]
waaier (de)	**ventaglio** (m)	[ven'taʎʎo]
das (de)	**cravatta** (f)	[kra'vatta]
strikje (het)	**cravatta** (f) **a farfalla**	[kra'vatta a far'falla]
bretels (mv.)	**bretelle** (f pl)	[bre'telle]
zakdoek (de)	**fazzoletto** (m)	[fattso'letto]
kam (de)	**pettine** (m)	['pettine]
haarspeldje (het)	**fermaglio** (m)	[fer'maʎʎo]

| schuifspeldje (het) | forcina (f) | [for'tʃina] |
| gesp (de) | fibbia (f) | ['fibbia] |

| broekriem (de) | cintura (f) | [tʃin'tura] |
| draagriem (de) | spallina (f) | [spal'lina] |

handtas (de)	borsa (f)	['borsa]
damestas (de)	borsetta (f)	[bor'setta]
rugzak (de)	zaino (m)	['dzajno]

40. Kleding. Diversen

mode (de)	moda (f)	['moda]
de mode (bn)	di moda	[di 'moda]
kledingstilist (de)	stilista (m)	[sti'lista]

kraag (de)	collo (m)	['kollo]
zak (de)	tasca (f)	['taska]
zak- (abn)	tascabile	[ta'skabile]
mouw (de)	manica (f)	['manika]
lusje (het)	asola (f) per appendere	['azola per ap'pendere]
gulp (de)	patta (f)	['patta]

rits (de)	cerniera (f) lampo	[tʃer'njera 'lampo]
sluiting (de)	chiusura (f)	[kju'zura]
knoop (de)	bottone (m)	[bot'tone]
knoopsgat (het)	occhiello (m)	[ok'kjello]
losraken (bijv. knopen)	staccarsi (vr)	[stak'karsi]

naaien (kleren, enz.)	cucire (vi, vt)	[ku'tʃire]
borduren (ww)	ricamare (vi, vt)	[rika'mare]
borduursel (het)	ricamo (m)	[ri'kamo]
naald (de)	ago (m)	['ago]
draad (de)	filo (m)	['filo]
naad (de)	cucitura (f)	[kutʃi'tura]

vies worden (ww)	sporcarsi (vr)	[spor'karsi]
vlek (de)	macchia (f)	['makkia]
gekreukt raken (ov. kleren)	sgualcirsi (vr)	[zgwal'tʃirsi]
scheuren (ov.ww.)	strappare (vt)	[strap'pare]
mot (de)	tarma (f)	['tarma]

41. Persoonlijke verzorging. Schoonheidsmiddelen

tandpasta (de)	dentifricio (m)	[denti'fritʃo]
tandenborstel (de)	spazzolino (m) da denti	[spatso'lino da 'denti]
tanden poetsen (ww)	lavarsi i denti	[la'varsi i 'denti]

scheermes (het)	rasoio (m)	[ra'zojo]
scheerschuim (het)	crema (f) da barba	['krema da 'barba]
zich scheren (ww)	rasarsi (vr)	[ra'zarsi]
zeep (de)	sapone (m)	[sa'pone]

shampoo (de)	shampoo (m)	['ʃampo]
schaar (de)	forbici (f pl)	['forbitʃi]
nagelvijl (de)	limetta (f)	[li'metta]
nagelknipper (de)	tagliaunghie (m)	[taʎʎa'ungje]
pincet (het)	pinzette (f pl)	[pin'tsette]

cosmetica (mv.)	cosmetica (f)	[ko'zmetika]
masker (het)	maschera (f) di bellezza	['maskera di bel'lettsa]
manicure (de)	manicure (m)	[mani'kure]
manicure doen	fare la manicure	['fare la mani'kure]
pedicure (de)	pedicure (m)	[pedi'kure]

cosmetica tasje (het)	borsa (f) del trucco	['borsa del 'trukko]
poeder (de/het)	cipria (f)	['tʃipria]
poederdoos (de)	portacipria (m)	[porta·'tʃipria]
rouge (de)	fard (m)	[far]

parfum (de/het)	profumo (m)	[pro'fumo]
eau de toilet (de)	acqua (f) da toeletta	['akwa da toe'letta]
lotion (de)	lozione (f)	[lo'tsjone]
eau de cologne (de)	acqua (f) di Colonia	['akwa di ko'lonia]

oogschaduw (de)	ombretto (m)	[om'bretto]
oogpotlood (het)	eyeliner (m)	[aj'lajner]
mascara (de)	mascara (m)	[ma'skara]

lippenstift (de)	rossetto (m)	[ros'setto]
nagellak (de)	smalto (m)	['zmalto]
haarlak (de)	lacca (f) per capelli	['lakka per ka'pelli]
deodorant (de)	deodorante (m)	[deodo'rante]

crème (de)	crema (f)	['krema]
gezichtscrème (de)	crema (f) per il viso	['krema per il 'vizo]
handcrème (de)	crema (f) per le mani	['krema per le 'mani]
antirimpelcrème (de)	crema (f) antirughe	['krema anti'ruge]
dagcrème (de)	crema (f) da giorno	['krema da 'dʒorno]
nachtcrème (de)	crema (f) da notte	['krema da 'notte]
dag- (abn)	da giorno	[da 'dʒorno]
nacht- (abn)	da notte	[da 'notte]

tampon (de)	tampone (m)	[tam'pone]
toiletpapier (het)	carta (f) igienica	['karta i'dʒenika]
föhn (de)	fon (m)	[fon]

42. Juwelen

sieraden (mv.)	gioielli (m pl)	[dʒo'jelli]
edel (bijv. ~ stenen)	prezioso	[pre'tsjozo]
keurmerk (het)	marchio (m)	['markio]

ring (de)	anello (m)	[a'nello]
trouwring (de)	anello (m) nuziale	[a'nello nu'tsjale]
armband (de)	braccialetto (m)	[bratʃa'letto]
oorringen (mv.)	orecchini (m pl)	[orek'kini]

halssnoer (het)	collana (f)	[kol'lana]
kroon (de)	corona (f)	[ko'rona]
kralen snoer (het)	perline (f pl)	[per'line]

diamant (de)	diamante (m)	[dia'mante]
smaragd (de)	smeraldo (m)	[zme'raldo]
robijn (de)	rubino (m)	[ru'bino]
saffier (de)	zaffiro (m)	[dzaf'firo]
parel (de)	perle (f pl)	['perle]
barnsteen (de)	ambra (f)	['ambra]

43. Horloges. Klokken

polshorloge (het)	orologio (m)	[oro'lodʒo]
wijzerplaat (de)	quadrante (m)	[kwa'drante]
wijzer (de)	lancetta (f)	[lan'tʃetta]
metalen horlogeband (de)	braccialetto (m)	[bratʃa'letto]
horlogebandje (het)	cinturino (m)	[tʃintu'rino]

batterij (de)	pila (f)	['pila]
leeg zijn (ww)	essere scarico	['essere 'skariko]
batterij vervangen	cambiare la pila	[kam'bjare la 'pila]
voorlopen (ww)	andare avanti	[an'dare a'vanti]
achterlopen (ww)	andare indietro	[an'dare in'djetro]

wandklok (de)	orologio (m) da muro	[oro'lodʒo da 'muro]
zandloper (de)	clessidra (f)	['klessidra]
zonnewijzer (de)	orologio (m) solare	[oro'lodʒo so'lare]
wekker (de)	sveglia (f)	['zveʎʎa]
horlogemaker (de)	orologiaio (m)	[orolo'dʒajo]
repareren (ww)	riparare (vt)	[ripa'rare]

Voedsel. Voeding

44. Voedsel

vlees (het)	carne (f)	['karne]
kip (de)	pollo (m)	['pollo]
kuiken (het)	pollo (m) novello	['pollo no'vello]
eend (de)	anatra (f)	['anatra]
gans (de)	oca (f)	['oka]
wild (het)	cacciagione (f)	[katʃa'dʒone]
kalkoen (de)	tacchino (m)	[tak'kino]

varkensvlees (het)	maiale (m)	[ma'jale]
kalfsvlees (het)	vitello (m)	[vi'tello]
schapenvlees (het)	agnello (m)	[a'ɲello]
rundvlees (het)	manzo (m)	['mandzo]
konijnenvlees (het)	coniglio (m)	[ko'niʎʎo]

worst (de)	salame (m)	[sa'lame]
saucijs (de)	würstel (m)	['vyrstel]
spek (het)	pancetta (f)	[pan'tʃetta]
ham (de)	prosciutto (m)	[pro'ʃutto]
gerookte achterham (de)	prosciutto (m) affumicato	[pro'ʃutto affumi'kato]

paté (de)	pâté (m)	[pa'te]
lever (de)	fegato (m)	['fegato]
gehakt (het)	carne (f) trita	['karne 'trita]
tong (de)	lingua (f)	['lingua]

ei (het)	uovo (m)	[u'ovo]
eieren (mv.)	uova (f pl)	[u'ova]
eiwit (het)	albume (m)	[al'bume]
eigeel (het)	tuorlo (m)	[tu'orlo]

vis (de)	pesce (m)	['peʃe]
zeevruchten (mv.)	frutti (m pl) di mare	['frutti di 'mare]
schaaldieren (mv.)	crostacei (m pl)	[kro'statʃei]
kaviaar (de)	caviale (m)	[ka'vjale]

krab (de)	granchio (m)	['graŋkio]
garnaal (de)	gamberetto (m)	[gambe'retto]
oester (de)	ostrica (f)	['ostrika]
langoest (de)	aragosta (f)	[ara'gosta]
octopus (de)	polpo (m)	['polpo]
inktvis (de)	calamaro (m)	[kala'maro]

steur (de)	storione (m)	[sto'rjone]
zalm (de)	salmone (m)	[sal'mone]
heilbot (de)	ippoglosso (m)	[ippo'glosso]
kabeljauw (de)	merluzzo (m)	[mer'luttso]

makreel (de)	scombro (m)	['skombro]
tonijn (de)	tonno (m)	['tonno]
paling (de)	anguilla (f)	[an'gwilla]

forel (de)	trota (f)	['trota]
sardine (de)	sardina (f)	[sar'dina]
snoek (de)	luccio (m)	['lutʃo]
haring (de)	aringa (f)	[a'ringa]

brood (het)	pane (m)	['pane]
kaas (de)	formaggio (m)	[for'madʒo]
suiker (de)	zucchero (m)	['dzukkero]
zout (het)	sale (m)	['sale]

rijst (de)	riso (m)	['rizo]
pasta (de)	pasta (f)	['pasta]
noedels (mv.)	tagliatelle (f pl)	[taʎʎa'telle]

boter (de)	burro (m)	['burro]
plantaardige olie (de)	olio (m) vegetale	['oljo vedʒe'tale]
zonnebloemolie (de)	olio (m) di girasole	['oljo di dʒira'sole]
margarine (de)	margarina (f)	[marga'rina]

| olijven (mv.) | olive (f pl) | [o'live] |
| olijfolie (de) | olio (m) d'oliva | ['oljo do'liva] |

melk (de)	latte (m)	['latte]
gecondenseerde melk (de)	latte (m) condensato	['latte konden'sato]
yoghurt (de)	yogurt (m)	['jogurt]
zure room (de)	panna (f) acida	['panna 'atʃida]
room (de)	panna (f)	['panna]

| mayonaise (de) | maionese (m) | [majo'neze] |
| crème (de) | crema (f) | ['krema] |

graan (het)	cereali (m pl)	[tʃere'ali]
meel (het), bloem (de)	farina (f)	[fa'rina]
conserven (mv.)	cibi (m pl) in scatola	['tʃibi in 'skatola]

maïsvlokken (mv.)	fiocchi (m pl) di mais	['fjokki di 'mais]
honing (de)	miele (m)	['mjele]
jam (de)	marmellata (f)	[marmel'lata]
kauwgom (de)	gomma (f) da masticare	['gomma da masti'kare]

45. Drankjes

water (het)	acqua (f)	['akwa]
drinkwater (het)	acqua (f) potabile	['akwa po'tabile]
mineraalwater (het)	acqua (f) minerale	['akwa mine'rale]

zonder gas	liscia, non gassata	['liʃa], [non gas'sata]
koolzuurhoudend (bn)	gassata	[gas'sata]
bruisend (bn)	frizzante	[frid'dzante]
ijs (het)	ghiaccio (m)	['gjatʃo]

met ijs	con ghiaccio	[kon 'gjatʃo]
alcohol vrij (bn)	analcolico	[anal'koliko]
alcohol vrije drank (de)	bevanda (f) analcolica	[be'vanda anal'kolika]
frisdrank (de)	bibita (f)	['bibita]
limonade (de)	limonata (f)	[limo'nata]

alcoholische dranken (mv.)	bevande (f pl) alcoliche	[be'vande al'kolike]
wijn (de)	vino (m)	['vino]
witte wijn (de)	vino (m) bianco	['vino 'bjanko]
rode wijn (de)	vino (m) rosso	['vino 'rosso]

likeur (de)	liquore (m)	[li'kwore]
champagne (de)	champagne (m)	[ʃam'paɲ]
vermout (de)	vermouth (m)	['vermut]

whisky (de)	whisky	['wiski]
wodka (de)	vodka (f)	['vodka]
gin (de)	gin (m)	[dʒin]
cognac (de)	cognac (m)	['koɲak]
rum (de)	rum (m)	[rum]

koffie (de)	caffè (m)	[kafʼfe]
zwarte koffie (de)	caffè (m) nero	[kafʼfe 'nero]
koffie (de) met melk	caffè latte (m)	[kafʼfe 'latte]
cappuccino (de)	cappuccino (m)	[kappu'tʃino]
oploskoffie (de)	caffè (m) solubile	[kafʼfe so'lubile]

melk (de)	latte (m)	['latte]
cocktail (de)	cocktail (m)	['koktejl]
milkshake (de)	frullato (m)	[frul'lato]

sap (het)	succo (m)	['sukko]
tomatensap (het)	succo (m) di pomodoro	['sukko di pomo'doro]
sinaasappelsap (het)	succo (m) d'arancia	['sukko da'rantʃa]
vers geperst sap (het)	spremuta (f)	[spre'muta]

bier (het)	birra (f)	['birra]
licht bier (het)	birra (f) chiara	['birra 'kjara]
donker bier (het)	birra (f) scura	['birra 'skura]

thee (de)	tè (m)	[te]
zwarte thee (de)	tè (m) nero	[te 'nero]
groene thee (de)	tè (m) verde	[te 'verde]

46. Groenten

| groenten (mv.) | ortaggi (m pl) | [or'tadʒi] |
| verse kruiden (mv.) | verdura (f) | [ver'dura] |

tomaat (de)	pomodoro (m)	[pomo'doro]
augurk (de)	cetriolo (m)	[tʃetri'olo]
wortel (de)	carota (f)	[ka'rota]
aardappel (de)	patata (f)	[pa'tata]
ui (de)	cipolla (f)	[tʃi'polla]

knoflook (de)	aglio (m)	['aʎʎo]
kool (de)	cavolo (m)	['kavolo]
bloemkool (de)	cavolfiore (m)	[kavol'fjore]
spruitkool (de)	cavoletti (m pl) di Bruxelles	[kavo'letti di bruk'sel]
broccoli (de)	broccolo (m)	['brokkolo]

rode biet (de)	barbabietola (f)	[barba'bjetola]
aubergine (de)	melanzana (f)	[melan'tsana]
courgette (de)	zucchina (f)	[dzuk'kina]
pompoen (de)	zucca (f)	['dzukka]
raap (de)	rapa (f)	['rapa]

peterselie (de)	prezzemolo (m)	[pret'tsemolo]
dille (de)	aneto (m)	[a'neto]
sla (de)	lattuga (f)	[lat'tuga]
selderij (de)	sedano (m)	['sedano]
asperge (de)	asparago (m)	[a'sparago]
spinazie (de)	spinaci (m pl)	[spi'natʃi]

erwt (de)	pisello (m)	[pi'zello]
bonen (mv.)	fave (f pl)	['fave]
maïs (de)	mais (m)	['mais]
nierboon (de)	fagiolo (m)	[fa'dʒolo]

peper (de)	peperone (m)	[pepe'rone]
radijs (de)	ravanello (m)	[rava'nello]
artisjok (de)	carciofo (m)	[kar'tʃofo]

47. Vruchten. Noten

vrucht (de)	frutto (m)	['frutto]
appel (de)	mela (f)	['mela]
peer (de)	pera (f)	['pera]
citroen (de)	limone (m)	[li'mone]
sinaasappel (de)	arancia (f)	[a'rantʃa]
aardbei (de)	fragola (f)	['fragola]

mandarijn (de)	mandarino (m)	[manda'rino]
pruim (de)	prugna (f)	['pruɲa]
perzik (de)	pesca (f)	['peska]
abrikoos (de)	albicocca (f)	[albi'kokka]
framboos (de)	lampone (m)	[lam'pone]
ananas (de)	ananas (m)	[ana'nas]

banaan (de)	banana (f)	[ba'nana]
watermeloen (de)	anguria (f)	[an'guria]
druif (de)	uva (f)	['uva]
zure kers (de)	amarena (f)	[ama'rena]
zoete kers (de)	ciliegia (f)	[tʃi'ljedʒa]
meloen (de)	melone (m)	[me'lone]

grapefruit (de)	pompelmo (m)	[pom'pelmo]
avocado (de)	avocado (m)	[avo'kado]
papaja (de)	papaia (f)	[pa'paja]

| mango (de) | mango (m) | ['mango] |
| granaatappel (de) | melagrana (f) | [mela'grana] |

rode bes (de)	ribes (m) rosso	['ribes 'rosso]
zwarte bes (de)	ribes (m) nero	['ribes 'nero]
kruisbes (de)	uva (f) spina	['uva 'spina]
blauwe bosbes (de)	mirtillo (m)	[mir'tillo]
braambes (de)	mora (f)	['mora]

rozijn (de)	uvetta (f)	[u'vetta]
vijg (de)	fico (m)	['fiko]
dadel (de)	dattero (m)	['dattero]

pinda (de)	arachide (f)	[a'rakide]
amandel (de)	mandorla (f)	['mandorla]
walnoot (de)	noce (f)	['noʧe]
hazelnoot (de)	nocciola (f)	[no'ʧola]
kokosnoot (de)	noce (f) di cocco	['noʧe di 'kokko]
pistaches (mv.)	pistacchi (m pl)	[pi'stakki]

48. Brood. Snoep

suikerbakkerij (de)	pasticceria (f)	[pastiʧe'ria]
brood (het)	pane (m)	['pane]
koekje (het)	biscotti (m pl)	[bi'skotti]

chocolade (de)	cioccolato (m)	[ʧokko'lato]
chocolade- (abn)	al cioccolato	[al ʧokko'lato]
snoepje (het)	caramella (f)	[kara'mella]
cakeje (het)	tortina (f)	[tor'tina]
taart (bijv. verjaardags~)	torta (f)	['torta]

| pastei (de) | crostata (f) | [kro'stata] |
| vulling (de) | ripieno (m) | [ri'pjeno] |

confituur (de)	marmellata (f)	[marmel'lata]
marmelade (de)	marmellata (f) di agrumi	[marmel'lata di a'grumi]
wafel (de)	wafer (m)	['vafer]
ijsje (het)	gelato (m)	[dʒe'lato]
pudding (de)	budino (m)	[bu'dino]

49. Bereide gerechten

gerecht (het)	piatto (m)	['pjatto]
keuken (bijv. Franse ~)	cucina (f)	[ku'ʧina]
recept (het)	ricetta (f)	[ri'ʧetta]
portie (de)	porzione (f)	[por'tsjone]

salade (de)	insalata (f)	[insa'lata]
soep (de)	minestra (f)	[mi'nestra]
bouillon (de)	brodo (m)	['brodo]
boterham (de)	panino (m)	[pa'nino]

spiegelei (het)	uova (f pl) al tegamino	[u'ova al tega'mino]
hamburger (de)	hamburger (m)	[am'burger]
biefstuk (de)	bistecca (f)	[bi'stekka]

garnering (de)	contorno (m)	[kon'torno]
spaghetti (de)	spaghetti (m pl)	[spa'getti]
aardappelpuree (de)	purè (m) di patate	[pu're di pa'tate]
pizza (de)	pizza (f)	['pittsa]
pap (de)	porridge (m)	[por'ridʒe]
omelet (de)	frittata (f)	[frit'tata]

gekookt (in water)	bollito	[bol'lito]
gerookt (bn)	affumicato	[affumi'kato]
gebakken (bn)	fritto	['fritto]
gedroogd (bn)	secco	['sekko]
diepvries (bn)	congelato	[kondʒe'lato]
gemarineerd (bn)	sottoaceto	[sottoa'tʃeto]

zoet (bn)	dolce	['doltʃe]
gezouten (bn)	salato	[sa'lato]
koud (bn)	freddo	['freddo]
heet (bn)	caldo	['kaldo]
bitter (bn)	amaro	[a'maro]
lekker (bn)	buono, gustoso	[bu'ono], [gu'stozo]

koken (in kokend water)	cuocere, preparare (vt)	[ku'otʃere], [prepa'rare]
bereiden (avondmaaltijd ~)	cucinare (vi)	[kutʃi'nare]
bakken (ww)	friggere (vt)	['fridʒere]
opwarmen (ww)	riscaldare (vt)	[riskal'dare]

zouten (ww)	salare (vt)	[sa'lare]
peperen (ww)	pepare (vt)	[pe'pare]
raspen (ww)	grattugiare (vt)	[grattu'dʒare]
schil (de)	buccia (f)	['butʃa]
schillen (ww)	sbucciare (vt)	[zbu'tʃare]

50. Kruiden

zout (het)	sale (m)	['sale]
gezouten (bn)	salato	[sa'lato]
zouten (ww)	salare (vt)	[sa'lare]

zwarte peper (de)	pepe (m) nero	['pepe 'nero]
rode peper (de)	peperoncino (m)	[peperon'tʃino]
mosterd (de)	senape (f)	[se'nape]
mierikswortel (de)	cren (m)	['kren]

condiment (het)	condimento (m)	[kondi'mento]
specerij, kruiderij (de)	spezie (f pl)	['spetsie]
saus (de)	salsa (f)	['salsa]
azijn (de)	aceto (m)	[a'tʃeto]

| anijs (de) | anice (m) | ['anitʃe] |
| basilicum (de) | basilico (m) | [ba'ziliko] |

kruidnagel (de)	**chiodi** (m pl) **di garofano**	['kjodi di ga'rofano]
gember (de)	**zenzero** (m)	['dzendzero]
koriander (de)	**coriandolo** (m)	[kori'andolo]
kaneel (de/het)	**cannella** (f)	[kan'nella]

sesamzaad (het)	**sesamo** (m)	[sezamo]
laurierblad (het)	**alloro** (m)	[al'loro]
paprika (de)	**paprica** (f)	['paprika]
komijn (de)	**cumino, comino** (m)	[ku'mino], [ko'mino]
saffraan (de)	**zafferano** (m)	[dzaffe'rano]

51. Maaltijden

eten (het)	**cibo** (m)	['tʃibo]
eten (ww)	**mangiare** (vi, vt)	[man'dʒare]

ontbijt (het)	**colazione** (f)	[kola'tsjone]
ontbijten (ww)	**fare colazione**	['fare kola'tsjone]
lunch (de)	**pranzo** (m)	['prantso]
lunchen (ww)	**pranzare** (vi)	[pran'tsare]
avondeten (het)	**cena** (f)	['tʃena]
souperen (ww)	**cenare** (vi)	[tʃe'nare]

eetlust (de)	**appetito** (m)	[appe'tito]
Eet smakelijk!	**Buon appetito!**	[bu'on appe'tito]

openen (een fles ~)	**aprire** (vt)	[a'prire]
morsen (koffie, enz.)	**rovesciare** (vt)	[rove'ʃare]
zijn gemorst	**rovesciarsi** (vi)	[rove'ʃarsi]

koken (water kookt bij 100°C)	**bollire** (vi)	[bol'lire]
koken (Hoe om water te ~)	**far bollire**	[far bol'lire]
gekookt (~ water)	**bollito**	[bol'lito]

afkoelen (koeler maken)	**raffreddare** (vt)	[raffred'dare]
afkoelen (koeler worden)	**raffreddarsi** (vr)	[raffred'darsi]

smaak (de)	**gusto** (m)	['gusto]
nasmaak (de)	**retrogusto** (m)	[retro'gusto]

volgen een dieet	**essere a dieta**	['essere a di'eta]
dieet (het)	**dieta** (f)	[di'eta]
vitamine (de)	**vitamina** (f)	[vita'mina]
calorie (de)	**caloria** (f)	[kalo'ria]

vegetariër (de)	**vegetariano** (m)	[vedʒeta'rjano]
vegetarisch (bn)	**vegetariano**	[vedʒeta'rjano]

vetten (mv.)	**grassi** (m pl)	['grassi]
eiwitten (mv.)	**proteine** (f pl)	[prote'ine]
koolhydraten (mv.)	**carboidrati** (m pl)	[karboi'drati]
snede (de)	**fetta** (f), **fettina** (f)	['fetta], [fet'tina]
stuk (bijv. een ~ taart)	**pezzo** (m)	['pettso]
kruimel (de)	**briciola** (f)	['britʃola]

52. Tafelschikking

lepel (de)	cucchiaio (m)	[kuk'kjajo]
mes (het)	coltello (m)	[kol'tello]
vork (de)	forchetta (f)	[for'ketta]

kopje (het)	tazza (f)	['tattsa]
bord (het)	piatto (m)	['pjatto]
schoteltje (het)	piattino (m)	[pjat'tino]
servet (het)	tovagliolo (m)	[tovaʎ'ʎolo]
tandenstoker (de)	stuzzicadenti (m)	[stuttsika'denti]

53. Restaurant

restaurant (het)	ristorante (m)	[risto'rante]
koffiehuis (het)	caffè (m)	[kaf'fe]
bar (de)	pub (m), bar (m)	[pab], [bar]
tearoom (de)	sala (f) da tè	['sala da 'te]

kelner, ober (de)	cameriere (m)	[kame'rjere]
serveerster (de)	cameriera (f)	[kame'rjera]
barman (de)	barista (m)	[ba'rista]

menu (het)	menù (m)	[me'nu]
wijnkaart (de)	lista (f) dei vini	['lista 'dei 'vini]
een tafel reserveren	prenotare un tavolo	[preno'tare un 'tavolo]

gerecht (het)	piatto (m)	['pjatto]
bestellen (eten ~)	ordinare (vt)	[ordi'nare]
een bestelling maken	fare un'ordinazione	['fare unordina'tsjone]

aperitief (de/het)	aperitivo (m)	[aperi'tivo]
voorgerecht (het)	antipasto (m)	[anti'pasto]
dessert (het)	dolce (m)	['doltʃe]

rekening (de)	conto (m)	['konto]
de rekening betalen	pagare il conto	[pa'gare il 'konto]
wisselgeld teruggeven	dare il resto	['dare il 'resto]
fooi (de)	mancia (f)	['mantʃa]

Familie, verwanten en vrienden

54. Persoonlijke informatie. Formulieren

naam (de)	nome (m)	['nome]
achternaam (de)	cognome (m)	[ko'ɲome]
geboortedatum (de)	data (f) di nascita	['data di 'naʃita]
geboorteplaats (de)	luogo (m) di nascita	[lu'ogo di 'naʃita]
nationaliteit (de)	nazionalità (f)	[natsjonali'ta]
woonplaats (de)	domicilio (m)	[domi'tʃilio]
land (het)	paese (m)	[pa'eze]
beroep (het)	professione (f)	[profes'sjone]
geslacht (ov. het vrouwelijk ~)	sesso (m)	['sesso]
lengte (de)	statura (f)	[sta'tura]
gewicht (het)	peso (m)	['pezo]

55. Familieleden. Verwanten

moeder (de)	madre (f)	['madre]
vader (de)	padre (m)	['padre]
zoon (de)	figlio (m)	['fiʎʎo]
dochter (de)	figlia (f)	['fiʎʎa]
jongste dochter (de)	figlia (f) minore	['fiʎʎa mi'nore]
jongste zoon (de)	figlio (m) minore	['fiʎʎo mi'nore]
oudste dochter (de)	figlia (f) maggiore	['fiʎʎa ma'dʒore]
oudste zoon (de)	figlio (m) maggiore	['fiʎʎo ma'dʒore]
broer (de)	fratello (m)	[fra'tello]
zuster (de)	sorella (f)	[so'rella]
neef (zoon van oom, tante)	cugino (m)	[ku'dʒino]
nicht (dochter van oom, tante)	cugina (f)	[ku'dʒina]
mama (de)	mamma (f)	['mamma]
papa (de)	papà (m)	[pa'pa]
ouders (mv.)	genitori (m pl)	[dʒeni'tori]
kind (het)	bambino (m)	[bam'bino]
kinderen (mv.)	bambini (m pl)	[bam'bini]
oma (de)	nonna (f)	['nonna]
opa (de)	nonno (m)	['nonno]
kleinzoon (de)	nipote (m)	[ni'pote]
kleindochter (de)	nipote (f)	[ni'pote]
kleinkinderen (mv.)	nipoti (pl)	[ni'poti]

oom (de)	**zio** (m)	['tsio]
tante (de)	**zia** (f)	['tsia]
neef (zoon van broer, zus)	**nipote** (m)	[ni'pote]
nicht (dochter van broer, zus)	**nipote** (f)	[ni'pote]

schoonmoeder (de)	**suocera** (f)	[su'otʃera]
schoonvader (de)	**suocero** (m)	[su'otʃero]
schoonzoon (de)	**genero** (m)	['dʒenero]
stiefmoeder (de)	**matrigna** (f)	[ma'triɲa]
stiefvader (de)	**patrigno** (m)	[pa'triɲo]

zuigeling (de)	**neonato** (m)	[neo'nato]
wiegenkind (het)	**infante** (m)	[in'fante]
kleuter (de)	**bimbo** (m)	['bimbo]

vrouw (de)	**moglie** (f)	['moʎʎe]
man (de)	**marito** (m)	[ma'rito]
echtgenoot (de)	**coniuge** (m)	['konjudʒe]
echtgenote (de)	**coniuge** (f)	['konjudʒe]

gehuwd (mann.)	**sposato**	[spo'zato]
gehuwd (vrouw.)	**sposata**	[spo'zata]
ongehuwd (mann.)	**celibe**	['tʃelibe]
vrijgezel (de)	**scapolo** (m)	['skapolo]
gescheiden (bn)	**divorziato**	[divortsi'ato]
weduwe (de)	**vedova** (f)	['vedova]
weduwnaar (de)	**vedovo** (m)	['vedovo]

familielid (het)	**parente** (m)	[pa'rente]
dichte familielid (het)	**parente** (m) **stretto**	[pa'rente 'stretto]
verre familielid (het)	**parente** (m) **lontano**	[pa'rente lon'tano]
familieleden (mv.)	**parenti** (m pl)	[pa'renti]

voogd (de)	**tutore** (m)	[tu'tore]
adopteren (een jongen te ~)	**adottare** (vt)	[adot'tare]
adopteren (een meisje te ~)	**adottare** (vt)	[adot'tare]

56. Vrienden. Collega's

vriend (de)	**amico** (m)	[a'miko]
vriendin (de)	**amica** (f)	[a'mika]
vriendschap (de)	**amicizia** (f)	[ami'tʃitsia]
bevriend zijn (ww)	**essere amici**	['essere a'mitʃi]

makker (de)	**amico** (m)	[a'miko]
vriendin (de)	**amica** (f)	[a'mika]
partner (de)	**partner** (m)	['partner]

chef (de)	**capo** (m)	['kapo]
baas (de)	**capo** (m), **superiore** (m)	['kapo], [supe'rjore]
ondergeschikte (de)	**subordinato** (m)	[subordi'nato]
collega (de)	**collega** (m)	[kol'lega]
kennis (de)	**conoscente** (m)	[kono'ʃente]
medereiziger (de)	**compagno** (m) **di viaggio**	[kom'paɲo di 'vjadʒo]

klasgenoot (de)	compagno (m) di classe	[kom'paɲo di 'klasse]
buurman (de)	vicino (m)	[vi'tʃino]
buurvrouw (de)	vicina (f)	[vi'tʃina]
buren (mv.)	vicini (m pl)	[vi'tʃini]

57. Man. Vrouw

vrouw (de)	donna (f)	['donna]
meisje (het)	ragazza (f)	[ra'gattsa]
bruid (de)	sposa (f)	['spoza]

mooi(e) (vrouw, meisje)	bella	['bella]
groot, grote (vrouw, meisje)	alta	['alta]
slank(e) (vrouw, meisje)	snella	['znella]
korte, kleine (vrouw, meisje)	bassa	['bassa]

| blondine (de) | bionda (f) | ['bjonda] |
| brunette (de) | bruna (f) | ['bruna] |

dames- (abn)	da donna	[da 'donna]
maagd (de)	vergine (f)	['verdʒine]
zwanger (bn)	incinta	[in'tʃinta]

man (de)	uomo (m)	[u'omo]
blonde man (de)	biondo (m)	['bjondo]
bruinharige man (de)	bruno (m)	['bruno]
groot (bn)	alto	['alto]
klein (bn)	basso	['basso]

onbeleefd (bn)	sgarbato	[sgar'bato]
gedrongen (bn)	tozzo	['tottso]
robuust (bn)	robusto	[ro'busto]
sterk (bn)	forte	['forte]
sterkte (de)	forza (f)	['fortsa]

mollig (bn)	grasso	['grasso]
getaand (bn)	bruno	['bruno]
slank (bn)	snello	['znello]
elegant (bn)	elegante	[ele'gante]

58. Leeftijd

leeftijd (de)	età (f)	[e'ta]
jeugd (de)	giovinezza (f)	[dʒovi'nettsa]
jong (bn)	giovane	['dʒovane]

| jonger (bn) | più giovane | [pju 'dʒovane] |
| ouder (bn) | più vecchio | [pju 'vekkio] |

jongen (de)	giovane (m)	['dʒovane]
tiener, adolescent (de)	adolescente (m, f)	[adole'ʃente]
kerel (de)	ragazzo (m)	[ra'gattso]

oude man (de)	**vecchio** (m)	['vekkio]
oude vrouw (de)	**vecchia** (f)	['vekkia]

volwassen (bn)	**adulto** (m)	[a'dulto]
van middelbare leeftijd (bn)	**di mezza età**	[di 'meddza e'ta]
bejaard (bn)	**anziano**	[an'tsjano]
oud (bn)	**vecchio**	['vekkio]

pensioen (het)	**pensionamento** (m)	[pensjona'mento]
met pensioen gaan	**andare in pensione**	[an'dare in pen'sjone]
gepensioneerde (de)	**pensionato** (m)	[pensjo'nato]

59. Kinderen

kind (het)	**bambino** (m)	[bam'bino]
kinderen (mv.)	**bambini** (m pl)	[bam'bini]
tweeling (de)	**gemelli** (m pl)	[dʒe'melli]

wieg (de)	**culla** (f)	['kulla]
rammelaar (de)	**sonaglio** (m)	[so'naʎʎo]
luier (de)	**pannolino** (m)	[panno'lino]

speen (de)	**tettarella** (f)	[tetta'rella]
kinderwagen (de)	**carrozzina** (f)	[karrot'tsina]
kleuterschool (de)	**scuola** (f) **materna**	['skwola ma'terna]
babysitter (de)	**baby-sitter** (f)	[bebi'siter]

kindertijd (de)	**infanzia** (f)	[in'fantsia]
pop (de)	**bambola** (f)	['bambola]
speelgoed (het)	**giocattolo** (m)	[dʒo'kattolo]
bouwspeelgoed (het)	**gioco** (m) **di costruzione**	['dʒoko di konstru'tsjone]

welopgevoed (bn)	**educato**	[edu'kato]
onopgevoed (bn)	**maleducato**	[maledu'kato]
verwend (bn)	**viziato**	[vitsi'ato]

stout zijn (ww)	**essere disubbidiente**	['essere dizubi'djente]
stout (bn)	**birichino**	[biri'kino]
stoutheid (de)	**birichinata** (f)	[biriki'nata]
stouterd (de)	**monello** (m)	[mo'nello]

gehoorzaam (bn)	**ubbidiente**	[ubidi'ente]
ongehoorzaam (bn)	**disubbidiente**	[dizubi'djente]

braaf (bn)	**docile**	['dotʃile]
slim (verstandig)	**intelligente**	[intelli'dʒente]
wonderkind (het)	**bambino** (m) **prodigio**	[bam'bino pro'didʒo]

60. Gehuwde paren. Gezinsleven

kussen (een kus geven)	**baciare** (vt)	[ba'tʃare]
elkaar kussen (ww)	**baciarsi** (vr)	[ba'tʃarsi]

gezin (het)	famiglia (f)	[fa'miλλa]
gezins- (abn)	familiare	[fami'ljare]
paar (het)	coppia (f)	['koppia]
huwelijk (het)	matrimonio (m)	[matri'monio]
thuis (het)	focolare (m) domestico	[foko'lare do'mestiko]
dynastie (de)	dinastia (f)	[dina'stia]

| date (de) | appuntamento (m) | [appunta'mento] |
| zoen (de) | bacio (m) | ['baʧo] |

liefde (de)	amore (m)	[a'more]
liefhebben (ww)	amare	[a'mare]
geliefde (bn)	amato	[a'mato]

tederheid (de)	tenerezza (f)	[tene'rettsa]
teder (bn)	dolce, tenero	['dolʧe], ['tenero]
trouw (de)	fedeltà (f)	[fedel'ta]
trouw (bn)	fedele	[fe'dele]
zorg (bijv. bejaarden~)	premura (f)	[pre'mura]
zorgzaam (bn)	premuroso	[premu'rozo]

jonggehuwden (mv.)	sposi (m pl) novelli	['spozi no'velli]
wittebroodsweken (mv.)	luna (f) di miele	['luna di 'mjele]
trouwen (vrouw)	sposarsi (vr)	[spo'zarsi]
trouwen (man)	sposarsi (vr)	[spo'zarsi]

bruiloft (de)	nozze (f pl)	['nottse]
gouden bruiloft (de)	nozze (f pl) d'oro	['nottse 'doro]
verjaardag (de)	anniversario (m)	[anniver'sario]

| minnaar (de) | amante (m) | [a'mante] |
| minnares (de) | amante (f) | [a'mante] |

overspel (het)	adulterio (m)	[adul'terio]
overspel plegen (ww)	tradire	[tra'dire]
jaloers (bn)	geloso	[dʒe'lozo]
jaloers zijn (echtgenoot, enz.)	essere geloso	['essere dʒe'lozo]
echtscheiding (de)	divorzio (m)	[di'vortsio]
scheiden (ww)	divorziare (vi)	[divor'tsjare]

ruzie hebben (ww)	litigare (vi)	[liti'gare]
vrede sluiten (ww)	fare pace	['fare 'paʧe]
samen (bw)	insieme	[in'sjeme]
seks (de)	sesso (m)	['sesso]

geluk (het)	felicità (f)	[feliʧi'ta]
gelukkig (bn)	felice	[fe'liʧe]
ongeluk (het)	disgrazia (f)	[dis'gratsia]
ongelukkig (bn)	infelice	[infe'liʧe]

Karakter. Gevoelens. Emoties

61. Gevoelens. Emoties

gevoel (het)	sentimento (m)	[senti'mento]
gevoelens (mv.)	sentimenti (m pl)	[senti'menti]
voelen (ww)	sentire (vt)	[sen'tire]
honger (de)	fame (f)	['fame]
honger hebben (ww)	avere fame	[a'vere 'fame]
dorst (de)	sete (f)	['sete]
dorst hebben	avere sete	[a'vere 'sete]
slaperigheid (de)	sonnolenza (f)	[sonno'lentsa]
willen slapen	avere sonno	[a'vere 'sonno]
moeheid (de)	stanchezza (f)	[staŋ'kettsa]
moe (bn)	stanco	['stanko]
vermoeid raken (ww)	stancarsi (vr)	[stan'karsi]
stemming (de)	umore (m)	[u'more]
verveling (de)	noia (f)	['noja]
zich vervelen (ww)	annoiarsi (vr)	[anno'jarsi]
afzondering (de)	isolamento (f)	[izola'mento]
zich afzonderen (ww)	isolarsi (vr)	[izo'larsi]
bezorgd maken	preoccupare (vt)	[preokku'pare]
bezorgd zijn (ww)	essere preoccupato	['essere preokku'pato]
zorg (bijv. geld~en)	agitazione (f)	[adʒita'tsjone]
ongerustheid (de)	preoccupazione (f)	[preokkupa'tsjone]
ongerust (bn)	preoccupato	[preokku'pato]
zenuwachtig zijn (ww)	essere nervoso	['essere ner'vozo]
in paniek raken	andare in panico	[an'dare in 'paniko]
hoop (de)	speranza (f)	[spe'rantsa]
hopen (ww)	sperare (vi, vt)	[spe'rare]
zekerheid (de)	certezza (f)	[tʃer'tettsa]
zeker (bn)	sicuro	[si'kuro]
onzekerheid (de)	incertezza (f)	[intʃer'tettsa]
onzeker (bn)	incerto	[in'tʃerto]
dronken (bn)	ubriaco	[ubri'ako]
nuchter (bn)	sobrio	['sobrio]
zwak (bn)	debole	['debole]
gelukkig (bn)	fortunato	[fortu'nato]
doen schrikken (ww)	spaventare (vt)	[spaven'tare]
toorn (de)	rabbia (f)	['rabbia]
woede (de)	rabbia (f)	['rabbia]
depressie (de)	depressione (f)	[depres'sjone]
ongemak (het)	disagio (m)	[di'zadʒo]

gemak, comfort (het)	conforto (m)	[kon'forto]
spijt hebben (ww)	rincrescere (vi)	[rin'kreʃere]
spijt (de)	rincrescimento (m)	[rinkreʃi'mento]
pech (de)	sfortuna (f)	[sfor'tuna]
bedroefdheid (de)	tristezza (f)	[tri'stettsa]

schaamte (de)	vergogna (f)	[ver'goɲa]
pret (de), plezier (het)	allegria (f)	[alle'gria]
enthousiasme (het)	entusiasmo (m)	[entu'zjazmo]
enthousiasteling (de)	entusiasta (m)	[entu'zjasta]
enthousiasme vertonen	mostrare entusiasmo	[mo'strare entu'zjazmo]

62. Karakter. Persoonlijkheid

karakter (het)	carattere (m)	[ka'rattere]
karakterfout (de)	difetto (m)	[di'fetto]
verstand (het)	mente (f)	['mente]
rede (de)	intelletto (m)	[intel'letto]

geweten (het)	coscienza (f)	[ko'ʃentsa]
gewoonte (de)	abitudine (f)	[abi'tudine]
bekwaamheid (de)	capacità (f)	[kapatʃi'ta]
kunnen (bijv., ~ zwemmen)	sapere (vt)	[sa'pere]

geduldig (bn)	paziente	[pa'tsjente]
ongeduldig (bn)	impaziente	[impa'tsjente]
nieuwsgierig (bn)	curioso	[ku'rjozo]
nieuwsgierigheid (de)	curiosità (f)	[kuriozi'ta]

bescheidenheid (de)	modestia (f)	[mo'destia]
bescheiden (bn)	modesto	[mo'desto]
onbescheiden (bn)	immodesto	[immo'desto]

luiheid (de)	pigrizia (f)	[pi'gritsia]
lui (bn)	pigro	['pigro]
luiwammes (de)	poltrone (m)	[pol'trone]

sluwheid (de)	furberia (f)	[furbe'ria]
sluw (bn)	furbo	['furbo]
wantrouwen (het)	diffidenza (f)	[diffi'dentsa]
wantrouwig (bn)	diffidente	[diffi'dente]

gulheid (de)	generosità (f)	[dʒenerozi'ta]
gul (bn)	generoso	[dʒene'rozo]
talentrijk (bn)	di talento	[di ta'lento]
talent (het)	talento (m)	[ta'lento]

moedig (bn)	coraggioso	[kora'dʒozo]
moed (de)	coraggio (m)	[ko'radʒo]
eerlijk (bn)	onesto	[o'nesto]
eerlijkheid (de)	onestà (f)	[one'sta]

| voorzichtig (bn) | prudente | [pru'dente] |
| manhaftig (bn) | valoroso | [valo'rozo] |

| ernstig (bn) | serio | ['serio] |
| streng (bn) | severo | [se'vero] |

resoluut (bn)	deciso	[de'tʃizo]
onzeker, irresoluut (bn)	indeciso	[inde'tʃizo]
schuchter (bn)	timido	['timido]
schuchterheid (de)	timidezza (f)	[timi'dettsa]

vertrouwen (het)	fiducia (f)	[fi'dutʃa]
vertrouwen (ww)	fidarsi (vr)	[fi'darsi]
goedgelovig (bn)	fiducioso	[fidu'tʃozo]

oprecht (bw)	sinceramente	[sintʃera'mente]
oprecht (bn)	sincero	[sin'tʃero]
oprechtheid (de)	sincerità (f)	[sintʃeri'ta]
open (bn)	aperto	[a'perto]

rustig (bn)	tranquillo	[tran'kwillo]
openhartig (bn)	sincero	[sin'tʃero]
naïef (bn)	ingenuo	[in'dʒenuo]
verstrooid (bn)	distratto	[di'stratto]
leuk, grappig (bn)	buffo	['buffo]

gierigheid (de)	avidità (f)	[avidi'ta]
gierig (bn)	avido	['avido]
inhalig (bn)	avaro	[a'varo]
kwaad (bn)	cattivo	[kat'tivo]
koppig (bn)	testardo	[te'stardo]
onaangenaam (bn)	antipatico	[anti'patiko]

egoïst (de)	egoista (m)	[ego'ista]
egoïstisch (bn)	egoistico	[ego'istiko]
lafaard (de)	codardo (m)	[ko'dardo]
laf (bn)	codardo	[ko'dardo]

63. Slaap. Dromen

slapen (ww)	dormire (vi)	[dor'mire]
slaap (in ~ vallen)	sonno (m)	['sonno]
droom (de)	sogno (m)	['soɲo]
dromen (in de slaap)	sognare (vi)	[so'ɲare]
slaperig (bn)	sonnolento	[sonno'lento]

bed (het)	letto (m)	['letto]
matras (de)	materasso (m)	[mate'rasso]
deken (de)	coperta (f)	[ko'perta]
kussen (het)	cuscino (m)	[ku'ʃino]
laken (het)	lenzuolo (m)	[lentsu'olo]

slapeloosheid (de)	insonnia (f)	[in'sonnia]
slapeloos (bn)	insonne	[in'sonne]
slaapmiddel (het)	sonnifero (m)	[son'nifero]
slaapmiddel innemen	prendere il sonnifero	['prendere il son'nifero]
willen slapen	avere sonno	[a'vere 'sonno]

geeuwen (ww)	**sbadigliare** (vi)	[zbadiʎ'ʎare]
gaan slapen	**andare a letto**	[an'dare a 'letto]
het bed opmaken	**fare il letto**	['fare il 'letto]
inslapen (ww)	**addormentarsi** (vr)	[addormen'tarsi]
nachtmerrie (de)	**incubo** (m)	['inkubo]
gesnurk (het)	**russare** (m)	[rus'sare]
snurken (ww)	**russare** (vi)	[rus'sare]
wekker (de)	**sveglia** (f)	['zveʎʎa]
wekken (ww)	**svegliare** (vt)	[zveʎ'ʎare]
wakker worden (ww)	**svegliarsi** (vr)	[zveʎ'ʎarsi]
opstaan (ww)	**alzarsi** (vr)	[al'tsarsi]
zich wassen (ww)	**lavarsi** (vr)	[la'varsi]

64. Humor. Gelach. Blijdschap

humor (de)	**umorismo** (m)	[umo'rizmo]
gevoel (het) voor humor	**senso** (m) **dello humour**	['senso 'dello u'mur]
plezier hebben (ww)	**divertirsi** (vr)	[diver'tirsi]
vrolijk (bn)	**allegro**	[al'legro]
pret (de), plezier (het)	**allegria** (f)	[alle'gria]
glimlach (de)	**sorriso** (m)	[sor'rizo]
glimlachen (ww)	**sorridere** (vi)	[sor'ridere]
beginnen te lachen (ww)	**mettersi a ridere**	['mettersi a 'ridere]
lachen (ww)	**ridere** (vi)	['ridere]
lach (de)	**riso** (m)	['rizo]
mop (de)	**aneddoto** (m)	[a'neddoto]
grappig (een ~ verhaal)	**divertente**	[diver'tente]
grappig (~e clown)	**ridicolo**	[ri'dikolo]
grappen maken (ww)	**scherzare** (vi)	[sker'tsare]
grap (de)	**scherzo** (m)	['skertso]
blijheid (de)	**gioia** (f)	['dʒoja]
blij zijn (ww)	**rallegrarsi** (vr)	[ralle'grarsi]
blij (bn)	**allegro**	[al'legro]

65. Discussie, conversatie. Deel 1

communicatie (de)	**comunicazione** (f)	[komunika'tsjone]
communiceren (ww)	**comunicare** (vi)	[komuni'kare]
conversatie (de)	**conversazione** (f)	[konversa'tsjone]
dialoog (de)	**dialogo** (m)	[di'alogo]
discussie (de)	**discussione** (f)	[diskus'sjone]
debat (het)	**dibattito** (m)	[di'battito]
debatteren, twisten (ww)	**discutere** (vi)	[di'skutere]
gesprekspartner (de)	**interlocutore** (m)	[interloku'tore]
thema (het)	**tema** (m)	['tema]

standpunt (het)	punto (m) di vista	['punto di 'vista]
mening (de)	opinione (f)	[opi'njone]
toespraak (de)	discorso (m)	[di'skorso]
bespreking (de)	discussione (f)	[diskus'sjone]
bespreken (spreken over)	discutere (vt)	[di'skutere]
gesprek (het)	conversazione (f)	[konversa'tsjone]
spreken (converseren)	conversare (vi)	[konver'sare]
ontmoeting (de)	incontro (m)	[in'kontro]
ontmoeten (ww)	incontrarsi (vr)	[inkon'trarsi]
spreekwoord (het)	proverbio (m)	[pro'verbio]
gezegde (het)	detto (m)	['detto]
raadsel (het)	indovinello (m)	[indovi'nello]
een raadsel opgeven	fare un indovinello	['fare un indovi'nello]
wachtwoord (het)	parola (f) d'ordine	[pa'rola 'dordine]
geheim (het)	segreto (m)	[se'greto]
eed (de)	giuramento (m)	[dʒura'mento]
zweren (een eed doen)	giurare (vi)	[dʒu'rare]
belofte (de)	promessa (f)	[pro'messa]
beloven (ww)	promettere (vt)	[pro'mettere]
advies (het)	consiglio (m)	[kon'siʎʎo]
adviseren (ww)	consigliare (vt)	[konsiʎ'ʎare]
luisteren (gehoorzamen)	ubbidire (vi)	[ubi'dire]
nieuws (het)	notizia (f)	[no'titsia]
sensatie (de)	sensazione (f)	[sensa'tsjone]
informatie (de)	informazioni (f pl)	[informa'tsjoni]
conclusie (de)	conclusione (f)	[konklu'zjone]
stem (de)	voce (f)	['votʃe]
compliment (het)	complimento (m)	[kompli'mento]
vriendelijk (bn)	gentile	[dʒen'tile]
woord (het)	parola (f)	[pa'rola]
zin (de), zinsdeel (het)	frase (f)	['fraze]
antwoord (het)	risposta (f)	[ris'posta]
waarheid (de)	verità (f)	[veri'ta]
leugen (de)	menzogna (f)	[men'tsoɲa]
gedachte (de)	pensiero (m)	[pen'sjero]
idee (de/het)	idea (f), pensiero (m)	[i'dea], [pen'sjero]
fantasie (de)	fantasia (f)	[fanta'zia]

66. Discussie, conversatie. Deel 2

gerespecteerd (bn)	rispettato	[rispet'tato]
respecteren (ww)	rispettare (vt)	[rispet'tare]
respect (het)	rispetto (m)	[ris'petto]
Geachte ... (brief)	Egregio ...	[e'gredʒo]
voorstellen (Mag ik jullie ~)	presentare (vt)	[prezen'tare]
intentie (de)	intenzione (f)	[inten'tsjone]

intentie hebben (ww)	**avere intenzione**	[a'vere inten'tsjone]
wens (de)	**augurio** (m)	[au'gurio]
wensen (ww)	**augurare** (vt)	[augu'rare]
verbazing (de)	**sorpresa** (f)	[sor'preza]
verbazen (verwonderen)	**sorprendere** (vt)	[sor'prendere]
verbaasd zijn (ww)	**stupirsi** (vr)	[stu'pirsi]
geven (ww)	**dare** (vt)	['dare]
nemen (ww)	**prendere** (vt)	['prendere]
teruggeven (ww)	**rendere** (vt)	['rendere]
retourneren (ww)	**restituire** (vt)	[restitu'ire]
zich verontschuldigen	**scusarsi** (vr)	[sku'zarsi]
verontschuldiging (de)	**scusa** (f)	['skuza]
vergeven (ww)	**perdonare** (vt)	[perdo'nare]
spreken (ww)	**parlare** (vi, vt)	[par'lare]
luisteren (ww)	**ascoltare** (vi)	[askol'tare]
aanhoren (ww)	**ascoltare fino in fondo**	[askol'tare 'fino in 'fondo]
begrijpen (ww)	**capire** (vt)	[ka'pire]
tonen (ww)	**mostrare** (vt)	[mo'strare]
kijken naar ...	**guardare** (vt)	[gwar'dare]
roepen (vragen te komen)	**chiamare** (vt)	[kja'mare]
storen (lastigvallen)	**disturbare** (vt)	[distur'bare]
doorgeven (ww)	**consegnare** (vt)	[konse'ɲare]
verzoek (het)	**richiesta** (f)	[ri'kjesta]
verzoeken (ww)	**chiedere** (vt)	['kjedere]
eis (de)	**esigenza** (f)	[ezi'dʒentsa]
eisen (met klem vragen)	**esigere** (vt)	[e'zidʒere]
beledigen	**stuzzicare** (vt)	[stuttsi'kare]
(beledigende namen geven)		
uitlachen (ww)	**canzonare** (vt)	[kantso'nare]
spot (de)	**burla** (f), **beffa** (f)	['burla], ['beffa]
bijnaam (de)	**soprannome** (m)	[sopran'nome]
zinspeling (de)	**allusione** (f)	[allu'zjone]
zinspelen (ww)	**alludere** (vi)	[al'ludere]
impliceren (duiden op)	**intendere** (vt)	[in'tendere]
beschrijving (de)	**descrizione** (f)	[deskri'tsjone]
beschrijven (ww)	**descrivere** (vt)	[de'skrivere]
lof (de)	**lode** (f)	['lode]
loven (ww)	**lodare** (vt)	[lo'dare]
teleurstelling (de)	**delusione** (f)	[delu'zjone]
teleurstellen (ww)	**deludere** (vt)	[de'ludere]
teleurgesteld zijn (ww)	**rimanere deluso**	[rima'nere de'luzo]
veronderstelling (de)	**supposizione** (f)	[suppozi'tsjone]
veronderstellen (ww)	**supporre** (vt)	[sup'porre]
waarschuwing (de)	**avvertimento** (m)	[avverti'mento]
waarschuwen (ww)	**avvertire** (vt)	[avver'tire]

67. Discussie, conversatie. Deel 3

aanpraten (ww)	**persuadere** (vt)	[persua'dere]
kalmeren (kalm maken)	**tranquillizzare** (vt)	[trankwillid'dzare]
stilte (de)	**silenzio** (m)	[si'lentsio]
zwijgen (ww)	**tacere** (vi)	[ta'tʃere]
fluisteren (ww)	**sussurrare** (vt)	[sussur'rare]
gefluister (het)	**sussurro** (m)	[sus'surro]
open, eerlijk (bw)	**francamente**	[franka'mente]
volgens mij ...	**secondo me ...**	[se'kondo me]
detail (het)	**dettaglio** (m)	[det'taʎʎo]
gedetailleerd (bn)	**dettagliato**	[dettaʎ'ʎato]
gedetailleerd (bw)	**dettagliatamente**	[dettaʎʎata'mente]
hint (de)	**suggerimento** (m)	[sudʒeri'mento]
een hint geven	**suggerire** (vt)	[sudʒe'rire]
blik (de)	**sguardo** (m)	['zgwardo]
een kijkje nemen	**gettare uno sguardo**	[dʒet'tare 'uno 'zgwardo]
strak (een ~ke blik)	**fisso**	['fisso]
knipperen (ww)	**battere le palpebre**	['battere le 'palpebre]
knipogen (ww)	**ammiccare** (vi)	[ammik'kare]
knikken (ww)	**accennare col capo**	[atʃen'nare kol 'kapo]
zucht (de)	**sospiro** (m)	[sos'piro]
zuchten (ww)	**sospirare** (vi)	[sospi'rare]
huiveren (ww)	**sussultare** (vi)	[sussul'tare]
gebaar (het)	**gesto** (m)	['dʒesto]
aanraken (ww)	**toccare** (vt)	[tok'kare]
grijpen (ww)	**afferrare** (vt)	[affer'rare]
een schouderklopje geven	**picchiettare** (vt)	[pikjet'tare]
Kijk uit!	**Attenzione!**	[atten'tsjone]
Echt?	**Davvero?**	[dav'vero]
Bent je er zeker van?	**Sei sicuro?**	[sej si'kuro]
Succes!	**Buona fortuna!**	[bu'ona for'tuna]
Juist, ja!	**Capito!**	[ka'pito]
Wat jammer!	**Peccato!**	[pek'kato]

68. Overeenstemming. Weigering

instemming (het)	**accordo** (m)	[ak'kordo]
instemmen (akkoord gaan)	**essere d'accordo**	['essere dak'kordo]
goedkeuring (de)	**approvazione** (f)	[approva'tsjone]
goedkeuren (ww)	**approvare** (vt)	[appro'vare]
weigering (de)	**rifiuto** (m)	[ri'fjuto]
weigeren (ww)	**rifiutarsi** (vr)	[rifju'tarsi]
Geweldig!	**Perfetto!**	[per'fetto]
Goed!	**Va bene!**	[va 'bene]

Akkoord!	D'accordo!	[dak'kordo]
verboden (bn)	vietato, proibito	[vje'tato], [proi'bito]
het is verboden	è proibito	[e proi'bito]
het is onmogelijk	è impossibile	[e impos'sibile]
onjuist (bn)	sbagliato	[zbaʎ'ʎato]

afwijzen (ww)	respingere (vt)	[re'spindʒere]
steunen	sostenere (vt)	[soste'nere]
(een goed doel, enz.)		
aanvaarden (excuses ~)	accettare (vt)	[atʃet'tare]

| bevestigen (ww) | confermare (vt) | [konfer'mare] |
| bevestiging (de) | conferma (f) | [kon'ferma] |

toestemming (de)	permesso (m)	[per'messo]
toestaan (ww)	permettere (vt)	[per'mettere]
beslissing (de)	decisione (f)	[detʃi'zjone]
z'n mond houden (ww)	non dire niente	[non 'dire 'njente]

voorwaarde (de)	condizione (f)	[kondi'tsjone]
smoes (de)	pretesto (m)	[pre'testo]
lof (de)	lode (f)	['lode]
loven (ww)	lodare (vt)	[lo'dare]

69. Succes. Veel geluk. Mislukking

succes (het)	successo (m)	[su'tʃesso]
succesvol (bw)	con successo	[kon su'tʃesso]
succesvol (bn)	ben riuscito	[ben riu'ʃito]

| geluk (het) | fortuna (f) | [for'tuna] |
| Succes! | Buona fortuna! | [bu'ona for'tuna] |

| geluks- (bn) | felice, fortunato | [fe'litʃe], [fortu'nato] |
| gelukkig (fortuinlijk) | fortunato | [fortu'nato] |

mislukking (de)	fiasco (m)	[fi'asko]
tegenslag (de)	disdetta (f)	[diz'detta]
pech (de)	sfortuna (f)	[sfor'tuna]

| zonder succes (bn) | fallito | [fal'lito] |
| catastrofe (de) | disastro (m) | [di'zastro] |

fierheid (de)	orgoglio (m)	[or'goʎʎo]
fier (bn)	orgoglioso	[orgoʎ'ʎozo]
fier zijn (ww)	essere fiero di ...	['essere 'fjero di]

| winnaar (de) | vincitore (m) | [vintʃi'tore] |
| winnen (ww) | vincere (vi) | ['vintʃere] |

verliezen (ww)	perdere (vi)	['perdere]
poging (de)	tentativo (m)	[tenta'tivo]
pogen, proberen (ww)	tentare (vi)	[ten'tare]
kans (de)	chance (f)	[ʃans]

70. Ruzies. Negatieve emoties

schreeuw (de)	grido (m)	['grido]
schreeuwen (ww)	gridare (vi)	[gri'dare]
beginnen te schreeuwen	mettersi a gridare	['mettersi a gri'dare]
ruzie (de)	litigio (m)	[li'tidʒo]
ruzie hebben (ww)	litigare (vi)	[liti'gare]
schandaal (het)	lite (f)	['lite]
schandaal maken (ww)	litigare (vi)	[liti'gare]
conflict (het)	conflitto (m)	[kon'flitto]
misverstand (het)	fraintendimento (m)	[fraintendi'mento]
belediging (de)	insulto (m)	[in'sulto]
beledigen (met scheldwoorden)	insultare (vt)	[insul'tare]
beledigd (bn)	offeso	[of'fezo]
krenking (de)	offesa (f)	[of'feza]
krenken (beledigen)	offendere (vt)	[of'fendere]
gekwetst worden (ww)	offendersi (vr)	[of'fendersi]
verontwaardiging (de)	indignazione (f)	[indiɲa'tsjone]
verontwaardigd zijn (ww)	indignarsi (vr)	[indi'ɲarsi]
klacht (de)	lamentela (f)	[lamen'tela]
klagen (ww)	lamentarsi (vr)	[lamen'tarsi]
verontschuldiging (de)	scusa (f)	['skuza]
zich verontschuldigen	scusarsi (vr)	[sku'zarsi]
excuus vragen	chiedere scusa	['kjedere 'skuza]
kritiek (de)	critica (f)	['kritika]
bekritiseren (ww)	criticare (vt)	[kriti'kare]
beschuldiging (de)	accusa (f)	[ak'kuza]
beschuldigen (ww)	accusare (vt)	[akku'zare]
wraak (de)	vendetta (f)	[ven'detta]
wreken (ww)	vendicare (vt)	[vendi'kare]
wraak nemen (ww)	vendicarsi (vr)	[vendi'karsi]
minachting (de)	disprezzo (m)	[dis'prettso]
minachten (ww)	disprezzare (vt)	[dispret'tsare]
haat (de)	odio (m)	['odio]
haten (ww)	odiare (vt)	[odi'are]
zenuwachtig (bn)	nervoso	[ner'vozo]
zenuwachtig zijn (ww)	essere nervoso	['essere ner'vozo]
boos (bn)	arrabbiato	[arrab'bjato]
boos maken (ww)	fare arrabbiare	['fare arrab'bjare]
vernedering (de)	umiliazione (f)	[umilja'tsjone]
vernederen (ww)	umiliare (vt)	[umi'ljare]
zich vernederen (ww)	umiliarsi (vr)	[umi'ljarsi]
schok (de)	shock (m)	[ʃok]
schokken (ww)	scandalizzare (vt)	[skandalid'dzare]

onaangenaamheid (de)	problema (m)	[pro'blema]
onaangenaam (bn)	spiacevole	[spja'tʃevole]

vrees (de)	spavento (m), paura (f)	[spa'vento], [pa'ura]
vreselijk (bijv. ~ onweer)	terribile	[ter'ribile]
eng (bn)	spaventoso	[spaven'toso]
gruwel (de)	orrore (m)	[or'rore]
vreselijk (~ nieuws)	orrendo	[orrendo]

beginnen te beven	cominciare a tremare	[komin'tʃare a tre'mare]
huilen (wenen)	piangere (vi)	['pjandʒere]
beginnen te huilen (wenen)	mettersi a piangere	['mettersi a 'pjandʒere]
traan (de)	lacrima (f)	['lakrima]

schuld (~ geven aan)	colpa (f)	['kolpa]
schuldgevoel (het)	senso (m) di colpa	['senso di 'kolpa]
schande (de)	vergogna (f)	[ver'goɲa]
protest (het)	protesta (f)	[pro'testa]
stress (de)	stress (m)	['stress]

storen (lastigvallen)	disturbare (vt)	[distur'bare]
kwaad zijn (ww)	essere arrabbiato	['essere arrab'bjato]
kwaad (bn)	arrabbiato	[arrab'bjato]
beëindigen (een relatie ~)	porre fine a ...	['porre 'fine a]
vloeken (ww)	rimproverare (vt)	[rimprove'rare]

schrikken (schrik krijgen)	spaventarsi (vr)	[spaven'tarsi]
slaan (iemand ~)	colpire (vt)	[kol'pire]
vechten (ww)	picchiarsi (vr)	[pik'kjarsi]

regelen (conflict)	regolare (vt)	[rego'lare]
ontevreden (bn)	scontento	[skon'tento]
woedend (bn)	furioso	[fu'rjozo]

Dat is niet goed!	Non sta bene!	[non sta 'bene]
Dat is slecht!	Fa male!	[fa 'male]

Geneeskunde

71. Ziekten

ziekte (de)	malattia (f)	[malat'tia]
ziek zijn (ww)	essere malato	['essere ma'lato]
gezondheid (de)	salute (f)	[sa'lute]
snotneus (de)	raffreddore (m)	[raffred'dore]
angina (de)	tonsillite (f)	[tonsil'lite]
verkoudheid (de)	raffreddore (m)	[raffred'dore]
verkouden raken (ww)	raffreddarsi (vr)	[raffred'darsi]
bronchitis (de)	bronchite (f)	[bron'kite]
longontsteking (de)	polmonite (f)	[polmo'nite]
griep (de)	influenza (f)	[influ'entsa]
bijziend (bn)	miope	['miope]
verziend (bn)	presbite	['prezbite]
scheelheid (de)	strabismo (m)	[stra'bizmo]
scheel (bn)	strabico	['strabiko]
grauwe staar (de)	cateratta (f)	[kate'ratta]
glaucoom (het)	glaucoma (m)	[glau'koma]
beroerte (de)	ictus (m) cerebrale	['iktus tʃere'brale]
hartinfarct (het)	attacco (m) di cuore	[at'tako di ku'ore]
myocardiaal infarct (het)	infarto (m) miocardico	[in'farto miokar'diko]
verlamming (de)	paralisi (f)	[pa'ralizi]
verlammen (ww)	paralizzare (vt)	[paralid'dzare]
allergie (de)	allergia (f)	[aller'dʒia]
astma (de/het)	asma (f)	['azma]
diabetes (de)	diabete (m)	[dia'bete]
tandpijn (de)	mal (m) di denti	[mal di 'denti]
tandbederf (het)	carie (f)	['karie]
diarree (de)	diarrea (f)	[diar'rea]
constipatie (de)	stitichezza (f)	[stiti'kettsa]
maagstoornis (de)	disturbo (m) gastrico	[di'sturbo 'gastriko]
voedselvergiftiging (de)	intossicazione (f) alimentare	[intossika'tsjone alimen'tare]
voedselvergiftiging oplopen	intossicarsi (vr)	[intossi'karsi]
artritis (de)	artrite (f)	[ar'trite]
rachitis (de)	rachitide (f)	[ra'kitide]
reuma (het)	reumatismo (m)	[reuma'tizmo]
arteriosclerose (de)	aterosclerosi (f)	[ateroskle'rozi]
gastritis (de)	gastrite (f)	[ga'strite]
blindedarmontsteking (de)	appendicite (f)	[appendi'tʃite]

galblaasontsteking (de)	colecistite (f)	[koletʃi'stite]
zweer (de)	ulcera (f)	['ultʃera]

mazelen (mv.)	morbillo (m)	[mor'billo]
rodehond (de)	rosolia (f)	[rozo'lia]
geelzucht (de)	itterizia (f)	[itte'ritsia]
leverontsteking (de)	epatite (f)	[epa'tite]

schizofrenie (de)	schizofrenia (f)	[skidzofre'nia]
dolheid (de)	rabbia (f)	['rabbia]
neurose (de)	nevrosi (f)	[ne'vrozi]
hersenschudding (de)	commozione (f) cerebrale	[kommo'tsjone tʃere'brale]

kanker (de)	cancro (m)	['kankro]
sclerose (de)	sclerosi (f)	[skle'rozi]
multiple sclerose (de)	sclerosi (f) multipla	[skle'rozi 'multipla]

alcoholisme (het)	alcolismo (m)	[alko'lizmo]
alcoholicus (de)	alcolizzato (m)	[alkolid'dzato]
syfilis (de)	sifilide (f)	[si'filide]
AIDS (de)	AIDS (m)	['aids]

tumor (de)	tumore (m)	[tu'more]
kwaadaardig (bn)	maligno	[ma'liɲo]
goedaardig (bn)	benigno	[be'niɲo]
koorts (de)	febbre (f)	['febbre]
malaria (de)	malaria (f)	[ma'laria]
gangreen (het)	cancrena (f)	[kan'krena]
zeeziekte (de)	mal (m) di mare	[mal di 'mare]
epilepsie (de)	epilessia (f)	[epiles'sia]

epidemie (de)	epidemia (f)	[epide'mia]
tyfus (de)	tifo (m)	['tifo]
tuberculose (de)	tubercolosi (f)	[tuberko'lozi]
cholera (de)	colera (m)	[ko'lera]
pest (de)	peste (f)	['peste]

72. Symptomen. Behandelingen. Deel 1

symptoom (het)	sintomo (m)	['sintomo]
temperatuur (de)	temperatura (f)	[tempera'tura]
verhoogde temperatuur (de)	febbre (f) alta	['febbre 'alta]
polsslag (de)	polso (m)	['polso]

duizeling (de)	capogiro (m)	[kapo'dʒiro]
heet (erg warm)	caldo	['kaldo]
koude rillingen (mv.)	brivido (m)	['brivido]
bleek (bn)	pallido	['pallido]

hoest (de)	tosse (f)	['tosse]
hoesten (ww)	tossire (vi)	[tos'sire]
niezen (ww)	starnutire (vi)	[starnu'tire]
flauwte (de)	svenimento (m)	[zveni'mento]
flauwvallen (ww)	svenire (vi)	[zve'nire]

blauwe plek (de)	livido (m)	['livido]
buil (de)	bernoccolo (m)	[ber'nokkolo]
zich stoten (ww)	farsi un livido	['farsi un 'livido]
kneuzing (de)	contusione (f)	[kontu'zjone]
kneuzen (gekneusd zijn)	farsi male	['farsi 'male]
hinken (ww)	zoppicare (vi)	[dzoppi'kare]
verstuiking (de)	slogatura (f)	[zloga'tura]
verstuiken (enkel, enz.)	slogarsi (vr)	[zlo'garsi]
breuk (de)	frattura (f)	[frat'tura]
een breuk oplopen	fratturarsi (vr)	[frattu'rarsi]
snijwond (de)	taglio (m)	['taʎʎo]
zich snijden (ww)	tagliarsi (vr)	[taʎ'ʎarsi]
bloeding (de)	emorragia (f)	[emorra'dʒia]
brandwond (de)	scottatura (f)	[skotta'tura]
zich branden (ww)	scottarsi (vr)	[skot'tarsi]
prikken (ww)	pungere (vt)	['pundʒere]
zich prikken (ww)	pungersi (vr)	['pundʒersi]
blesseren (ww)	ferire (vt)	[fe'rire]
blessure (letsel)	ferita (f)	[fe'rita]
wond (de)	lesione (f)	[le'zjone]
trauma (het)	trauma (m)	['trauma]
ijlen (ww)	delirare (vi)	[deli'rare]
stotteren (ww)	tartagliare (vi)	[tartaʎ'ʎare]
zonnesteek (de)	colpo (m) di sole	['kolpo di 'sole]

73. Symptomen. Behandelingen. Deel 2

pijn (de)	dolore (m), male (m)	[do'lore], ['male]
splinter (de)	scheggia (f)	['skedʒa]
zweet (het)	sudore (m)	[su'dore]
zweten (ww)	sudare (vi)	[su'dare]
braking (de)	vomito (m)	['vomito]
stuiptrekkingen (mv.)	convulsioni (f pl)	[konvul'sjoni]
zwanger (bn)	incinta	[in'tʃinta]
geboren worden (ww)	nascere (vi)	['naʃere]
geboorte (de)	parto (m)	['parto]
baren (ww)	essere in travaglio	['essere in tra'vaʎʎo]
abortus (de)	aborto (m)	[a'borto]
ademhaling (de)	respirazione (f)	[respira'tsjone]
inademing (de)	inspirazione (f)	[inspira'tsjone]
uitademing (de)	espirazione (f)	[espira'tsjone]
uitademen (ww)	espirare (vi)	[espi'rare]
inademen (ww)	inspirare (vi)	[inspi'rare]
invalide (de)	invalido (m)	[in'valido]
gehandicapte (de)	storpio (m)	['storpjo]

drugsverslaafde (de)	battaglia (f)	[bat'taʎʎa]
doof (bn)	sordo	['sordo]
stom (bn)	muto	['muto]
doofstom (bn)	sordomuto	[sordo'muto]

krankzinnig (bn)	matto	['matto]
krankzinnige (man)	matto (m)	['matto]
krankzinnige (vrouw)	matta (f)	['matta]
krankzinnig worden	impazzire (vi)	[impat'tsire]

gen (het)	gene (m)	['dʒene]
immuniteit (de)	immunità (f)	[immuni'ta]
erfelijk (bn)	ereditario	[eredi'tario]
aangeboren (bn)	innato	[in'nato]

virus (het)	virus (m)	['virus]
microbe (de)	microbo (m)	['mikrobo]
bacterie (de)	batterio (m)	[bat'terio]
infectie (de)	infezione (f)	[infe'tsjone]

74. Symptomen. Behandelingen. Deel 3

| ziekenhuis (het) | ospedale (m) | [ospe'dale] |
| patiënt (de) | paziente (m) | [pa'tsjente] |

diagnose (de)	diagnosi (f)	[di'aɲozi]
genezing (de)	cura (f)	['kura]
medische behandeling (de)	trattamento (m)	[tratta'mento]
onder behandeling zijn	curarsi (vr)	[ku'rarsi]
behandelen (ww)	curare (vt)	[ku'rare]
zorgen (zieken ~)	accudire	[akku'dire]
ziekenzorg (de)	assistenza (f)	[assi'stentsa]

operatie (de)	operazione (f)	[opera'tsjone]
verbinden (een arm ~)	bendare (vt)	[ben'dare]
verband (het)	fasciatura (f)	[faʃa'tura]

vaccin (het)	vaccinazione (f)	[vatʃina'tsjone]
inenten (vaccineren)	vaccinare (vt)	[vatʃi'nare]
injectie (de)	iniezione (f)	[inje'tsjone]
een injectie geven	fare una puntura	['fare 'una pun'tura]

aanval (de)	attacco (m)	[at'takko]
amputatie (de)	amputazione (f)	[amputa'tsjone]
amputeren (ww)	amputare (vt)	[ampu'tare]
coma (het)	coma (m)	['koma]
in coma liggen	essere in coma	['essere in 'koma]
intensieve zorg, ICU (de)	rianimazione (f)	[rianima'tsjone]

zich herstellen (ww)	guarire (vi)	[gwa'rire]
toestand (de)	stato (f)	['stato]
bewustzijn (het)	conoscenza (f)	[kono'ʃentsa]
geheugen (het)	memoria (f)	[me'moria]
trekken (een kies ~)	estrarre (vt)	[e'strarre]

| vulling (de) | otturazione (f) | [ottura'tsjone] |
| vullen (ww) | otturare (vt) | [ottu'rare] |

| hypnose (de) | ipnosi (f) | [ip'nozi] |
| hypnotiseren (ww) | ipnotizzare (vt) | [ipnotid'dzare] |

75. Artsen

dokter, arts (de)	medico (m)	['mediko]
ziekenzuster (de)	infermiera (f)	[infer'mjera]
lijfarts (de)	medico (m) personale	['mediko perso'nale]

tandarts (de)	dentista (m)	[den'tista]
oogarts (de)	oculista (m)	[oku'lista]
therapeut (de)	internista (m)	[inter'nista]
chirurg (de)	chirurgo (m)	[ki'rurgo]

psychiater (de)	psichiatra (m)	[psiki'atra]
pediater (de)	pediatra (m)	[pedi'atra]
psycholoog (de)	psicologo (m)	[psi'kologo]
gynaecoloog (de)	ginecologo (m)	[dʒine'kologo]
cardioloog (de)	cardiologo (m)	[kar'djologo]

76. Geneeskunde. Medicijnen. Accessoires

geneesmiddel (het)	medicina (f)	[medi'tʃina]
middel (het)	rimedio (m)	[ri'medio]
voorschrijven (ww)	prescrivere (vt)	[pres'krivere]
recept (het)	prescrizione (f)	[preskri'tsjone]

tablet (de/het)	compressa (f)	[kom'pressa]
zalf (de)	unguento (m)	[un'gwento]
ampul (de)	fiala (f)	[fi'ala]
drank (de)	pozione (f)	[po'tsjone]
siroop (de)	sciroppo (m)	[ʃi'roppo]
pil (de)	pillola (f)	['pillola]
poeder (de/het)	polverina (f)	[polve'rina]

verband (het)	benda (f)	['benda]
watten (mv.)	ovatta (f)	[o'vatta]
jodium (het)	iodio (m)	[i'odio]

pleister (de)	cerotto (m)	[tʃe'rotto]
pipet (de)	contagocce (m)	[konta'gotʃe]
thermometer (de)	termometro (m)	[ter'mometro]
spuit (de)	siringa (f)	[si'ringa]

| rolstoel (de) | sedia (f) a rotelle | ['sedia a ro'telle] |
| krukken (mv.) | stampelle (f pl) | [stam'pelle] |

| pijnstiller (de) | analgesico (m) | [anal'dʒeziko] |
| laxeermiddel (het) | lassativo (m) | [lassa'tivo] |

spiritus (de)	**alcol** (m)	[al'kol]
medicinale kruiden (mv.)	**erba** (f) **officinale**	['erba offit͡ʃi'nale]
kruiden- (abn)	**d'erbe**	['derbe]

77. Roken. Tabaksproducten

tabak (de)	**tabacco** (m)	[ta'bakko]
sigaret (de)	**sigaretta** (f)	[siga'retta]
sigaar (de)	**sigaro** (m)	['sigaro]
pijp (de)	**pipa** (f)	['pipa]
pakje (~ sigaretten)	**pacchetto** (m)	[pak'ketto]
lucifers (mv.)	**fiammiferi** (m pl)	[fjam'miferi]
luciferdoosje (het)	**scatola** (f) **di fiammiferi**	['skatola di fjam'miferi]
aansteker (de)	**accendino** (m)	[at͡ʃen'dino]
asbak (de)	**portacenere** (m)	[porta·'t͡ʃenere]
sigarettendoosje (het)	**portasigarette** (m)	[porta·siga'rette]
sigarettenpijpje (het)	**bocchino** (m)	[bok'kino]
filter (de/het)	**filtro** (m)	['filtro]
roken (ww)	**fumare** (vi, vt)	[fu'mare]
een sigaret opsteken	**accendere una sigaretta**	[a't͡ʃendere 'una siga'retta]
roken (het)	**fumo** (m)	['fumo]
roker (de)	**fumatore** (m)	[fuma'tore]
peuk (de)	**cicca** (f)	['t͡ʃikka]
rook (de)	**fumo** (m)	['fumo]
as (de)	**cenere** (f)	['t͡ʃenere]

HET MENSELIJKE LEEFGEBIED

Stad

78. Stad. Het leven in de stad

stad (de)	**città** (f)	[ʧit'ta]
hoofdstad (de)	**capitale** (f)	[kapi'tale]
dorp (het)	**villaggio** (m)	[vil'ladʒo]
plattegrond (de)	**mappa** (f) **della città**	['mappa 'della ʧit'ta]
centrum (ov. een stad)	**centro** (m) **della città**	['ʧentro 'della ʧit'ta]
voorstad (de)	**sobborgo** (m)	[sob'borgo]
voorstads- (abn)	**suburbano**	[subur'bano]
randgemeente (de)	**periferia** (f)	[perife'ria]
omgeving (de)	**dintorni** (m pl)	[din'torni]
blok (huizenblok)	**isolato** (m)	[izo'lato]
woonwijk (de)	**quartiere** (m) **residenziale**	[kwar'tjere reziden'tsjale]
verkeer (het)	**traffico** (m)	['traffiko]
verkeerslicht (het)	**semaforo** (m)	[se'maforo]
openbaar vervoer (het)	**trasporti** (m pl) **urbani**	[tras'porti ur'bani]
kruispunt (het)	**incrocio** (m)	[in'kroʧo]
zebrapad (oversteekplaats)	**passaggio** (m) **pedonale**	[pas'sadʒo pedo'nale]
onderdoorgang (de)	**sottopassaggio** (m)	[sotto·pas'sadʒo]
oversteken (de straat ~)	**attraversare** (vt)	[attraver'sare]
voetganger (de)	**pedone** (m)	[pe'done]
trottoir (het)	**marciapiede** (m)	[marʧa'pjede]
brug (de)	**ponte** (m)	['ponte]
dijk (de)	**banchina** (f)	[baŋ'kina]
fontein (de)	**fontana** (f)	[fon'tana]
allee (de)	**vialetto** (m)	[via'letto]
park (het)	**parco** (m)	['parko]
boulevard (de)	**boulevard** (m)	[bul'var]
plein (het)	**piazza** (f)	['pjattsa]
laan (de)	**viale** (m), **corso** (m)	[vi'ale], ['korso]
straat (de)	**via** (f), **strada** (f)	['via], ['strada]
zijstraat (de)	**vicolo** (m)	['vikolo]
doodlopende straat (de)	**vicolo** (m) **cieco**	['vikolo 'ʧjeko]
huis (het)	**casa** (f)	['kaza]
gebouw (het)	**edificio** (m)	[edi'fiʧo]
wolkenkrabber (de)	**grattacielo** (m)	[gratta'ʧelo]
gevel (de)	**facciata** (f)	[fa'ʧata]
dak (het)	**tetto** (m)	['tetto]

venster (het)	finestra (f)	[fi'nestra]
boog (de)	arco (m)	['arko]
pilaar (de)	colonna (f)	[ko'lonna]
hoek (ov. een gebouw)	angolo (m)	['angolo]

vitrine (de)	vetrina (f)	[ve'trina]
gevelreclame (de)	insegna (f)	[in'seɲa]
affiche (de/het)	cartellone (m)	[kartel'lone]
reclameposter (de)	cartellone (m) pubblicitario	[kartel'lone pubbliʧi'tario]
aanplakbord (het)	tabellone (m) pubblicitario	[tabel'lone pubbliʧi'tario]

vuilnis (de/het)	pattume (m), spazzatura (f)	[pat'tume], [spattsa'tura]
vuilnisbak (de)	pattumiera (f)	[pattu'mjera]
afval weggooien (ww)	sporcare (vi)	[spor'kare]
stortplaats (de)	discarica (f) di rifiuti	[dis'karika di ri'fjuti]

telefooncel (de)	cabina (f) telefonica	[ka'bina tele'fonika]
straatlicht (het)	lampione (m)	[lam'pjone]
bank (de)	panchina (f)	[paɲ'kina]

politieagent (de)	poliziotto (m)	[poli'tsjotto]
politie (de)	polizia (f)	[poli'tsia]
zwerver (de)	mendicante (m)	[mendi'kante]
dakloze (de)	barbone (m)	[bar'bone]

79. Stedelijke instellingen

winkel (de)	negozio (m)	[ne'gotsio]
apotheek (de)	farmacia (f)	[farma'ʧia]
optiek (de)	ottica (f)	['ottika]
winkelcentrum (het)	centro (m) commerciale	['ʧentro kommer'ʧale]
supermarkt (de)	supermercato (m)	[supermer'kato]

bakkerij (de)	panetteria (f)	[panette'ria]
bakker (de)	fornaio (m)	[for'najo]
banketbakkerij (de)	pasticceria (f)	[pastiʧe'ria]
kruidenier (de)	drogheria (f)	[droge'ria]
slagerij (de)	macelleria (f)	[maʧelle'ria]

| groentewinkel (de) | fruttivendolo (m) | [frutti'vendolo] |
| markt (de) | mercato (m) | [mer'kato] |

koffiehuis (het)	caffè (m)	[kaf'fe]
restaurant (het)	ristorante (m)	[risto'rante]
bar (de)	birreria (f), pub (m)	[birre'ria], [pab]
pizzeria (de)	pizzeria (f)	[pittse'ria]

kapperssalon (de/het)	salone (m) di parrucchiere	[sa'lone di parruk'kjere]
postkantoor (het)	ufficio (m) postale	[uf'fiʧo po'stale]
stomerij (de)	lavanderia (f) a secco	[lavande'ria a 'sekko]
fotostudio (de)	studio (m) fotografico	['studio foto'grafiko]

| schoenwinkel (de) | negozio (m) di scarpe | [ne'gotsio di 'skarpe] |
| boekhandel (de) | libreria (f) | [libre'ria] |

sportwinkel (de)	negozio (m) sportivo	[ne'gotsio spor'tivo]
kledingreparatie (de)	riparazione (f) di abiti	[ripara'tsjone di 'abiti]
kledingverhuur (de)	noleggio (m) di abiti	[no'ledʒo di 'abiti]
videotheek (de)	noleggio (m) di film	[no'ledʒo di film]
circus (de/het)	circo (m)	['tʃirko]
dierentuin (de)	zoo (m)	['dzoo]
bioscoop (de)	cinema (m)	['tʃinema]
museum (het)	museo (m)	[mu'zeo]
bibliotheek (de)	biblioteca (f)	[biblio'teka]
theater (het)	teatro (m)	[te'atro]
opera (de)	teatro (m) dell'opera	[te'atro dell 'opera]
nachtclub (de)	locale notturno (m)	[lo'kale not'turno]
casino (het)	casinò (m)	[kazi'no]
moskee (de)	moschea (f)	[mos'kea]
synagoge (de)	sinagoga (f)	[sina'goga]
kathedraal (de)	cattedrale (f)	[katte'drale]
tempel (de)	tempio (m)	['tempjo]
kerk (de)	chiesa (f)	['kjeza]
instituut (het)	istituto (m)	[isti'tuto]
universiteit (de)	università (f)	[universi'ta]
school (de)	scuola (f)	['skwola]
gemeentehuis (het)	prefettura (f)	[prefet'tura]
stadhuis (het)	municipio (m)	[muni'tʃipio]
hotel (het)	albergo (m)	[al'bergo]
bank (de)	banca (f)	['banka]
ambassade (de)	ambasciata (f)	[amba'ʃata]
reisbureau (het)	agenzia (f) di viaggi	[adʒen'tsia di 'vjadʒi]
informatieloket (het)	ufficio (m) informazioni	[uf'fitʃo informa'tsjoni]
wisselkantoor (het)	ufficio (m) dei cambi	[uf'fitʃo dei 'kambi]
metro (de)	metropolitana (f)	[metropoli'tana]
ziekenhuis (het)	ospedale (m)	[ospe'dale]
benzinestation (het)	distributore (m) di benzina	[distribu'tore di ben'dzina]
parking (de)	parcheggio (m)	[par'kedʒo]

80. Borden

gevelreclame (de)	insegna (f)	[in'seɲa]
opschrift (het)	iscrizione (f)	[iskri'tsjone]
poster (de)	cartellone (m)	[kartel'lone]
wegwijzer (de)	segnale (m) di direzione	[se'ɲale di dire'tsjone]
pijl (de)	freccia (f)	['fretʃa]
waarschuwing (verwittiging)	avvertimento (m)	[avverti'mento]
waarschuwingsbord (het)	avvertimento (m)	[avverti'mento]
waarschuwen (ww)	avvertire (vt)	[avver'tire]
vrije dag (de)	giorno (m) di riposo	['dʒorno di ri'pozo]

dienstregeling (de)	**orario** (m)	[o'rario]
openingsuren (mv.)	**orario** (m) **di apertura**	[o'rario di aper'tura]

WELKOM!	**BENVENUTI!**	[benve'nuti]
INGANG	**ENTRATA**	[en'trata]
UITGANG	**USCITA**	[u'ʃita]

DUWEN	**SPINGERE**	['spindʒere]
TREKKEN	**TIRARE**	[ti'rare]
OPEN	**APERTO**	[a'perto]
GESLOTEN	**CHIUSO**	['kjuzo]

DAMES	**DONNE**	['donne]
HEREN	**UOMINI**	[u'omini]

KORTING	**SCONTI**	['skonti]
UITVERKOOP	**SALDI**	['saldi]
NIEUW!	**NOVITÀ!**	[novi'ta]
GRATIS	**GRATIS**	['gratis]

PAS OP!	**ATTENZIONE!**	[atten'tsjone]
VOLGEBOEKT	**COMPLETO**	[kom'pleto]
GERESERVEERD	**RISERVATO**	[rizer'vato]

ADMINISTRATIE	**AMMINISTRAZIONE**	[amministra'tsjone]
ALLEEN VOOR	**RISERVATO**	[rizer'vato
PERSONEEL	**AL PERSONALE**	al perso'nale]

GEVAARLIJKE HOND	**ATTENTI AL CANE**	[at'tenti al 'kane]
VERBODEN TE ROKEN!	**VIETATO FUMARE!**	[vje'tato fu'mare]
NIET AANRAKEN!	**NON TOCCARE**	[non tok'kare]

GEVAARLIJK	**PERICOLOSO**	[periko'lozo]
GEVAAR	**PERICOLO**	[pe'rikolo]
HOOGSPANNING	**ALTA TENSIONE**	['alta ten'sjone]
VERBODEN TE ZWEMMEN	**DIVIETO DI BALNEAZIONE**	[di'vjeto di balnea'tsjone]
BUITEN GEBRUIK	**GUASTO**	['gwasto]

ONTVLAMBAAR	**INFIAMMABILE**	[infjam'mabile]
VERBODEN	**VIETATO**	[vje'tato]
DOORGANG VERBODEN	**VIETATO L'INGRESSO**	[vje'tato lin'greso]
OPGELET PAS GEVERFD	**VERNICE FRESCA**	[ver'nitʃe 'freska]

81. Stedelijk vervoer

bus, autobus (de)	**autobus** (m)	['autobus]
tram (de)	**tram** (m)	[tram]
trolleybus (de)	**filobus** (m)	['filobus]
route (de)	**itinerario** (m)	[itine'rario]
nummer (busnummer, enz.)	**numero** (m)	['numero]

rijden met ...	**andare in ...**	[an'dare in]
stappen (in de bus ~)	**salire su ...**	[sa'lire su]
afstappen (ww)	**scendere da ...**	['ʃendere da]

halte (de)	fermata (f)	[fer'mata]
volgende halte (de)	prossima fermata (f)	['prossima fer'mata]
eindpunt (het)	capolinea (m)	[kapo'linea]
dienstregeling (de)	orario (m)	[o'rario]
wachten (ww)	aspettare (vt)	[aspet'tare]

| kaartje (het) | biglietto (m) | [biʎ'ʎetto] |
| reiskosten (de) | prezzo (m) del biglietto | ['prettso del biʎ'ʎetto] |

kassier (de)	cassiere (m)	[kas'sjere]
kaartcontrole (de)	controllo (m) dei biglietti	[kon'trollo dei biʎ'ʎeti]
controleur (de)	bigliettaio (m)	[biʎʎet'tajo]

te laat zijn (ww)	essere in ritardo	['essere in ri'tardo]
missen (de bus ~)	perdere (vt)	['perdere]
zich haasten (ww)	avere fretta	[a'vere 'fretta]

taxi (de)	taxi (m)	['taksi]
taxichauffeur (de)	taxista (m)	[ta'ksista]
met de taxi (bw)	in taxi	[in 'taksi]
taxistandplaats (de)	parcheggio (m) di taxi	[par'kedʒp di 'taksi]
een taxi bestellen	chiamare un taxi	[kja'mare un 'taksi]
een taxi nemen	prendere un taxi	['prendere un 'taksi]

verkeer (het)	traffico (m)	['traffiko]
file (de)	ingorgo (m)	[in'gorgo]
spitsuur (het)	ore (f pl) di punta	['ore di 'punta]
parkeren (on.ww.)	parcheggiarsi (vr)	[parke'dʒarsi]
parkeren (ov.ww.)	parcheggiare (vt)	[parke'dʒare]
parking (de)	parcheggio (m)	[par'kedʒo]

metro (de)	metropolitana (f)	[metropoli'tana]
halte (bijv. kleine treinhalte)	stazione (f)	[sta'tsjone]
de metro nemen	prendere la metropolitana	['prendere la metropoli'tana]
trein (de)	treno (m)	['treno]
station (treinstation)	stazione (f) ferroviaria	[sta'tsjone ferro'vjaria]

82. Bezienswaardigheden

monument (het)	monumento (m)	[monu'mento]
vesting (de)	fortezza (f)	[for'tettsa]
paleis (het)	palazzo (m)	[pa'lattso]
kasteel (het)	castello (m)	[ka'stello]
toren (de)	torre (f)	['torre]
mausoleum (het)	mausoleo (m)	[mauzo'leo]

architectuur (de)	architettura (f)	[arkitet'tura]
middeleeuws (bn)	medievale	[medje'vale]
oud (bn)	antico	[an'tiko]
nationaal (bn)	nazionale	[natsio'nale]
bekend (bn)	famoso	[fa'mozo]

| toerist (de) | turista (m) | [tu'rista] |
| gids (de) | guida (f) | ['gwida] |

rondleiding (de)	escursione (f)	[eskur'sjone]
tonen (ww)	fare vedere	['fare ve'dere]
vertellen (ww)	raccontare (vt)	[rakkon'tare]

vinden (ww)	trovare (vt)	[tro'vare]
verdwalen (de weg kwijt zijn)	perdersi (vr)	['perdersi]
plattegrond (~ van de metro)	mappa (f)	['mappa]
plattegrond (~ van de stad)	piantina (f)	[pjan'tina]

souvenir (het)	souvenir (m)	[suve'nir]
souvenirwinkel (de)	negozio (m)	[ne'gotsio
	di articoli da regalo	di ar'tikoli da re'galo]
foto's maken	fare foto	['fare 'foto]
zich laten fotograferen	fotografarsi	[fotogra'farsi]

83. Winkelen

kopen (ww)	comprare (vt)	[kom'prare]
aankoop (de)	acquisto (m)	[a'kwisto]
winkelen (ww)	fare acquisti	['fare a'kwisti]
winkelen (het)	shopping (m)	['ʃopping]

open zijn	essere aperto	['essere a'perto]
(ov. een winkel, enz.)		
gesloten zijn (ww)	essere chiuso	['essere 'kjuzo]

schoeisel (het)	calzature (f pl)	[kaltsa'ture]
kleren (mv.)	abbigliamento (m)	[abbiʎʎa'mento]
cosmetica (mv.)	cosmetica (f)	[ko'zmetika]
voedingswaren (mv.)	alimentari (m pl)	[alimen'tari]
geschenk (het)	regalo (m)	[re'galo]

| verkoper (de) | commesso (m) | [kom'messo] |
| verkoopster (de) | commessa (f) | [kom'messa] |

kassa (de)	cassa (f)	['kassa]
spiegel (de)	specchio (m)	['spekkio]
toonbank (de)	banco (m)	['banko]
paskamer (de)	camerino (m)	[kame'rino]

aanpassen (ww)	provare (vt)	[pro'vare]
passen (ov. kleren)	stare bene	['stare 'bene]
bevallen (prettig vinden)	piacere (vi)	[pja'tʃere]

prijs (de)	prezzo (m)	['prettso]
prijskaartje (het)	etichetta (f) del prezzo	[eti'ketta del 'prettso]
kosten (ww)	costare (vt)	[ko'stare]
Hoeveel?	Quanto?	['kwanto]
korting (de)	sconto (m)	['skonto]

niet duur (bn)	no muy caro	[no muj 'karo]
goedkoop (bn)	a buon mercato	[a bu'on mer'kato]
duur (bn)	caro	['karo]
Dat is duur.	È caro	[e 'karo]

verhuur (de)	noleggio (m)	[no'ledʒo]
huren (smoking, enz.)	noleggiare (vt)	[nole'dʒare]
krediet (het)	credito (m)	['kredito]
op krediet (bw)	a credito	[a 'kredito]

84. Geld

geld (het)	soldi (m pl)	['soldi]
ruil (de)	cambio (m)	['kambio]
koers (de)	corso (m) di cambio	['korso di 'kambio]
geldautomaat (de)	bancomat (m)	['bankomat]
muntstuk (de)	moneta (f)	[mo'neta]
dollar (de)	dollaro (m)	['dollaro]
euro (de)	euro (m)	['euro]
lire (de)	lira (f)	['lira]
Duitse mark (de)	marco (m)	['marko]
frank (de)	franco (m)	['franko]
pond sterling (het)	sterlina (f)	[ster'lina]
yen (de)	yen (m)	[jen]
schuld (geldbedrag)	debito (m)	['debito]
schuldenaar (de)	debitore (m)	[debi'tore]
uitlenen (ww)	prestare (vt)	[pre'stare]
lenen (geld ~)	prendere in prestito	['prendere in 'prestito]
bank (de)	banca (f)	['banka]
bankrekening (de)	conto (m)	['konto]
op rekening storten	versare sul conto	[ver'sare sul 'konto]
opnemen (ww)	prelevare dal conto	[prele'vare dal 'konto]
kredietkaart (de)	carta (f) di credito	['karta di 'kredito]
baar geld (het)	contanti (m pl)	[kon'tanti]
cheque (de)	assegno (m)	[as'seɲo]
een cheque uitschrijven	emettere un assegno	[e'mettere un as'seɲo]
chequeboekje (het)	libretto (m) di assegni	[li'bretto di as'seɲi]
portefeuille (de)	portafoglio (m)	[porta·'foʎʎo]
geldbeugel (de)	borsellino (m)	[borsel'lino]
safe (de)	cassaforte (f)	[kassa'forte]
erfgenaam (de)	erede (m)	[e'rede]
erfenis (de)	eredità (f)	[eredi'ta]
fortuin (het)	fortuna (f)	[for'tuna]
huur (de)	affitto (m)	[af'fitto]
huurprijs (de)	affitto (m)	[af'fitto]
huren (huis, kamer)	affittare (vt)	[affit'tare]
prijs (de)	prezzo (m)	['prettso]
kostprijs (de)	costo (m), prezzo (m)	['kosto], ['prettso]
som (de)	somma (f)	['somma]
uitgeven (geld besteden)	spendere (vt)	['spendere]

kosten (mv.)	**spese** (f pl)	['speze]
bezuinigen (ww)	**economizzare** (vi, vt)	[ekonomid'dzare]
zuinig (bn)	**economico**	[eko'nomiko]
betalen (ww)	**pagare** (vi, vt)	[pa'gare]
betaling (de)	**pagamento** (m)	[paga'mento]
wisselgeld (het)	**resto** (m)	['resto]
belasting (de)	**imposta** (f)	[im'posta]
boete (de)	**multa** (f), **ammenda** (f)	['multa], [am'menda]
beboeten (bekeuren)	**multare** (vt)	[mul'tare]

85. Post. Postkantoor

postkantoor (het)	**posta** (f), **ufficio** (m) **postale**	['posta], [uf'fitʃo po'stale]
post (de)	**posta** (f)	['posta]
postbode (de)	**postino** (m)	[po'stino]
openingsuren (mv.)	**orario** (m) **di apertura**	[o'rario di aper'tura]
brief (de)	**lettera** (f)	['lettera]
aangetekende brief (de)	**raccomandata** (f)	[rakkoman'data]
briefkaart (de)	**cartolina** (f)	[karto'lina]
telegram (het)	**telegramma** (m)	[tele'gramma]
postpakket (het)	**pacco** (m) **postale**	['pakko po'stale]
overschrijving (de)	**vaglia** (m) **postale**	['vaʎʎa po'stale]
ontvangen (ww)	**ricevere** (vt)	[ri'tʃevere]
sturen (zenden)	**spedire** (vt)	[spe'dire]
verzending (de)	**invio** (m)	[in'vio]
adres (het)	**indirizzo** (m)	[indi'rittso]
postcode (de)	**codice** (m) **postale**	['koditʃe po'stale]
verzender (de)	**mittente** (m)	[mit'tente]
ontvanger (de)	**destinatario** (m)	[destina'tario]
naam (de)	**nome** (m)	['nome]
achternaam (de)	**cognome** (m)	[ko'ɲome]
tarief (het)	**tariffa** (f)	[ta'riffa]
standaard (bn)	**ordinario**	[ordi'nario]
zuinig (bn)	**standard**	['standar]
gewicht (het)	**peso** (m)	['pezo]
afwegen (op de weegschaal)	**pesare** (vt)	[pe'zare]
envelop (de)	**busta** (f)	['busta]
postzegel (de)	**francobollo** (m)	[franko'bollo]

Woning. Huis. Thuis

86. Huis. Woning

huis (het)	casa (f)	['kaza]
thuis (bw)	a casa	[a 'kaza]
cour (de)	cortile (m)	[kor'tile]
omheining (de)	recinto (m)	[re'tʃinto]
baksteen (de)	mattone (m)	[mat'tone]
van bakstenen	di mattoni	[di mat'toni]
steen (de)	pietra (f)	['pjetra]
stenen (bn)	di pietra	[di 'pjetra]
beton (het)	beton (m)	[be'ton]
van beton	di beton	[di be'ton]
nieuw (bn)	nuovo	[nu'ovo]
oud (bn)	vecchio	['vekkio]
vervallen (bn)	fatiscente	[fati'ʃente]
modern (bn)	moderno	[mo'derno]
met veel verdiepingen	a molti piani	[a 'molti 'pjani]
hoog (bn)	alto	['alto]
verdieping (de)	piano (m)	['pjano]
met een verdieping	di un piano	[di un 'pjano]
laagste verdieping (de)	pianoterra (m)	[pjano'terra]
bovenverdieping (de)	ultimo piano (m)	['ultimo 'pjano]
dak (het)	tetto (m)	['tetto]
schoorsteen (de)	ciminiera (f)	[tʃimi'njera]
dakpan (de)	tegola (f)	['tegola]
pannen- (abn)	di tegole	[di 'tegole]
zolder (de)	soffitta (f)	[sof'fitta]
venster (het)	finestra (f)	[fi'nestra]
glas (het)	vetro (m)	['vetro]
vensterbank (de)	davanzale (m)	[davan'tsale]
luiken (mv.)	imposte (f pl)	[im'poste]
muur (de)	muro (m)	['muro]
balkon (het)	balcone (m)	[bal'kone]
regenpijp (de)	tubo (m) pluviale	['tubo plu'vjale]
boven (bw)	su, di sopra	[su], [di 'sopra]
naar boven gaan (ww)	andare di sopra	[an'dare di 'sopra]
afdalen (on.ww.)	scendere (vi)	['ʃendere]
verhuizen (ww)	trasferirsi (vr)	[trasfe'rirsi]

87. Huis. Ingang. Lift

ingang (de)	entrata (f)	[en'trata]
trap (de)	scala (f)	['skala]
treden (mv.)	gradini (m pl)	[gra'dini]
trapleuning (de)	ringhiera (f)	[rin'gjera]
hal (de)	hall (f)	[oll]
postbus (de)	cassetta (f) della posta	[kas'setta 'della 'posta]
vuilnisbak (de)	secchio (m) della spazzatura	['sekkio 'della spattsa'tura]
vuilniskoker (de)	scivolo (m) per la spazzatura	['ʃivolo per la spattsa'tura]
lift (de)	ascensore (m)	[aʃen'sore]
goederenlift (de)	montacarichi (m)	[monta'kariki]
liftcabine (de)	cabina (f) di ascensore	[ka'bina de aʃen'sore]
de lift nemen	prendere l'ascensore	['prendere laʃen'sore]
appartement (het)	appartamento (m)	[apparta'mento]
bewoners (mv.)	inquilini (m pl)	[inkwi'lini]
buurman (de)	vicino (m)	[vi'tʃino]
buurvrouw (de)	vicina (f)	[vi'tʃina]
buren (mv.)	vicini (m pl)	[vi'tʃini]

88. Huis. Elektriciteit

elektriciteit (de)	elettricità (f)	[elettritʃi'ta]
lamp (de)	lampadina (f)	[lampa'dina]
schakelaar (de)	interruttore (m)	[interrut'tore]
zekering (de)	fusibile (m)	[fu'zibile]
draad (de)	filo (m)	['filo]
bedrading (de)	impianto (m) elettrico	[im'pjanto e'lettriko]
elektriciteitsmeter (de)	contatore (m) dell'elettricità	[konta'tore dell elettritʃi'ta]
gegevens (mv.)	lettura, indicazione (f)	[let'tura], [indika'tsjone]

89. Huis. Deuren. Sloten

deur (de)	porta (f)	['porta]
toegangspoort (de)	cancello (m)	[kan'tʃello]
deurkruk (de)	maniglia (f)	[ma'niʎʎa]
ontsluiten (ontgrendelen)	togliere il catenaccio	['toʎʎere il kate'natʃo]
openen (ww)	aprire (vt)	[a'prire]
sluiten (ww)	chiudere (vt)	['kjudere]
sleutel (de)	chiave (f)	['kjave]
sleutelbos (de)	mazzo (m)	['mattso]
knarsen (bijv. scharnier)	cigolare (vi)	[tʃigo'lare]
knarsgeluid (het)	cigolio (m)	[tʃigo'lio]
scharnier (het)	cardine (m)	['kardine]
deurmat (de)	zerbino (m)	[dʒer'bino]
slot (het)	serratura (f)	[serra'tura]

sleutelgat (het)	**buco** (m) **della serratura**	['buko 'della serra'tura]
grendel (de)	**chiavistello** (m)	[kjavi'stello]
schuif (de)	**catenaccio** (m)	[kate'natʃo]
hangslot (het)	**lucchetto** (m)	[luk'ketto]
aanbellen (ww)	**suonare** (vt)	[suo'nare]
bel (geluid)	**suono** (m)	[su'ono]
deurbel (de)	**campanello** (m)	[kampa'nello]
belknop (de)	**pulsante** (m)	[pul'sante]
geklop (het)	**bussata** (f)	[bus'sata]
kloppen (ww)	**bussare** (vi)	[bus'sare]
code (de)	**codice** (m)	['koditʃe]
cijferslot (het)	**serratura** (f) **a codice**	[serra'tura a 'koditʃe]
parlofoon (de)	**citofono** (m)	[tʃi'tofono]
nummer (het)	**numero** (m)	['numero]
naambordje (het)	**targhetta** (f)	[tar'getta]
deurspion (de)	**spioncino** (m)	[spion'tʃino]

90. Huis op het platteland

dorp (het)	**villaggio** (m)	[vil'ladʒo]
moestuin (de)	**orto** (m)	['orto]
hek (het)	**recinto** (m)	[re'tʃinto]
houten hekwerk (het)	**steccato** (m)	[stek'kato]
tuinpoortje (het)	**cancelletto** (m)	[kantʃel'letto]
graanschuur (de)	**granaio** (m)	[gra'najo]
wortelkelder (de)	**cantina** (f), **scantinato** (m)	[kan'tina], [skanti'nato]
schuur (de)	**capanno** (m)	[ka'panno]
waterput (de)	**pozzo** (m)	['pottso]
kachel (de)	**stufa** (f)	['stufa]
de kachel stoken	**attizzare** (vt)	[attid'dzare]
brandhout (het)	**legna** (f) **da ardere**	['leɲa da 'ardere]
houtblok (het)	**ciocco** (m)	['tʃokko]
veranda (de)	**veranda** (f)	[ve'randa]
terras (het)	**terrazza** (f)	[ter'rattsa]
bordes (het)	**scala** (f) **d'ingresso**	['skala din'gresso]
schommel (de)	**altalena** (f)	[alta'lena]

91. Villa. Herenhuis

landhuisje (het)	**casa** (f) **di campagna**	['kaza di kam'paɲa]
villa (de)	**villa** (f)	['villa]
vleugel (de)	**ala** (f)	['ala]
tuin (de)	**giardino** (m)	[dʒar'dino]
park (het)	**parco** (m)	['parko]
oranjerie (de)	**serra** (f)	['serra]
onderhouden (tuin, enz.)	**prendersi cura di**	['prendersi 'kura di]

zwembad (het)	piscina (f)	[pi'ʃina]
gym (het)	palestra (f)	[pa'lestra]
tennisveld (het)	campo (m) da tennis	['kampo da 'tennis]
bioscoopkamer (de)	home cinema (m)	['om 'ʧinema]
garage (de)	garage (m)	[ga'raʒ]
privé-eigendom (het)	proprietà (f) privata	[proprie'ta pri'vata]
eigen terrein (het)	terreno (m) privato	[ter'reno pri'vato]
waarschuwing (de)	avvertimento (m)	[avverti'mento]
waarschuwingsbord (het)	cartello (m) di avvertimento	['kartello di avverti'mento]
bewaking (de)	sicurezza (f)	[siku'rettsa]
bewaker (de)	guardia (f) giurata	['gwardia dʒu'rata]
inbraakalarm (het)	allarme (f) antifurto	[al'larme anti'furto]

92. Kasteel. Paleis

kasteel (het)	castello (m)	[ka'stello]
paleis (het)	palazzo (m)	[pa'lattso]
vesting (de)	fortezza (f)	[for'tettsa]
ringmuur (de)	muro (m)	['muro]
toren (de)	torre (f)	['torre]
donjon (de)	torre (f) principale	['torre prinʧi'pale]
valhek (het)	saracinesca (f)	[saraʧi'neska]
onderaardse gang (de)	tunnel (m)	['tunnel]
slotgracht (de)	fossato (m)	[fos'sato]
ketting (de)	catena (f)	[ka'tena]
schietgat (het)	feritoia (f)	[feri'toja]
prachtig (bn)	magnifico	[ma'ɲifiko]
majestueus (bn)	maestoso	[mae'stozo]
onneembaar (bn)	inespugnabile	[inespu'ɲabile]
middeleeuws (bn)	medievale	[medje'vale]

93. Appartement

appartement (het)	appartamento (m)	[apparta'mento]
kamer (de)	camera (f), stanza (f)	['kamera], ['stantsa]
slaapkamer (de)	camera (f) da letto	['kamera da 'letto]
eetkamer (de)	sala (f) da pranzo	['sala da 'prantso]
salon (de)	salotto (m)	[sa'lotto]
studeerkamer (de)	studio (m)	['studio]
gang (de)	ingresso (m)	[in'gresso]
badkamer (de)	bagno (m)	['baɲo]
toilet (het)	gabinetto (m)	[gabi'netto]
plafond (het)	soffitto (m)	[sof'fitto]
vloer (de)	pavimento (m)	[pavi'mento]
hoek (de)	angolo (m)	['angolo]

94. Appartement. Schoonmaken

schoonmaken (ww)	pulire (vt)	[pu'lire]
opbergen (in de kast, enz.)	mettere via	['mettere 'via]
stof (het)	polvere (f)	['polvere]
stoffig (bn)	impolverato	[impolve'rato]
stoffen (ww)	spolverare (vt)	[spolve'rare]
stofzuiger (de)	aspirapolvere (m)	[aspira·'polvere]
stofzuigen (ww)	passare l'aspirapolvere	[pas'sare laspira·'polvere]
vegen (de vloer ~)	spazzare (vi, vt)	[spat'tsare]
veegsel (het)	spazzatura (f)	[spattsa'tura]
orde (de)	ordine (m)	['ordine]
wanorde (de)	disordine (m)	[di'sordine]
zwabber (de)	frettazzo (m)	[fret'tattso]
poetsdoek (de)	strofinaccio (m)	[strofi'natʃo]
veger (de)	scopa (f)	['skopa]
stofblik (het)	paletta (f)	[pa'letta]

95. Meubels. Interieur

meubels (mv.)	mobili (m pl)	['mobili]
tafel (de)	tavolo (m)	['tavolo]
stoel (de)	sedia (f)	['sedia]
bed (het)	letto (m)	['letto]
bankstel (het)	divano (m)	[di'vano]
fauteuil (de)	poltrona (f)	[pol'trona]
boekenkast (de)	libreria (f)	[libre'ria]
boekenrek (het)	ripiano (m)	[ri'pjano]
kledingkast (de)	armadio (m)	[ar'madio]
kapstok (de)	attaccapanni (m) da parete	[attakka'panni da pa'rete]
staande kapstok (de)	appendiabiti (m) da terra	[apen'djabiti da terra]
commode (de)	comò (m)	[ko'mo]
salontafeltje (het)	tavolino (m) da salotto	[tavo'lina da sa'lotto]
spiegel (de)	specchio (m)	['spekkio]
tapijt (het)	tappeto (m)	[tap'peto]
tapijtje (het)	tappetino (m)	[tappe'tino]
haard (de)	camino (m)	[ka'mino]
kaars (de)	candela (f)	[kan'dela]
kandelaar (de)	candeliere (m)	[kande'ljere]
gordijnen (mv.)	tende (f pl)	['tende]
behang (het)	carta (f) da parati	['karta da pa'rati]
jaloezie (de)	tende (f pl) alla veneziana	['tende alla vene'tsjana]
bureaulamp (de)	lampada (f) da tavolo	['lampada da 'tavolo]
wandlamp (de)	lampada (f) da parete	['lampada da pa'rete]

| staande lamp (de) | lampada (f) a stelo | ['lampada a 'stelo] |
| luchter (de) | lampadario (m) | [lampa'dario] |

poot (ov. een tafel, enz.)	gamba (f)	['gamba]
armleuning (de)	bracciolo (m)	['bratʃolo]
rugleuning (de)	spalliera (f)	[spal'ljera]
la (de)	cassetto (m)	[kas'setto]

96. Beddengoed

beddengoed (het)	biancheria (f) da letto	[bjanke'ria da 'letto]
kussen (het)	cuscino (m)	[ku'ʃino]
kussenovertrek (de)	federa (f)	['federa]
deken (de)	coperta (f)	[ko'perta]
laken (het)	lenzuolo (m)	[lentsu'olo]
sprei (de)	copriletto (m)	[kopri'letto]

97. Keuken

keuken (de)	cucina (f)	[ku'tʃina]
gas (het)	gas (m)	[gas]
gasfornuis (het)	fornello (m) a gas	[for'nello a gas]
elektrisch fornuis (het)	fornello (m) elettrico	[for'nello e'lettriko]
oven (de)	forno (m)	['forno]
magnetronoven (de)	forno (m) a microonde	['forno a mikro'onde]

koelkast (de)	frigorifero (m)	[frigo'rifero]
diepvriezer (de)	congelatore (m)	[kondʒela'tore]
vaatwasmachine (de)	lavastoviglie (f)	[lavasto'viʎʎe]

vleesmolen (de)	tritacarne (m)	[trita'karne]
vruchtenpers (de)	spremifrutta (m)	[spremi'frutta]
toaster (de)	tostapane (m)	[tosta'pane]
mixer (de)	mixer (m)	['mikser]

koffiemachine (de)	macchina (f) da caffè	['makkina da kaf'fe]
koffiepot (de)	caffettiera (f)	[kaffet'tjera]
koffiemolen (de)	macinacaffè (m)	[matʃinakaf'fe]

fluitketel (de)	bollitore (m)	[bolli'tore]
theepot (de)	teiera (f)	[te'jera]
deksel (de/het)	coperchio (m)	[ko'perkio]
theezeefje (het)	colino (m) da tè	[ko'lino da te]

lepel (de)	cucchiaio (m)	[kuk'kjajo]
theelepeltje (het)	cucchiaino (m) da tè	[kuk'kjajno da 'te]
eetlepel (de)	cucchiaio (m)	[kuk'kjajo]
vork (de)	forchetta (f)	[for'ketta]
mes (het)	coltello (m)	[kol'tello]

| vaatwerk (het) | stoviglie (f pl) | [sto'viʎʎe] |
| bord (het) | piatto (m) | ['pjatto] |

schoteltje (het)	**piattino** (m)	[pjat'tino]
likeurglas (het)	**cicchetto** (m)	[tʃik'ketto]
glas (het)	**bicchiere** (m)	[bik'kjere]
kopje (het)	**tazzina** (f)	[tat'tsina]

suikerpot (de)	**zuccheriera** (f)	[dzukke'rjera]
zoutvat (het)	**saliera** (f)	[sa'ljera]
pepervat (het)	**pepiera** (f)	[pe'pjera]
boterschaaltje (het)	**burriera** (f)	[bur'rjera]

pan (de)	**pentola** (f)	['pentola]
bakpan (de)	**padella** (f)	[pa'della]
pollepel (de)	**mestolo** (m)	['mestolo]
vergiet (de/het)	**colapasta** (m)	[kola'pasta]
dienblad (het)	**vassoio** (m)	[vas'sojo]

fles (de)	**bottiglia** (f)	[bot'tiʎʎa]
glazen pot (de)	**barattolo** (m) **di vetro**	[ba'rattolo di 'vetro]
blik (conserven~)	**latta** (f), **lattina** (f)	['latta], [lat'tina]

flesopener (de)	**apribottiglie** (m)	[apribot'tiʎʎe]
blikopener (de)	**apriscatole** (m)	[apri'skatole]
kurkentrekker (de)	**cavatappi** (m)	[kava'tappi]
filter (de/het)	**filtro** (m)	['filtro]
filteren (ww)	**filtrare** (vt)	[fil'trare]

huisvuil (het)	**spazzatura** (f)	[spattsa'tura]
vuilnisemmer (de)	**pattumiera** (f)	[pattu'mjera]

98. Badkamer

badkamer (de)	**bagno** (m)	['baɲo]
water (het)	**acqua** (f)	['akwa]
kraan (de)	**rubinetto** (m)	[rubi'netto]
warm water (het)	**acqua** (f) **calda**	['akwa 'kalda]
koud water (het)	**acqua** (f) **fredda**	['akwa 'fredda]

tandpasta (de)	**dentifricio** (m)	[denti'fritʃo]
tanden poetsen (ww)	**lavarsi i denti**	[la'varsi i 'denti]
tandenborstel (de)	**spazzolino** (m) **da denti**	[spatso'lino da 'denti]

zich scheren (ww)	**rasarsi** (vr)	[ra'zarsi]
scheercrème (de)	**schiuma** (f) **da barba**	['skjuma da 'barba]
scheermes (het)	**rasoio** (m)	[ra'zojo]

wassen (ww)	**lavare** (vt)	[la'vare]
een bad nemen	**fare un bagno**	['fare un 'baɲo]
douche (de)	**doccia** (f)	['dotʃa]
een douche nemen	**fare una doccia**	['fare 'una 'dotʃa]

bad (het)	**vasca** (f) **da bagno**	['vaska da 'baɲo]
toiletpot (de)	**water** (m)	['vater]
wastafel (de)	**lavandino** (m)	[lavan'dino]
zeep (de)	**sapone** (m)	[sa'pone]

zeepbakje (het)	porta (m) sapone	['porta sa'pone]
spons (de)	spugna (f)	['spuɲa]
shampoo (de)	shampoo (m)	['ʃampo]
handdoek (de)	asciugamano (m)	[aʃuga'mano]
badjas (de)	accappatoio (m)	[akkappa'tojo]

was (bijv. handwas)	bucato (m)	[bu'kato]
wasmachine (de)	lavatrice (f)	[lava'tritʃe]
de was doen	fare il bucato	['fare il bu'kato]
waspoeder (de)	detersivo (m) per il bucato	[deter'sivo per il bu'kato]

99. Huishoudelijke apparaten

televisie (de)	televisore (m)	[televi'zore]
cassettespeler (de)	registratore (m) a nastro	[redʒistra'tore a 'nastro]
videorecorder (de)	videoregistratore (m)	[video·redʒistra'tore]
radio (de)	radio (f)	['radio]
speler (de)	lettore (m)	[let'tore]

videoprojector (de)	videoproiettore (m)	[video·projet'tore]
home theater systeem (het)	home cinema (m)	['om 'tʃinema]
DVD-speler (de)	lettore (m) DVD	[let'tore divu'di]
versterker (de)	amplificatore (m)	[amplifika'tore]
spelconsole (de)	console (f) video giochi	['konsole 'video 'dʒoki]

videocamera (de)	videocamera (f)	[video·'kamera]
fotocamera (de)	macchina (f) fotografica	['makkina foto'grafika]
digitale camera (de)	fotocamera (f) digitale	[foto'kamera didʒi'tale]

stofzuiger (de)	aspirapolvere (m)	[aspira·'polvere]
strijkijzer (het)	ferro (m) da stiro	['ferro da 'stiro]
strijkplank (de)	asse (f) da stiro	['asse da 'stiro]

telefoon (de)	telefono (m)	[te'lefono]
mobieltje (het)	telefonino (m)	[telefo'nino]
schrijfmachine (de)	macchina (f) da scrivere	['makkina da 'skrivere]
naaimachine (de)	macchina (f) da cucire	['makkina da ku'tʃire]

microfoon (de)	microfono (m)	[mi'krofono]
koptelefoon (de)	cuffia (f)	['kuffia]
afstandsbediening (de)	telecomando (m)	[teleko'mando]

CD (de)	CD (m)	[tʃi'di]
cassette (de)	cassetta (f)	[kas'setta]
vinylplaat (de)	disco (m)	['disko]

100. Reparaties. Renovatie

renovatie (de)	lavori (m pl) di restauro	[la'vori di re'stauro]
renoveren (ww)	rinnovare (vt)	[rinno'vare]
repareren (ww)	riparare (vt)	[ripa'rare]
op orde brengen	mettere in ordine	['mettere in 'ordine]

overdoen (ww)	rifare (vt)	[ri'fare]
verf (de)	vernice (f), pittura (f)	[ver'nitʃe], [pit'tura]
verven (muur ~)	pitturare (vt)	[pittu'rare]
schilder (de)	imbianchino (m)	[imbjaŋ'kino]
kwast (de)	pennello (m)	[pen'nello]

kalk (de)	imbiancatura (f)	[imbjanka'tura]
kalken (ww)	imbiancare (vt)	[imbjan'kare]

behang (het)	carta (f) da parati	['karta da pa'rati]
behangen (ww)	tappezzare (vt)	[tappet'tsare]
lak (de/het)	vernice (f)	[ver'nitʃe]
lakken (ww)	verniciare (vt)	[verni'tʃare]

101. Loodgieterswerk

water (het)	acqua (f)	['akwa]
warm water (het)	acqua (f) calda	['akwa 'kalda]
koud water (het)	acqua (f) fredda	['akwa 'fredda]
kraan (de)	rubinetto (m)	[rubi'netto]

druppel (de)	goccia (f)	['gotʃa]
druppelen (ww)	gocciolare (vi)	[gotʃo'lare]
lekken (een lek hebben)	perdere (vi)	['perdere]
lekkage (de)	perdita (f)	['perdita]
plasje (het)	pozza (f)	['pottsa]

buis, leiding (de)	tubo (m)	['tubo]
stopkraan (de)	valvola (f)	['valvola]
verstopt raken (ww)	intasarsi (vr)	[inta'zarsi]

gereedschap (het)	strumenti (m pl)	[stru'menti]
Engelse sleutel (de)	chiave (f) inglese	['kjave in'gleze]
losschroeven (ww)	svitare (vt)	[zvi'tare]
aanschroeven (ww)	avvitare (vt)	[avvi'tare]

ontstoppen (riool, enz.)	stasare (vt)	[sta'zare]
loodgieter (de)	idraulico (m)	[i'drauliko]
kelder (de)	seminterrato (m)	[seminter'rato]
riolering (de)	fognatura (f)	[foɲa'tura]

102. Brand. Vuurzee

brand (de)	fuoco (m)	[fu'oko]
vlam (de)	fiamma (f)	['fjamma]
vonk (de)	scintilla (f)	[ʃin'tilla]
rook (de)	fumo (m)	['fumo]
fakkel (de)	fiaccola (f)	['fjakkola]
kampvuur (het)	falò (m)	[fa'lo]

benzine (de)	benzina (f)	[ben'dzina]
kerosine (de)	cherosene (m)	[kero'zene]

brandbaar (bn)	**combustibile**	[kombu'stibile]
ontplofbaar (bn)	**esplosivo**	[esplo'zivo]
VERBODEN TE ROKEN!	**VIETATO FUMARE!**	[vje'tato fu'mare]

veiligheid (de)	**sicurezza** (f)	[siku'rettsa]
gevaar (het)	**pericolo** (m)	[pe'rikolo]
gevaarlijk (bn)	**pericoloso**	[periko'lozo]

in brand vliegen (ww)	**prendere fuoco**	['prendere fu'oko]
explosie (de)	**esplosione** (f)	[esplo'zjone]
in brand steken (ww)	**incendiare** (vt)	[intʃen'djare]
brandstichter (de)	**incendiario** (m)	[intʃen'djario]
brandstichting (de)	**incendio** (m) **doloso**	[in'tʃendio do'lozo]

vlammen (ww)	**divampare** (vi)	[divam'pare]
branden (ww)	**bruciare** (vi)	[bru'tʃare]
afbranden (ww)	**bruciarsi** (vr)	[bru'tʃarsi]

de brandweer bellen	**chiamare i pompieri**	[kja'mare i pom'pjeri]
brandweerman (de)	**pompiere** (m)	[pom'pjere]
brandweerwagen (de)	**autopompa** (f)	[auto'pompa]
brandweer (de)	**corpo** (m) **dei pompieri**	['korpo dei pom'pjeri]
uitschuifbare ladder (de)	**autoscala** (f) **da pompieri**	[auto'skala da pom'pjeri]

brandslang (de)	**manichetta** (f)	[mani'ketta]
brandblusser (de)	**estintore** (m)	[estin'tore]
helm (de)	**casco** (m)	['kasko]
sirene (de)	**sirena** (f)	[si'rena]

roepen (ww)	**gridare** (vi)	[gri'dare]
hulp roepen	**chiamare in aiuto**	[kja'mare in a'juto]
redder (de)	**soccorritore** (m)	[sokkorri'tore]
redden (ww)	**salvare** (vt)	[sal'vare]

aankomen (per auto, enz.)	**arrivare** (vi)	[arri'vare]
blussen (ww)	**spegnere** (vt)	['speɲere]
water (het)	**acqua** (f)	['akwa]
zand (het)	**sabbia** (f)	['sabbia]

ruïnes (mv.)	**rovine** (f pl)	[ro'vine]
instorten (gebouw, enz.)	**crollare** (vi)	[krol'lare]
ineenstorten (ww)	**cadere** (vi)	[ka'dere]
inzakken (ww)	**collassare** (vi)	[kolla'sare]

brokstuk (het)	**frammento** (m)	[fram'mento]
as (de)	**cenere** (f)	['tʃenere]

verstikken (ww)	**asfissiare** (vi)	[asfis'sjare]
omkomen (ww)	**morire, perire** (vi)	[mo'rire], [pe'rire]

MENSELIJKE ACTIVITEITEN

Baan. Business. Deel 1

103. Kantoor. Op kantoor werken

kantoor (het)	ufficio (m)	[uf'fitʃo]
kamer (de)	ufficio (m)	[uf'fitʃo]
receptie (de)	portineria (f)	[portine'ria]
secretaris (de)	segretario (m)	[segre'tario]
directeur (de)	direttore (m)	[diret'tore]
manager (de)	manager (m)	['menedʒer]
boekhouder (de)	contabile (m)	[kon'tabile]
werknemer (de)	impiegato (m)	[impje'gato]
meubilair (het)	mobili (m pl)	['mobili]
tafel (de)	scrivania (f)	[skriva'nia]
bureaustoel (de)	poltrona (f)	[pol'trona]
ladeblok (het)	cassettiera (f)	[kasset'tjera]
kapstok (de)	appendiabiti (m) da terra	[apen'djabiti da terra]
computer (de)	computer (m)	[kom'pjuter]
printer (de)	stampante (f)	[stam'pante]
fax (de)	fax (m)	[faks]
kopieerapparaat (het)	fotocopiatrice (f)	[fotokopja'tritʃe]
papier (het)	carta (f)	['karta]
kantoorartikelen (mv.)	cancelleria (f)	[kantʃelle'ria]
muismat (de)	tappetino (m) del mouse	[tappe'tino del 'maus]
blad (het)	foglio (m)	['foʎʎo]
ordner (de)	cartella (f)	[kar'tella]
catalogus (de)	catalogo (m)	[ka'talogo]
telefoongids (de)	elenco (m) del telefono	[e'lenko del te'lefono]
documentatie (de)	documentazione (f)	[dokumenta'tsjone]
brochure (de)	opuscolo (m)	[o'puskolo]
flyer (de)	volantino (m)	[volan'tino]
monster (het), staal (de)	campione (m)	[kam'pjone]
training (de)	formazione (f)	[forma'tsjone]
vergadering (de)	riunione (f)	[riu'njone]
lunchpauze (de)	pausa (f) pranzo	['pauza 'prantso]
een kopie maken	copiare (vt)	[ko'pjare]
de kopieën maken	fare copie	['fare 'kopje]
een fax ontvangen	ricevere un fax	[ri'tʃevere un faks]
een fax versturen	spedire un fax	[spe'dire un faks]
opbellen (ww)	telefonare (vi, vt)	[telefo'nare]

antwoorden (ww)	rispondere (vi, vt)	[ris'pondere]
doorverbinden (ww)	passare (vt)	[pas'sare]

afspreken (ww)	fissare (vt)	[fis'sare]
demonstreren (ww)	dimostrare (vt)	[dimo'strare]
absent zijn (ww)	essere assente	['essere as'sente]
afwezigheid (de)	assenza (f)	[as'sentsa]

104. Bedrijfsprocessen. Deel 1

zaak (de), beroep (het)	occupazione (f)	[okkupa'tsjone]
firma (de)	ditta (f)	['ditta]
bedrijf (maatschap)	compagnia (f)	[kompa'ɲia]
corporatie (de)	corporazione (f)	[korpora'tsjone]
onderneming (de)	impresa (f)	[im'preza]
agentschap (het)	agenzia (f)	[adʒen'tsia]

overeenkomst (de)	accordo (m)	[ak'kordo]
contract (het)	contratto (m)	[kon'tratto]
transactie (de)	affare (m)	[af'fare]
bestelling (de)	ordine (m)	['ordine]
voorwaarde (de)	termine (m) dell'accordo	['termine dell ak'kordo]

in het groot (bw)	all'ingrosso	[all in'grosso]
groothandels- (abn)	all'ingrosso	[all in'grosso]
groothandel (de)	vendita (f) all'ingrosso	['vendita all in'grosso]
kleinhandels- (abn)	al dettaglio	[al det'taʎʎo]
kleinhandel (de)	vendita (f) al dettaglio	['vendita al det'taʎʎo]

concurrent (de)	concorrente (m)	[konkor'rente]
concurrentie (de)	concorrenza (f)	[konkor'rentsa]
concurreren (ww)	competere (vi)	[kom'petere]

partner (de)	socio (m), partner (m)	['soʧo], ['partner]
partnerschap (het)	partenariato (m)	[partena'rjato]

crisis (de)	crisi (f)	['krizi]
bankroet (het)	bancarotta (f)	[banka'rotta]
bankroet gaan (ww)	fallire (vi)	[fal'lire]
moeilijkheid (de)	difficoltà (f)	[diffikol'ta]
probleem (het)	problema (m)	[pro'blema]
catastrofe (de)	disastro (m)	[di'zastro]

economie (de)	economia (f)	[ekono'mia]
economisch (bn)	economico	[eko'nomiko]
economische recessie (de)	recessione (f) economica	[retʃes'sjone eko'nomika]

doel (het)	scopo (m), obiettivo (m)	['skopo], [objet'tivo]
taak (de)	incarico (m)	[in'kariko]

handelen (handel drijven)	commerciare (vi)	[kommer'ʧare]
netwerk (het)	rete (f)	['rete]
voorraad (de)	giacenza (f)	[dʒia'ʧentsa]
assortiment (het)	assortimento (m)	[assorti'mento]

leider (de)	leader (m), capo (m)	['lider], ['kapo]
groot (bn)	grande	['grande]
monopolie (het)	monopolio (m)	[mono'polio]

theorie (de)	teoria (f)	[teo'ria]
praktijk (de)	pratica (f)	['pratika]
ervaring (de)	esperienza (f)	[espe'rjentsa]
tendentie (de)	tendenza (f)	[ten'dentsa]
ontwikkeling (de)	sviluppo (m)	[zvi'luppo]

105. Bedrijfsprocessen. Deel 2

voordeel (het)	profitto (m)	[pro'fitto]
voordelig (bn)	profittevole	[profit'tevole]

delegatie (de)	delegazione (f)	[delega'tsjone]
salaris (het)	stipendio (m)	[sti'pendio]
corrigeren (fouten ~)	correggere (vt)	[kor'redʒere]
zakenreis (de)	viaggio (m) d'affari	['vjadʒo daf'fari]
commissie (de)	commissione (f)	[kommi'sjone]

controleren (ww)	controllare (vt)	[kontrol'lare]
conferentie (de)	conferenza (f)	[konfe'rentsa]
licentie (de)	licenza (f)	[li'tʃentsa]
betrouwbaar (partner, enz.)	affidabile	[affi'dabile]

aanzet (de)	iniziativa (f)	[initsja'tiva]
norm (bijv. ~ stellen)	norma (f)	['norma]
omstandigheid (de)	circostanza (f)	[tʃirko'stantsa]
taak, plicht (de)	mansione (f)	[man'sjone]

organisatie (bedrijf, zaak)	impresa (f)	[im'preza]
organisatie (proces)	organizzazione (f)	[organiddza'tsjone]
georganiseerd (bn)	organizzato	[organid'dzato]
afzegging (de)	annullamento (m)	[annulla'mento]
afzeggen (ww)	annullare (vt)	[annul'lare]
verslag (het)	rapporto (m)	[rap'porto]

patent (het)	brevetto (m)	[bre'vetto]
patenteren (ww)	brevettare (vt)	[brevet'tare]
plannen (ww)	pianificare (vt)	[pjanifi'kare]

premie (de)	premio (m)	['premio]
professioneel (bn)	professionale	[professjo'nale]
procedure (de)	procedura (f)	[protʃe'dura]

onderzoeken (contract, enz.)	esaminare (vt)	[ezami'nare]
berekening (de)	calcolo (m)	['kalkolo]
reputatie (de)	reputazione (f)	[reputa'tsjone]
risico (het)	rischio (m)	['riskio]

beheren (managen)	dirigere (vt)	[di'ridʒere]
informatie (de)	informazioni (f pl)	[informa'tsjoni]
eigendom (bezit)	proprietà (f)	[proprie'ta]

unie (de)	**unione** (f)	[uni'one]
levensverzekering (de)	**assicurazione** (f) **sulla vita**	[assikura'tsjone 'sulla 'vita]
verzekeren (ww)	**assicurare** (vt)	[assiku'rare]
verzekering (de)	**assicurazione** (f)	[assikura'tsjone]
veiling (de)	**asta** (f)	['asta]
verwittigen (ww)	**avvisare** (vt)	[avvi'zare]
beheer (het)	**gestione** (f)	[dʒes'tjone]
dienst (de)	**servizio** (m)	[ser'vitsio]
forum (het)	**forum** (m)	['forum]
functioneren (ww)	**funzionare** (vi)	[funtsjo'nare]
stap, etappe (de)	**stadio** (m)	['stadio]
juridisch (bn)	**giuridico**	[dʒu'ridiko]
jurist (de)	**esperto** (m) **legale**	[e'sperto le'gale]

106. Productie. Werken

industriële installatie (fabriek)	**stabilimento** (m)	[stabili'mento]
fabriek (de)	**fabbrica** (f)	['fabbrika]
werkplaatsruimte (de)	**officina** (f) **di produzione**	[offi'tʃina di produ'tsjone]
productielocatie (de)	**stabilimento** (m)	[stabili'mento]
industrie (de)	**industria** (f)	[in'dustria]
industrieel (bn)	**industriale**	[industri'ale]
zware industrie (de)	**industria** (f) **pesante**	[in'dustria pe'zante]
lichte industrie (de)	**industria** (f) **leggera**	[in'dustria le'dʒera]
productie (de)	**prodotti** (m pl)	[pro'dotti]
produceren (ww)	**produrre** (vt)	[pro'durre]
grondstof (de)	**materia** (f) **prima**	[ma'teria 'prima]
voorman, ploegbaas (de)	**caposquadra** (m)	[kapo'skwadra]
ploeg (de)	**squadra** (f)	['skwadra]
arbeider (de)	**operaio** (m)	[ope'rajo]
werkdag (de)	**giorno** (m) **lavorativo**	['dʒorno lavora'tivo]
pauze (de)	**pausa** (f)	['pauza]
samenkomst (de)	**riunione** (f)	[riu'njone]
bespreken (spreken over)	**discutere** (vt)	[di'skutere]
plan (het)	**piano** (m)	['pjano]
het plan uitvoeren	**eseguire il piano**	[eze'gwire il 'pjano]
productienorm (de)	**tasso** (m) **di produzione**	['tasso di produ'tsjone]
kwaliteit (de)	**qualità** (f)	[kwali'ta]
controle (de)	**controllo** (m)	[kon'trollo]
kwaliteitscontrole (de)	**controllo** (m) **di qualità**	[kon'trollo di kwali'ta]
arbeidsveiligheid (de)	**sicurezza** (f) **sul lavoro**	[siku'rettsa sul la'voro]
discipline (de)	**disciplina** (f)	[diʃi'plina]
overtreding (de)	**infrazione** (f)	[infra'tsjone]
overtreden (ww)	**violare** (vt)	[vio'lare]
staking (de)	**sciopero** (m)	['ʃopero]
staker (de)	**scioperante** (m)	[ʃope'rante]

| staken (ww) | fare sciopero | ['fare 'ʃopero] |
| vakbond (de) | sindacato (m) | [sinda'kato] |

uitvinden (machine, enz.)	inventare (vt)	[inven'tare]
uitvinding (de)	invenzione (f)	[inven'tsjone]
onderzoek (het)	ricerca (f)	[ri'tʃerka]
verbeteren (beter maken)	migliorare (vt)	[miʎʎo'rare]
technologie (de)	tecnologia (f)	[teknolo'dʒia]
technische tekening (de)	disegno (m) tecnico	[di'zeɲo 'tekniko]

vracht (de)	carico (m)	['kariko]
lader (de)	caricatore (m)	[karika'tore]
laden (vrachtwagen)	caricare (vt)	[kari'kare]
laden (het)	caricamento (m)	[karika'mento]
lossen (ww)	scaricare (vt)	[skari'kare]
lossen (het)	scarico (m)	['skariko]

transport (het)	trasporto (m)	[tras'porto]
transportbedrijf (de)	società (f) di trasporti	[sotʃe'ta di tras'porti]
transporteren (ww)	trasportare (vt)	[traspor'tare]

goederenwagon (de)	vagone (m) merci	[va'gone 'mertʃi]
tank (bijv. ketelwagen)	cisterna (f)	[tʃi'sterna]
vrachtwagen (de)	camion (m)	['kamjon]

| machine (de) | macchina (f) utensile | ['makkina u'tensile] |
| mechanisme (het) | meccanismo (m) | [mekka'nizmo] |

industrieel afval (het)	rifiuti (m pl) industriali	[ri'fjuti industri'ali]
verpakking (de)	imballaggio (m)	[imbal'ladʒo]
verpakken (ww)	imballare (vt)	[imbal'lare]

107. Contract. Overeenstemming

contract (het)	contratto (m)	[kon'tratto]
overeenkomst (de)	accordo (m)	[ak'kordo]
bijlage (de)	allegato (m)	[alle'gato]

een contract sluiten	firmare un contratto	[fir'mare un kon'tratto]
handtekening (de)	firma (f)	['firma]
ondertekenen (ww)	firmare (vt)	[fir'mare]
stempel (de)	timbro (m)	['timbro]

voorwerp (het) van de overeenkomst	oggetto (m) del contratto	[o'dʒetto del kon'tratto]
clausule (de)	clausola (f)	['klauzola]
partijen (mv.)	parti (f pl)	['parti]
vestigingsadres (het)	sede (f) legale	['sede le'gale]

het contract verbreken (overtreden)	sciogliere un contratto	['ʃoʎʎere un kon'tratto]
verplichting (de)	obbligo (m)	['obbligo]
verantwoordelijkheid (de)	responsabilità (f)	[responsabili'ta]
overmacht (de)	forza (f) maggiore	['fortsa ma'dʒore]

geschil (het)	discussione (f)	[diskus'sjone]
sancties (mv.)	sanzioni (f pl)	[san'tsjoni]

108. Import & Export

import (de)	importazione (f)	[importa'tsjone]
importeur (de)	importatore (m)	[importa'tore]
importeren (ww)	importare (vt)	[impor'tare]
import- (abn)	d'importazione	[dimporta'tsjone]
uitvoer (export)	esportazione (f)	[esporta'tsjone]
exporteur (de)	esportatore (m)	[esporta'tore]
exporteren (ww)	esportare (vt)	[espor'tare]
uitvoer- (bijv., ~goederen)	d'esportazione	[desporta'tsjone]
goederen (mv.)	merce (f)	['mertʃe]
partij (de)	carico (m)	['kariko]
gewicht (het)	peso (m)	['pezo]
volume (het)	volume (m)	[vo'lume]
kubieke meter (de)	metro (m) cubo	['metro 'kubo]
producent (de)	produttore (m)	[produt'tore]
transportbedrijf (de)	società (f) di trasporti	[sotʃe'ta di tras'porti]
container (de)	container (m)	[kon'tejner]
grens (de)	frontiera (f)	[fron'tjera]
douane (de)	dogana (f)	[do'gana]
douanerecht (het)	dazio (m) doganale	['datsio doga'nale]
douanier (de)	doganiere (m)	[doga'njere]
smokkelen (het)	contrabbando (m)	[kontrab'bando]
smokkelwaar (de)	merci (f pl) contrabbandate	['mertʃi kontrabban'date]

109. Financiën

aandeel (het)	azione (f)	[a'tsjone]
obligatie (de)	obbligazione (f)	[obbliga'tsjone]
wissel (de)	cambiale (f)	[kam'bjale]
beurs (de)	borsa (f)	['borsa]
aandelenkoers (de)	quotazione (f)	[kwota'tsjone]
dalen (ww)	diminuire di prezzo	[diminu'ire di 'prettso]
stijgen (ww)	aumentare di prezzo	[aumen'tare di 'prettso]
deel (het)	quota (f)	['kwota]
meerderheidsbelang (het)	pacchetto (m) di maggioranza	[pak'ketto di madʒo'rantsa]
investeringen (mv.)	investimento (m)	[investi'mento]
investeren (ww)	investire (vt)	[inve'stire]
procent (het)	percento (m)	[per'tʃento]

rente (de)	interessi (m pl)	[inte'ressi]
winst (de)	profitto (m)	[pro'fitto]
winstgevend (bn)	redditizio	[redi'titsio]
belasting (de)	imposta (f)	[im'posta]

valuta (vreemde ~)	valuta (f)	[va'luta]
nationaal (bn)	nazionale	[natsio'nale]
ruil (de)	cambio (m)	['kambio]

| boekhouder (de) | contabile (m) | [kon'tabile] |
| boekhouding (de) | ufficio (m) contabilità | [uf'fitʃo kontabili'ta] |

bankroet (het)	bancarotta (f)	[banka'rotta]
ondergang (de)	fallimento (m)	[falli'mento]
faillissement (het)	rovina (f)	[ro'vina]
geruïneerd zijn (ww)	andare in rovina	[an'dare in ro'vina]
inflatie (de)	inflazione (f)	[infla'tsjone]
devaluatie (de)	svalutazione (f)	[zvaluta'tsjone]

kapitaal (het)	capitale (m)	[kapi'tale]
inkomen (het)	reddito (m)	['reddito]
omzet (de)	giro (m) di affari	['dʒiro di af'fari]
middelen (mv.)	risorse (f pl)	[ri'sorse]
financiële middelen (mv.)	mezzi (m pl) finanziari	['meddzi finan'tsjari]

| operationele kosten (mv.) | spese (f pl) generali | ['speze dʒene'rali] |
| reduceren (kosten ~) | ridurre (vt) | [ri'durre] |

110. Marketing

marketing (de)	marketing (m)	['marketing]
markt (de)	mercato (m)	[mer'kato]
marktsegment (het)	segmento (m) di mercato	[seg'mento di mer'kato]
product (het)	prodotto (m)	[pro'dotto]
goederen (mv.)	merce (f)	['mertʃe]

merk (het)	battaglia (f)	[bat'taʎʎa]
handelsmerk (het)	marchio (m) di fabbrica	['markio di 'fabbrika]
beeldmerk (het)	logotipo (m)	[logo'tipo]
logo (het)	logo (m)	[logo]

vraag (de)	domanda (f)	[do'manda]
aanbod (het)	offerta (f)	[of'ferta]
behoefte (de)	bisogno (m)	[bi'zoɲo]
consument (de)	consumatore (m)	[konsuma'tore]

analyse (de)	analisi (f)	[a'nalizi]
analyseren (ww)	analizzare (vt)	[analid'dzare]
positionering (de)	posizionamento (m)	[pozitsjona'mento]
positioneren (ww)	posizionare (vt)	[pozitsjo'nare]

prijs (de)	prezzo (m)	['prettso]
prijspolitiek (de)	politica (f) dei prezzi	[po'litika 'dei 'prettsi]
prijsvorming (de)	determinazione (f) dei prezzi	[determina'tsjone del 'prettsi]

111. Reclame

reclame (de)	pubblicità (f)	[pubbliʧi'ta]
adverteren (ww)	pubblicizzare (vt)	[pubbliʧid'dzare]
budget (het)	bilancio (m)	[bi'lanʧo]
advertentie, reclame (de)	annuncio (m)	[an'nunʧo]
TV-reclame (de)	pubblicità (f) televisiva	[pubbliʧi'ta televi'ziva]
radioreclame (de)	pubblicità (f) radiofonica	[pubbliʧi'ta radio'fonika]
buitenreclame (de)	pubblicità (f) esterna	[pubbliʧi'ta es'terna]
massamedia (de)	mass media (m pl)	[mass 'media]
periodiek (de)	periodico (m)	[pe'rjodiko]
imago (het)	immagine (f)	[im'madʒine]
slagzin (de)	slogan (m)	[zlogan]
motto (het)	motto (m)	['motto]
campagne (de)	campagna (f)	[kam'paɲa]
reclamecampagne (de)	campagna (f) pubblicitaria	[kam'paɲa pubbliʧi'taria]
doelpubliek (het)	gruppo (m) di riferimento	['gruppo de riferi'mento]
visitekaartje (het)	biglietto (m) da visita	[biʎ'ʎetto da 'vizita]
flyer (de)	volantino (m)	[volan'tino]
brochure (de)	opuscolo (m)	[o'puskolo]
folder (de)	pieghevole (m)	[pje'gevole]
nieuwsbrief (de)	bollettino (m)	[bollet'tino]
gevelreclame (de)	insegna (f)	[in'seɲa]
poster (de)	cartellone (m)	[kartel'lone]
aanplakbord (het)	tabellone (m) pubblicitario	[tabel'lone pubbliʧi'tario]

112. Bankieren

bank (de)	banca (f)	['banka]
bankfiliaal (het)	filiale (f)	[fi'ljale]
bankbediende (de)	consulente (m)	[konsu'lente]
manager (de)	direttore (m)	[diret'tore]
bankrekening (de)	conto (m) bancario	['konto ban'kario]
rekeningnummer (het)	numero (m) del conto	['numero del 'konto]
lopende rekening (de)	conto (m) corrente	['konto kor'rente]
spaarrekening (de)	conto (m) di risparmio	['konto di ris'parmio]
een rekening openen	aprire un conto	[a'prire un 'konto]
de rekening sluiten	chiudere il conto	['kjudere il 'konto]
op rekening storten	versare sul conto	[ver'sare sul 'konto]
opnemen (ww)	prelevare dal conto	[prele'vare dal 'konto]
storting (de)	deposito (m)	[de'pozito]
een storting maken	depositare (vt)	[depozi'tare]
overschrijving (de)	trasferimento (m) telegrafico	[trasferi'mento tele'grafiko]

een overschrijving maken	rimettere i soldi	[ri'mettere i 'soldi]
som (de)	somma (f)	['somma]
Hoeveel?	Quanto?	['kwanto]

handtekening (de)	firma (f)	['firma]
ondertekenen (ww)	firmare (vt)	[fir'mare]

kredietkaart (de)	carta (f) di credito	['karta di 'kredito]
code (de)	codice (m)	['koditʃe]
kredietkaartnummer (het)	numero (m) della carta di credito	['numero 'della 'karta di 'kredito]
geldautomaat (de)	bancomat (m)	['bankomat]

cheque (de)	assegno (m)	[as'seɲo]
een cheque uitschrijven	emettere un assegno	[e'mettere un as'seɲo]
chequeboekje (het)	libretto (m) di assegni	[li'bretto di as'seɲi]

lening, krediet (de)	prestito (m)	['prestito]
een lening aanvragen	fare domanda per un prestito	['fare do'manda per un 'prestito]
een lening nemen	ottenere un prestito	[otte'nere un 'prestito]
een lening verlenen	concedere un prestito	[kon'tʃedere un 'prestito]
garantie (de)	garanzia (f)	[garan'tsia]

113. Telefoon. Telefoongesprek

telefoon (de)	telefono (m)	[te'lefono]
mobieltje (het)	telefonino (m)	[telefo'nino]
antwoordapparaat (het)	segreteria (f) telefonica	[segrete'ria tele'fonika]

bellen (ww)	telefonare (vi, vt)	[telefo'nare]
belletje (telefoontje)	chiamata (f)	[kja'mata]

een nummer draaien	comporre un numero	[kom'porre un 'numero]
Hallo!	Pronto!	['pronto]
vragen (ww)	chiedere, domandare	['kjedere], [doman'dare]
antwoorden (ww)	rispondere (vi, vt)	[ris'pondere]

horen (ww)	udire, sentire (vt)	[u'dire], [sen'tire]
goed (bw)	bene	['bene]
slecht (bw)	male	['male]
storingen (mv.)	disturbi (m pl)	[di'sturbi]

hoorn (de)	cornetta (f)	[kor'netta]
opnemen (ww)	alzare la cornetta	[al'tsare la kor'netta]
ophangen (ww)	riattaccare la cornetta	[riattak'kare la kor'netta]

bezet (bn)	occupato	[okku'pato]
overgaan (ww)	squillare (vi)	[skwil'lare]
telefoonboek (het)	elenco (m) telefonico	[e'lenko tele'foniko]

lokaal (bn)	locale	[lo'kale]
interlokaal (bn)	interurbano	[interur'bano]
buitenlands (bn)	internazionale	[internatsjo'nale]

114. Mobiele telefoon

mobieltje (het)	telefonino (m)	[telefo'nino]
scherm (het)	schermo (m)	['skermo]
toets, knop (de)	tasto (m)	['tasto]
simkaart (de)	scheda SIM (f)	['skeda 'sim]

batterij (de)	pila (f)	['pila]
leeg zijn (ww)	essere scarico	['essere 'skariko]
acculader (de)	caricabatteria (m)	[karika·batte'ria]

menu (het)	menù (m)	[me'nu]
instellingen (mv.)	impostazioni (f pl)	[imposta'tsjoni]
melodie (beltoon)	melodia (f)	[melo'dia]
selecteren (ww)	scegliere (vt)	['ʃeʎʎere]

rekenmachine (de)	calcolatrice (f)	[kalkola'tritʃe]
voicemail (de)	segreteria (f) telefonica	[segrete'ria tele'fonika]
wekker (de)	sveglia (f)	['zveʎʎa]
contacten (mv.)	contatti (m pl)	[kon'tatti]

| SMS-bericht (het) | messaggio (m) SMS | [mes'sadʒo ese'mese] |
| abonnee (de) | abbonato (m) | [abbo'nato] |

115. Schrijfbehoeften

| balpen (de) | penna (f) a sfera | [penna a 'sfera] |
| vulpen (de) | penna (f) stilografica | ['penna stilo'grafika] |

potlood (het)	matita (f)	[ma'tita]
marker (de)	evidenziatore (m)	[evidentsja'tore]
viltstift (de)	pennarello (m)	[penna'rello]

| notitieboekje (het) | taccuino (m) | [tak'kwino] |
| agenda (boekje) | agenda (f) | [a'dʒenda] |

liniaal (de/het)	righello (m)	[ri'gello]
rekenmachine (de)	calcolatrice (f)	[kalkola'tritʃe]
gom (de)	gomma (f) per cancellare	['gomma per kantʃel'lare]
punaise (de)	puntina (f)	[pun'tina]
paperclip (de)	graffetta (f)	[graf'fetta]

lijm (de)	colla (f)	['kolla]
nietmachine (de)	pinzatrice (f)	[pintsa'tritʃe]
perforator (de)	perforatrice (f)	[perfora'tritʃe]
potloodslijper (de)	temperamatite (m)	[temperama'tite]

116. Verschillende soorten documenten

| verslag (het) | resoconto (m) | [rezo'konto] |
| overeenkomst (de) | accordo (m) | [ak'kordo] |

aanvraagformulier (het)	modulo (m) di richiesta	['modulo di ri'kjesta]
origineel, authentiek (bn)	autentico	[au'tentiko]
badge, kaart (de)	tesserino (m)	[tesse'rino]
visitekaartje (het)	biglietto (m) da visita	[biʎ'ʎetto da 'vizita]

certificaat (het)	certificato (m)	[tʃertifi'kato]
cheque (de)	assegno (m)	[as'seɲo]
rekening (in restaurant)	conto (m)	['konto]
grondwet (de)	costituzione (f)	[kostitu'tsjone]

contract (het)	contratto (m)	[kon'tratto]
kopie (de)	copia (f)	['kopia]
exemplaar (het)	copia (f)	['kopia]

douaneaangifte (de)	dichiarazione (f)	[dikjara'tsjone]
document (het)	documento (m)	[doku'mento]
rijbewijs (het)	patente (f) di guida	[pa'tente di 'gwida]
bijlage (de)	allegato (m)	[alle'gato]
formulier (het)	modulo (m)	['modulo]

identiteitskaart (de)	carta (f) d'identità	['karta didenti'ta]
aanvraag (de)	richiesta (f) di informazioni	[ri'kjesta di informa'tsjoni]
uitnodigingskaart (de)	biglietto (m) d'invito	[biʎ'ʎetto din'vito]
factuur (de)	fattura (f)	[fat'tura]

wet (de)	legge (f)	['ledʒe]
brief (de)	lettera (f)	['lettera]
briefhoofd (het)	carta (f) intestata	['karta inte'stata]
lijst (de)	lista (f)	['lista]
manuscript (het)	manoscritto (m)	[mano'skritto]
nieuwsbrief (de)	bollettino (m)	[bollet'tino]
briefje (het)	appunto (m), nota (f)	[ap'punto], ['nota]

pasje (voor personeel, enz.)	lasciapassare (m)	[laʃapas'sare]
paspoort (het)	passaporto (m)	[passa'porto]
vergunning (de)	permesso (m)	[per'messo]
CV, curriculum vitae (het)	curriculum vitae (f)	[kur'rikulum 'vite]
schuldbekentenis (de)	nota (f) di addebito	['nota di ad'debito]
kwitantie (de)	ricevuta (f)	[ritʃe'vuta]

bon (kassabon)	scontrino (m)	[skon'trino]
rapport (het)	rapporto (m)	[rap'porto]

tonen (paspoort, enz.)	mostrare (vt)	[mo'strare]
ondertekenen (ww)	firmare (vt)	[fir'mare]
handtekening (de)	firma (f)	['firma]
stempel (de)	timbro (m)	['timbro]

tekst (de)	testo (m)	['testo]
biljet (het)	biglietto (m)	[biʎ'ʎetto]

doorhalen (doorstrepen)	cancellare (vt)	[kantʃel'lare]
invullen (een formulier ~)	riempire (vt)	[riem'pire]

vrachtbrief (de)	bolla (f) di consegna	['bolla di kon'seɲa]
testament (het)	testamento (m)	[testa'mento]

117. Soorten bedrijven

uitzendbureau (het)	agenzia (f) di collocamento	[adʒen'tsia di kolloka'mento]
bewakingsfirma (de)	agenzia (f) di sicurezza	[adʒen'tsia di siku'rettsa]
persbureau (het)	agenzia (f) di stampa	[adʒen'tsia di 'stampa]
reclamebureau (het)	agenzia (f) pubblicitaria	[adʒen'tsia pubblitʃi'taria]

antiek (het)	antiquariato (m)	[antikwa'rjato]
verzekering (de)	assicurazione (f)	[assikura'tsjone]
naaiatelier (het)	sartoria (f)	[sarto'ria]

banken (mv.)	imprese (f pl) bancarie	[im'preze ban'karie]
bar (de)	bar (m)	[bar]
bouwbedrijven (mv.)	edilizia (f)	[edi'litsia]
juwelen (mv.)	gioielli (m pl)	[dʒo'jelli]
juwelier (de)	gioielliere (m)	[dʒojel'ljere]

wasserette (de)	lavanderia (f)	[lavande'ria]
alcoholische dranken (mv.)	bevande (f pl) alcoliche	[be'vande al'kolike]
nachtclub (de)	locale notturno (m)	[lo'kale not'turno]
handelsbeurs (de)	borsa (f)	['borsa]
bierbrouwerij (de)	birreria (f)	[birre'ria]
uitvaartcentrum (het)	agenzia (f) di pompe funebri	[adʒen'tsia di 'pompe 'funebri]

casino (het)	casinò (m)	[kazi'no]
zakencentrum (het)	business centro (m)	['biznes 'tʃentro]
bioscoop (de)	cinema (m)	['tʃinema]
airconditioning (de)	condizionatori (m pl) d'aria	[konditsjona'tori 'daria]

handel (de)	commercio (m)	[kom'mertʃo]
luchtvaartmaatschappij (de)	compagnia (f) aerea	[kompa'ɲia a'erea]
adviesbureau (het)	consulenza (f)	[konsu'lentsa]
koerierdienst (de)	corriere (m) espresso	[kor'rjere e'spresso]

tandheelkunde (de)	odontoiatria (f)	[odontoja'tria]
design (het)	design (m)	[di'zajn]
business school (de)	scuola (f) di commercio	['skwola di kom'mertʃo]
magazijn (het)	deposito, magazzino (m)	[de'pozito], [magad'dzino]
kunstgalerie (de)	galleria (f) d'arte	[galle'ria 'darte]
ijsje (het)	gelato (m)	[dʒe'lato]
hotel (het)	albergo, hotel (m)	[al'bergo], [o'tel]

vastgoed (het)	beni (m pl) immobili	['beni im'mobili]
drukkerij (de)	stampa (f)	['stampa]
industrie (de)	industria (f)	[in'dustria]
Internet (het)	internet (f)	['internet]
investeringen (mv.)	investimenti (m pl)	[investi'menti]

krant (de)	giornale (m)	[dʒor'nale]
boekhandel (de)	libreria (f)	[libre'ria]
lichte industrie (de)	industria (f) leggera	[in'dustria le'dʒera]

winkel (de)	negozio (m)	[ne'gotsio]
uitgeverij (de)	casa (f) editrice	['kaza edi'tritʃe]
medicijnen (mv.)	medicina (f)	[medi'tʃina]

meubilair (het)	**mobili** (m pl)	['mobili]
museum (het)	**museo** (m)	[mu'zeo]

olie (aardolie)	**petrolio** (m)	[pe'trolio]
apotheek (de)	**farmacia** (f)	[farma'tʃia]
farmacie (de)	**farmaci** (m pl)	['farmatʃi]
zwembad (het)	**piscina** (f)	[pi'ʃina]
stomerij (de)	**lavanderia** (f) **a secco**	[lavande'ria a 'sekko]
voedingswaren (mv.)	**industria** (f) **alimentare**	[in'dustria alimen'tare]
reclame (de)	**pubblicità** (f)	[pubblitʃi'ta]

radio (de)	**radio** (f)	['radio]
afvalinzameling (de)	**trattamento** (m) **dei rifiuti**	[tratta'mento dei ri'fjuti]
restaurant (het)	**ristorante** (m)	[risto'rante]
tijdschrift (het)	**rivista** (f)	[ri'vista]

schoonheidssalon (de/het)	**salone** (m) **di bellezza**	[sa'lone di bel'lettsa]
financiële diensten (mv.)	**servizi** (m pl) **finanziari**	[ser'vitsi finan'tsjari]
juridische diensten (mv.)	**consulente** (m) **legale**	[konsu'lente le'gale]
boekhouddiensten (mv.)	**servizi** (m pl) **di contabilità**	[ser'vitsi di kontabili'ta]
audit diensten (mv.)	**società** (f) **di revisione contabile**	[sotʃe'ta di revi'zone kon'tabile]

sport (de)	**sport** (m)	[sport]
supermarkt (de)	**supermercato** (m)	[supermer'kato]

televisie (de)	**televisione** (f)	[televi'zjone]
theater (het)	**teatro** (m)	[te'atro]
toerisme (het)	**viaggio** (m)	['vjadʒo]
transport (het)	**mezzi** (m pl) **di trasporto**	['meddzi di tras'porto]

postorderbedrijven (mv.)	**vendite** (f pl) **per corrispondenza**	['vendite per korrispon'dentsa]
kleding (de)	**abbigliamento** (m)	[abbiʎʎa'mento]
dierenarts (de)	**veterinario** (m)	[veteri'nario]

Baan. Business. Deel 2

118. Show. Tentoonstelling

beurs (de)	fiera (f)	['fjera]
vakbeurs, handelsbeurs (de)	fiera (f) campionaria	['fjera kampjo'naria]
deelneming (de)	partecipazione (f)	[partetʃipa'tsjone]
deelnemen (ww)	partecipare (vi)	[partetʃi'pare]
deelnemer (de)	partecipante (m)	[partetʃi'pante]
directeur (de)	direttore (m)	[diret'tore]
organisatiecomité (het)	ufficio (m) organizzativo	[uf'fitʃo organiddza'tivo]
organisator (de)	organizzatore (m)	[organiddza'tore]
organiseren (ww)	organizzare (vt)	[organid'dzare]
deelnemingsaanvraag (de)	domanda (f) di partecipazione	[do'manda di partetʃipa'tsjone]
invullen (een formulier ~)	riempire (vt)	[riem'pire]
details (mv.)	dettagli (m pl)	[det'taʎʎi]
informatie (de)	informazione (f)	[informa'tsjone]
prijs (de)	prezzo (m)	['prettso]
inclusief (bijv. ~ BTW)	incluso	[in'kluzo]
inbegrepen (alles ~)	includere (vt)	[in'kludere]
betalen (ww)	pagare (vi, vt)	[pa'gare]
registratietarief (het)	quota (f) d'iscrizione	['kwota diskri'tsjone]
ingang (de)	entrata (f)	[en'trata]
paviljoen (het), hal (de)	padiglione (m)	[padiʎ'ʎone]
registreren (ww)	registrare (vt)	[redʒi'strare]
badge, kaart (de)	tesserino (m)	[tesse'rino]
beursstand (de)	stand (m)	[stend]
reserveren (een stand ~)	prenotare, riservare	[preno'tare], [rizer'vare]
vitrine (de)	vetrina (f)	[ve'trina]
licht (het)	faretto (m)	[fa'retto]
design (het)	design (m)	[di'zajn]
plaatsen (ww)	collocare (vt)	[kollo'kare]
geplaatst zijn (ww)	collocarsi (vr)	[kollo'karsi]
distributeur (de)	distributore (m)	[distribu'tore]
leverancier (de)	fornitore (m)	[forni'tore]
leveren (ww)	fornire (vt)	[for'nire]
land (het)	paese (m)	[pa'eze]
buitenlands (bn)	straniero	[stra'njero]
product (het)	prodotto (m)	[pro'dotto]
associatie (de)	associazione (f)	[assotʃa'tsjone]

conferentiezaal (de)	sala (f) conferenze	['sala konfe'rentse]
congres (het)	congresso (m)	[kon'gresso]
wedstrijd (de)	concorso (m)	[kon'korso]

bezoeker (de)	visitatore (m)	[vizita'tore]
bezoeken (ww)	visitare (vt)	[vizi'tare]
afnemer (de)	cliente (m)	[kli'ente]

119. Massamedia

krant (de)	giornale (m)	[dʒor'nale]
tijdschrift (het)	rivista (f)	[ri'vista]
pers (gedrukte media)	stampa (f)	['stampa]
radio (de)	radio (f)	['radio]
radiostation (het)	stazione (f) radio	[sta'tsjone 'radio]
televisie (de)	televisione (f)	[televi'zjone]

presentator (de)	presentatore (m)	[prezenta'tore]
nieuwslezer (de)	annunciatore (m)	[annunʧa'tore]
commentator (de)	commentatore (m)	[kommenta'tore]

journalist (de)	giornalista (m)	[dʒorna'lista]
correspondent (de)	corrispondente (m)	[korrispon'dente]
fotocorrespondent (de)	fotocronista (m)	[fotokro'nista]
reporter (de)	cronista (m)	[kro'nista]

| redacteur (de) | redattore (m) | [redat'tore] |
| chef-redacteur (de) | redattore capo (m) | [redat'tore 'kapo] |

zich abonneren op	abbonarsi a ...	[abbo'narsi]
abonnement (het)	abbonamento (m)	[abbona'mento]
abonnee (de)	abbonato (m)	[abbo'nato]
lezen (ww)	leggere (vi, vt)	['ledʒere]
lezer (de)	lettore (m)	[let'tore]

oplage (de)	tiratura (f)	[tira'tura]
maand-, maandelijks (bn)	mensile	[men'sile]
wekelijks (bn)	settimanale	[settima'nale]
nummer (het)	numero (m)	['numero]
vers (~ van de pers)	fresco (m)	['fresko]

kop (de)	testata (f)	[te'stata]
korte artikel (het)	trafiletto (m)	[trafi'letto]
rubriek (de)	rubrica (f)	[ru'brika]
artikel (het)	articolo (m)	[ar'tikolo]
pagina (de)	pagina (f)	['padʒina]

reportage (de)	servizio (m)	[ser'vitsio]
gebeurtenis (de)	evento (m)	[e'vento]
sensatie (de)	sensazione (f)	[sensa'tsjone]
schandaal (het)	scandalo (m)	['skandalo]
schandalig (bn)	scandaloso	[skanda'lozo]
groot (~ schandaal, enz.)	enorme, grande	[e'norme], ['grande]
programma (het)	trasmissione (f)	[trazmis'sjone]

interview (het)	**intervista** (f)	[inter'vista]
live uitzending (de)	**trasmissione** (f) **in diretta**	[trazmis'sjone in di'retta]
kanaal (het)	**canale** (m)	[ka'nale]

120. Landbouw

landbouw (de)	**agricoltura** (f)	[agrikol'tura]
boer (de)	**contadino** (m)	[konta'dino]
boerin (de)	**contadina** (f)	[konta'dina]
landbouwer (de)	**fattore** (m)	[fat'tore]

| tractor (de) | **trattore** (m) | [trat'tore] |
| maaidorser (de) | **mietitrebbia** (f) | [mjeti'trebbia] |

ploeg (de)	**aratro** (m)	[a'ratro]
ploegen (ww)	**arare** (vt)	[a'rare]
akkerland (het)	**terreno** (m) **coltivato**	[ter'reno kolti'vato]
voor (de)	**solco** (m)	['solko]

zaaien (ww)	**seminare** (vt)	[semi'nare]
zaaimachine (de)	**seminatrice** (f)	[semina'tritʃe]
zaaien (het)	**semina** (f)	['semina]

| zeis (de) | **falce** (f) | ['faltʃe] |
| maaien (ww) | **falciare** (vt) | [fal'tʃare] |

| schop (de) | **pala** (f) | ['pala] |
| spitten (ww) | **scavare** (vt) | [ska'vare] |

schoffel (de)	**zappa** (f)	['tsappa]
wieden (ww)	**zappare** (vt)	[tsap'pare]
onkruid (het)	**erbaccia** (f)	[er'batʃa]

gieter (de)	**innaffiatoio** (m)	[innaffja'tojo]
begieten (water geven)	**innaffiare** (vt)	[innaf'fjare]
bewatering (de)	**innaffiamento** (m)	[innaffja'mento]

| riek, hooivork (de) | **forca** (f) | ['forka] |
| hark (de) | **rastrello** (m) | [ra'strello] |

kunstmest (de)	**concime** (m)	[kon'tʃime]
bemesten (ww)	**concimare** (vt)	[kontʃi'mare]
mest (de)	**letame** (m)	[le'tame]

veld (het)	**campo** (m)	['kampo]
wei (de)	**prato** (m)	['prato]
moestuin (de)	**orto** (m)	['orto]
boomgaard (de)	**frutteto** (m)	[frut'teto]

weiden (ww)	**pascolare** (vt)	[pasko'lare]
herder (de)	**pastore** (m)	[pa'store]
weiland (de)	**pascolo** (m)	['paskolo]
veehouderij (de)	**allevamento** (m) **di bestiame**	[alleva'mento di bes'tjame]
schapenteelt (de)	**allevamento** (m) **di pecore**	[alleva'mento di 'pekore]

plantage (de)	piantagione (f)	[pjanta'dʒone]
rijtje (het)	filare (m)	[fi'lare]
broeikas (de)	serra (f) da orto	['serra da 'orto]
droogte (de)	siccità (f)	[sitʃi'ta]
droog (bn)	secco, arido	['sekko], ['arrido]
graangewassen (mv.)	cereali (m pl)	[tʃere'ali]
oogsten (ww)	raccogliere (vt)	[rak'koʎʎere]
molenaar (de)	mugnaio (m)	[mu'ɲajo]
molen (de)	mulino (m)	[mu'lino]
malen (graan ~)	macinare (vt)	[matʃi'nare]
bloem (bijv. tarwebloem)	farina (f)	[fa'rina]
stro (het)	paglia (f)	['paʎʎa]

121. Gebouw. Bouwproces

bouwplaats (de)	cantiere (m) edile	[kan'tjere 'edile]
bouwen (ww)	costruire (vt)	[kostru'ire]
bouwvakker (de)	operaio (m) edile	[ope'rajo e'dile]
project (het)	progetto (m)	[pro'dʒetto]
architect (de)	architetto (m)	[arki'tetto]
arbeider (de)	operaio (m)	[ope'rajo]
fundering (de)	fondamenta (f pl)	[fonda'menta]
dak (het)	tetto (m)	['tetto]
heipaal (de)	palo (m) di fondazione	['palo di fonda'tsjone]
muur (de)	muro (m)	['muro]
betonstaal (het)	barre (f pl) di rinforzo	['barre di rin'fortso]
steigers (mv.)	impalcatura (f)	[impalka'tura]
beton (het)	beton (m)	[be'ton]
graniet (het)	granito (m)	[gra'nito]
steen (de)	pietra (f)	['pjetra]
baksteen (de)	mattone (m)	[mat'tone]
zand (het)	sabbia (f)	['sabbia]
cement (de/het)	cemento (m)	[tʃe'mento]
pleister (het)	intonaco (m)	[in'tonako]
pleisteren (ww)	intonacare (vt)	[intona'kare]
verf (de)	pittura (f)	[pit'tura]
verven (muur ~)	pitturare (vt)	[pittu'rare]
ton (de)	botte (f)	['botte]
kraan (de)	gru (f)	[gru]
heffen, hijsen (ww)	sollevare (vt)	[solle'vare]
neerlaten (ww)	abbassare (vt)	[abbas'sare]
bulldozer (de)	bulldozer (m)	[bulldo'dzer]
graafmachine (de)	scavatrice (f)	[skava'tritʃe]

graafbak (de)	cucchiaia (f)	[kuk'kjaja]
graven (tunnel, enz.)	scavare (vt)	[ska'vare]
helm (de)	casco (m)	['kasko]

122. Wetenschap. Onderzoek. Wetenschappers

wetenschap (de)	scienza (f)	[ʃi'entsa]
wetenschappelijk (bn)	scientifico	[ʃien'tifiko]
wetenschapper (de)	scienziato (m)	[ʃien'tsjato]
theorie (de)	teoria (f)	[teo'ria]

axioma (het)	assioma (m)	[as'sjoma]
analyse (de)	analisi (f)	[a'nalizi]
analyseren (ww)	analizzare (vt)	[analid'dzare]
argument (het)	argomento (m)	[argo'mento]
substantie (de)	sostanza (f)	[so'stantsa]

hypothese (de)	ipotesi (f)	[i'potezi]
dilemma (het)	dilemma (m)	[di'lemma]
dissertatie (de)	tesi (f)	['tezi]
dogma (het)	dogma (m)	['dogma]

doctrine (de)	dottrina (f)	[dot'trina]
onderzoek (het)	ricerca (f)	[ri'tʃerka]
onderzoeken (ww)	fare ricerche	['fare ri'tʃerke]
toetsing (de)	prova (f)	['prova]
laboratorium (het)	laboratorio (m)	[labora'torio]

methode (de)	metodo (m)	['metodo]
molecule (de/het)	molecola (f)	[mo'lekola]
monitoring (de)	monitoraggio (m)	[monito'radʒo]
ontdekking (de)	scoperta (f)	[sko'perta]

postulaat (het)	postulato (m)	[postu'lato]
principe (het)	principio (m)	[prin'tʃipjo]
voorspelling (de)	previsione (f)	[previ'zjone]
een prognose maken	fare previsioni	[fare previ'zjoni]

synthese (de)	sintesi (f)	['sintezi]
tendentie (de)	tendenza (f)	[ten'dentsa]
theorema (het)	teorema (m)	[teo'rema]

| leerstellingen (mv.) | insegnamento (m) | [inse'ɲamento] |
| feit (het) | fatto (m) | ['fatto] |

| expeditie (de) | spedizione (f) | [spedi'tsjone] |
| experiment (het) | esperimento (m) | [esperi'mento] |

academicus (de)	accademico (m)	[akka'demiko]
bachelor (bijv. BA, LLB)	laureato (m)	[laure'ato]
doctor (de)	dottore (m)	[dot'tore]
universitair docent (de)	professore (m) associato	[profes'sore assotʃi'ato]
master, magister (de)	Master (m)	['master]
professor (de)	professore (m)	[profes'sore]

Beroepen en ambachten

123. Zoeken naar werk. Ontslag

baan (de)	lavoro (m)	[la'voro]
personeel (het)	organico (m)	[or'ganiko]
carrière (de)	carriera (f)	[kar'rjera]
vooruitzichten (mv.)	prospettiva (f)	[prospet'tiva]
meesterschap (het)	abilità (f pl)	[abili'ta]
keuze (de)	selezione (f)	[sele'tsjone]
uitzendbureau (het)	agenzia (f) di collocamento	[adʒen'tsia di kolloka'mento]
CV, curriculum vitae (het)	curriculum vitae (f)	[kur'rikulum 'vite]
sollicitatiegesprek (het)	colloquio (m)	[kol'lokwio]
vacature (de)	posto (m) vacante	['posto va'kante]
salaris (het)	salario (m)	[sa'lario]
vaste salaris (het)	stipendio (m) fisso	[sti'pendio 'fisso]
loon (het)	compenso (m)	[kom'penso]
betrekking (de)	carica (f)	['karika]
taak, plicht (de)	mansione (f)	[man'sjone]
takenpakket (het)	mansioni (f pl) di lavoro	[man'sjoni di la'voro]
bezig (~ zijn)	occupato	[okku'pato]
ontslagen (ww)	licenziare (vt)	[litʃen'tsjare]
ontslag (het)	licenziamento (m)	[litʃentsja'mento]
werkloosheid (de)	disoccupazione (f)	[disokkupa'tsjone]
werkloze (de)	disoccupato (m)	[disokku'pato]
pensioen (het)	pensionamento (m)	[pensjona'mento]
met pensioen gaan	andare in pensione	[an'dare in pen'sjone]

124. Zakenmensen

directeur (de)	direttore (m)	[diret'tore]
beheerder (de)	dirigente (m)	[diri'dʒente]
hoofd (het)	capo (m)	['kapo]
baas (de)	capo (m), superiore (m)	['kapo], [supe'rjore]
superieuren (mv.)	capi (m pl)	['kapi]
president (de)	presidente (m)	[prezi'dente]
voorzitter (de)	presidente (m)	[prezi'dente]
adjunct (de)	vice (m)	['vitʃe]
assistent (de)	assistente (m)	[assi'stente]
secretaris (de)	segretario (m)	[segre'tario]

persoonlijke assistent (de)	assistente (m) personale	[assi'stente perso'nale]
zakenman (de)	uomo (m) d'affari	[u'omo daf'fari]
ondernemer (de)	imprenditore (m)	[imprendi'tore]
oprichter (de)	fondatore (m)	[fonda'tore]
oprichten	fondare (vt)	[fon'dare]
(een nieuw bedrijf ~)		

stichter (de)	socio (m)	['sotʃo]
partner (de)	partner (m)	['partner]
aandeelhouder (de)	azionista (m)	[atsio'nista]

miljonair (de)	milionario (m)	[miljo'nario]
miljardair (de)	miliardario (m)	[miljar'dario]
eigenaar (de)	proprietario (m)	[proprie'tario]
landeigenaar (de)	latifondista (m)	[latifon'dista]

klant (de)	cliente (m)	[kli'ente]
vaste klant (de)	cliente (m) abituale	[kli'ente abitu'ale]
koper (de)	compratore (m)	[kompra'tore]
bezoeker (de)	visitatore (m)	[vizita'tore]

professioneel (de)	professionista (m)	[professjo'nista]
expert (de)	esperto (m)	[e'sperto]
specialist (de)	specialista (m)	[spetʃa'lista]

bankier (de)	banchiere (m)	[baŋ'kjere]
makelaar (de)	broker (m)	['broker]

kassier (de)	cassiere (m)	[kas'sjere]
boekhouder (de)	contabile (m)	[kon'tabile]
bewaker (de)	guardia (f) giurata	['gwardia dʒu'rata]

investeerder (de)	investitore (m)	[investi'tore]
schuldenaar (de)	debitore (m)	[debi'tore]
crediteur (de)	creditore (m)	[kredi'tore]
lener (de)	mutuatario (m)	[mutua'tario]

importeur (de)	importatore (m)	[importa'tore]
exporteur (de)	esportatore (m)	[esporta'tore]

producent (de)	produttore (m)	[produt'tore]
distributeur (de)	distributore (m)	[distribu'tore]
bemiddelaar (de)	intermediario (m)	[interme'djario]

adviseur, consulent (de)	consulente (m)	[konsu'lente]
vertegenwoordiger (de)	rappresentante (m)	[rapprezen'tante]
agent (de)	agente (m)	[a'dʒente]
verzekeringsagent (de)	assicuratore (m)	[assikura'tore]

125. Dienstverlenende beroepen

kok (de)	cuoco (m)	[ku'oko]
chef-kok (de)	capocuoco (m)	[kapo·ku'oko]
bakker (de)	fornaio (m)	[for'najo]

barman (de)	barista (m)	[ba'rista]
kelner, ober (de)	cameriere (m)	[kame'rjere]
serveerster (de)	cameriera (f)	[kame'rjera]

advocaat (de)	avvocato (m)	[avvo'kato]
jurist (de)	esperto (m) legale	[e'sperto le'gale]
notaris (de)	notaio (m)	[no'tajo]

elektricien (de)	elettricista (m)	[elettri'tʃista]
loodgieter (de)	idraulico (m)	[i'drauliko]
timmerman (de)	falegname (m)	[fale'ɲame]

masseur (de)	massaggiatore (m)	[massadʒa'tore]
masseuse (de)	massaggiatrice (f)	[massadʒa'tritʃe]
dokter, arts (de)	medico (m)	['mediko]

taxichauffeur (de)	taxista (m)	[ta'ksista]
chauffeur (de)	autista (m)	[au'tista]
koerier (de)	fattorino (m)	[fatto'rino]

kamermeisje (het)	cameriera (f)	[kame'rjera]
bewaker (de)	guardia (f) giurata	['gwardia dʒu'rata]
stewardess (de)	hostess (f)	['ostess]

meester (de)	insegnante (m, f)	[inse'ɲante]
bibliothecaris (de)	bibliotecario (m)	[bibliote'kario]
vertaler (de)	traduttore (m)	[tradut'tore]
tolk (de)	interprete (m)	[in'terprete]
gids (de)	guida (f)	['gwida]

kapper (de)	parrucchiere (m)	[parruk'kjere]
postbode (de)	postino (m)	[po'stino]
verkoper (de)	commesso (m)	[kom'messo]

tuinman (de)	giardiniere (m)	[dʒardi'njere]
huisbediende (de)	domestico (m)	[do'mestiko]
dienstmeisje (het)	domestica (f)	[do'mestika]
schoonmaakster (de)	donna (f) delle pulizie	['donna 'delle puli'tsie]

126. Militaire beroepen en rangen

soldaat (rang)	soldato (m) semplice	[sol'dato 'semplitʃe]
sergeant (de)	sergente (m)	[ser'dʒente]
luitenant (de)	tenente (m)	[te'nente]
kapitein (de)	capitano (m)	[kapi'tano]

majoor (de)	maggiore (m)	[ma'dʒore]
kolonel (de)	colonnello (m)	[kolon'nello]
generaal (de)	generale (m)	[dʒene'rale]
maarschalk (de)	maresciallo (m)	[mare'ʃallo]
admiraal (de)	ammiraglio (m)	[ammi'raʎʎo]

| militair (de) | militare (m) | [mili'tare] |
| soldaat (de) | soldato (m) | [sol'dato] |

officier (de)	ufficiale (m)	[uffi'ʧale]
commandant (de)	comandante (m)	[koman'dante]

grenswachter (de)	guardia (f) di frontiera	['gwardia di fron'tjera]
marconist (de)	marconista (m)	[marko'nista]
verkenner (de)	esploratore (m)	[esplora'tore]
sappeur (de)	geniere (m)	[dʒe'njere]
schutter (de)	tiratore (m)	[tira'tore]
stuurman (de)	navigatore (m)	[naviga'tore]

127. Ambtenaren. Priesters

koning (de)	re (m)	[re]
koningin (de)	regina (f)	[re'dʒina]

prins (de)	principe (m)	['prinʧipe]
prinses (de)	principessa (f)	[prinʧi'pessa]

tsaar (de)	zar (m)	[tsar]
tsarina (de)	zarina (f)	[tsa'rina]

president (de)	presidente (m)	[prezi'dente]
minister (de)	ministro (m)	[mi'nistro]
eerste minister (de)	primo ministro (m)	['primo mi'nistro]
senator (de)	senatore (m)	[sena'tore]

diplomaat (de)	diplomatico (m)	[diplo'matiko]
consul (de)	console (m)	['konsole]
ambassadeur (de)	ambasciatore (m)	[ambaʃa'tore]
adviseur (de)	consigliere (m)	[konsiʎ'ʎere]

ambtenaar (de)	funzionario (m)	[funtsio'nario]
prefect (de)	prefetto (m)	[pre'fetto]
burgemeester (de)	sindaco (m)	['sindako]

rechter (de)	giudice (m)	['dʒudiʧe]
aanklager (de)	procuratore (m)	[prokura'tore]

missionaris (de)	missionario (m)	[missio'nario]
monnik (de)	monaco (m)	['monako]
abt (de)	abate (m)	[a'bate]
rabbi, rabbijn (de)	rabbino (m)	[rab'bino]

vizier (de)	visir (m)	[vi'zir]
sjah (de)	scià (m)	['ʃa]
sjeik (de)	sceicco (m)	[ʃe'ikko]

128. Agrarische beroepen

imker (de)	apicoltore (m)	[apikol'tore]
herder (de)	pastore (m)	[pa'store]
landbouwkundige (de)	agronomo (m)	[a'gronomo]

veehouder (de)	allevatore (m) di bestiame	[alleva'tore di bes'tjame]
dierenarts (de)	veterinario (m)	[veteri'nario]

landbouwer (de)	fattore (m)	[fat'tore]
wijnmaker (de)	vinificatore (m)	[vinifika'tore]
zoöloog (de)	zoologo (m)	[dzo'ologo]
cowboy (de)	cowboy (m)	[kaw'boj]

129. Kunst beroepen

acteur (de)	attore (m)	[at'tore]
actrice (de)	attrice (f)	[at'tritʃe]

zanger (de)	cantante (m)	[kan'tante]
zangeres (de)	cantante (f)	[kan'tante]

danser (de)	danzatore (m)	[dantsa'tore]
danseres (de)	ballerina (f)	[balle'rina]

artiest (mann.)	artista (m)	[ar'tista]
artiest (vrouw.)	artista (f)	[ar'tista]

muzikant (de)	musicista (m)	[muzi'tʃista]
pianist (de)	pianista (m)	[pia'nista]
gitarist (de)	chitarrista (m)	[kitar'rista]

orkestdirigent (de)	direttore (m) d'orchestra	[diret'tore dor'kestra]
componist (de)	compositore (m)	[kompozi'tore]
impresario (de)	impresario (m)	[impre'zario]

filmregisseur (de)	regista (m)	[re'dʒista]
filmproducent (de)	produttore (m)	[produt'tore]
scenarioschrijver (de)	sceneggiatore (m)	[ʃenedʒa'tore]
criticus (de)	critico (m)	['kritiko]

schrijver (de)	scrittore (m)	[skrit'tore]
dichter (de)	poeta (m)	[po'eta]
beeldhouwer (de)	scultore (m)	[skul'tore]
kunstenaar (de)	pittore (m)	[pit'tore]

jongleur (de)	giocoliere (m)	[dʒoko'ljere]
clown (de)	pagliaccio (m)	[paʎ'ʎatʃo]
acrobaat (de)	acrobata (m)	[a'krobata]
goochelaar (de)	prestigiatore (m)	[prestidʒa'tore]

130. Verschillende beroepen

dokter, arts (de)	medico (m)	['mediko]
ziekenzuster (de)	infermiera (f)	[infer'mjera]
psychiater (de)	psichiatra (m)	[psiki'atra]
tandarts (de)	dentista (m)	[den'tista]
chirurg (de)	chirurgo (m)	[ki'rurgo]

astronaut (de)	**astronauta** (m)	[astro'nauta]
astronoom (de)	**astronomo** (m)	[a'stronomo]
chauffeur (de)	**autista** (m)	[au'tista]
machinist (de)	**macchinista** (m)	[makki'nista]
mecanicien (de)	**meccanico** (m)	[mek'kaniko]
mijnwerker (de)	**minatore** (m)	[mina'tore]
arbeider (de)	**operaio** (m)	[ope'rajo]
bankwerker (de)	**operaio** (m) **metallurgico**	[ope'rajo metal'lurʤiko]
houtbewerker (de)	**falegname** (m)	[fale'ɲame]
draaier (de)	**tornitore** (m)	[torni'tore]
bouwvakker (de)	**operaio** (m) **edile**	[ope'rajo e'dile]
lasser (de)	**saldatore** (m)	[salda'tore]
professor (de)	**professore** (m)	[profes'sore]
architect (de)	**architetto** (m)	[arki'tetto]
historicus (de)	**storico** (m)	['storiko]
wetenschapper (de)	**scienziato** (m)	[ʃien'tsjato]
fysicus (de)	**fisico** (m)	['fiziko]
scheikundige (de)	**chimico** (m)	['kimiko]
archeoloog (de)	**archeologo** (m)	[arke'ologo]
geoloog (de)	**geologo** (m)	[ʤe'ologo]
onderzoeker (de)	**ricercatore** (m)	[riʧerka'tore]
babysitter (de)	**baby-sitter** (f)	[bebi'siter]
leraar, pedagoog (de)	**insegnante** (m, f)	[inse'ɲante]
redacteur (de)	**redattore** (m)	[redat'tore]
chef-redacteur (de)	**redattore capo** (m)	[redat'tore 'kapo]
correspondent (de)	**corrispondente** (m)	[korrispon'dente]
typiste (de)	**dattilografa** (f)	[datti'lografa]
designer (de)	**designer** (m)	[di'zajner]
computerexpert (de)	**esperto** (m) **informatico**	[e'sperto infor'matiko]
programmeur (de)	**programmatore** (m)	[programma'tore]
ingenieur (de)	**ingegnere** (m)	[inʤe'ɲere]
matroos (de)	**marittimo** (m)	[ma'rittimo]
zeeman (de)	**marinaio** (m)	[mari'najo]
redder (de)	**soccorritore** (m)	[sokkorri'tore]
brandweerman (de)	**pompiere** (m)	[pom'pjere]
politieagent (de)	**poliziotto** (m)	[poli'tsjotto]
nachtwaker (de)	**guardiano** (m)	[gwar'djano]
detective (de)	**detective** (m)	[de'tektiv]
douanier (de)	**doganiere** (m)	[doga'njere]
lijfwacht (de)	**guardia** (f) **del corpo**	['gwardia del 'korpo]
gevangenisbewaker (de)	**guardia** (f) **carceraria**	['gwardia karʧe'raria]
inspecteur (de)	**ispettore** (m)	[ispet'tore]
sportman (de)	**sportivo** (m)	[spor'tivo]
trainer (de)	**allenatore** (m)	[allena'tore]
slager, beenhouwer (de)	**macellaio** (m)	[maʧel'lajo]

schoenlapper (de)	calzolaio (m)	[kaltso'lajo]
handelaar (de)	uomo (m) d'affari	[u'omo daf'fari]
lader (de)	caricatore (m)	[karika'tore]

| kledingstilist (de) | stilista (m) | [sti'lista] |
| model (het) | modella (f) | [mo'della] |

131. Beroepen. Sociale status

| scholier (de) | scolaro (m) | [sko'laro] |
| student (de) | studente (m) | [stu'dente] |

filosoof (de)	filosofo (m)	[fi'lozofo]
econoom (de)	economista (m)	[ekono'mista]
uitvinder (de)	inventore (m)	[inven'tore]

werkloze (de)	disoccupato (m)	[disokku'pato]
gepensioneerde (de)	pensionato (m)	[pensjo'nato]
spion (de)	spia (f)	['spia]

gedetineerde (de)	detenuto (m)	[dete'nuto]
staker (de)	scioperante (m)	[ʃope'rante]
bureaucraat (de)	burocrate (m)	[bu'rokrate]
reiziger (de)	viaggiatore (m)	[vjadʒa'tore]

homoseksueel (de)	omosessuale (m)	[omosessu'ale]
hacker (computerkraker)	hacker (m)	['aker]
hippie (de)	hippy	['ippi]

bandiet (de)	bandito (m)	[ban'dito]
huurmoordenaar (de)	sicario (m)	[si'kario]
drugsverslaafde (de)	drogato (m)	[dro'gato]
drugshandelaar (de)	trafficante (m) di droga	[traffi'kante di 'droga]
prostituee (de)	prostituta (f)	[prosti'tuta]
pooier (de)	magnaccia (m)	[ma'ɲatʃa]

tovenaar (de)	stregone (m)	[stre'gone]
tovenares (de)	strega (f)	['strega]
piraat (de)	pirata (m)	[pi'rata]
slaaf (de)	schiavo (m)	['skjavo]
samoerai (de)	samurai (m)	[samu'raj]
wilde (de)	selvaggio (m)	[sel'vadʒo]

Sport

132. Soorten sporten. Sporters

sportman (de)	**sportivo** (m)	[spor'tivo]
soort sport (de/het)	**sport** (m)	[sport]
basketbal (het)	**pallacanestro** (m)	[pallaka'nestro]
basketbalspeler (de)	**cestista** (m)	[tʃes'tista]
baseball (het)	**baseball** (m)	['bejzbol]
baseballspeler (de)	**giocatore** (m) **di baseball**	[dʒoka'tore di 'bejzbol]
voetbal (het)	**calcio** (m)	['kaltʃo]
voetballer (de)	**calciatore** (m)	[kaltʃa'tore]
doelman (de)	**portiere** (m)	[por'tjere]
hockey (het)	**hockey** (m)	['okkej]
hockeyspeler (de)	**hockeista** (m)	[okke'ista]
volleybal (het)	**pallavolo** (m)	[palla'volo]
volleybalspeler (de)	**pallavolista** (m)	[pallavo'lista]
boksen (het)	**pugilato** (m)	[pudʒi'lato]
bokser (de)	**pugile** (m)	['pudʒile]
worstelen (het)	**lotta** (f)	['lotta]
worstelaar (de)	**lottatore** (m)	[lotta'tore]
karate (de)	**karate** (m)	[ka'rate]
karateka (de)	**karateka** (m)	[kara'teka]
judo (de)	**judo** (m)	['dʒudo]
judoka (de)	**judoista** (m)	[dʒudo'ista]
tennis (het)	**tennis** (m)	['tennis]
tennisspeler (de)	**tennista** (m)	[ten'nista]
zwemmen (het)	**nuoto** (m)	[nu'oto]
zwemmer (de)	**nuotatore** (m)	[nuota'tore]
schermen (het)	**scherma** (f)	['skerma]
schermer (de)	**schermitore** (m)	[skermi'tore]
schaak (het)	**scacchi** (m pl)	['skakki]
schaker (de)	**scacchista** (m)	[skak'kista]
alpinisme (het)	**alpinismo** (m)	[alpi'nizmo]
alpinist (de)	**alpinista** (m)	[alpi'nista]
hardlopen (het)	**corsa** (f)	['korsa]

renner (de)	corridore (m)	[korri'dore]
atletiek (de)	atletica (f) leggera	[a'tletika le'dʒera]
atleet (de)	atleta (m)	[a'tleta]

| paardensport (de) | ippica (f) | ['ippika] |
| ruiter (de) | fantino (m) | [fan'tino] |

kunstschaatsen (het)	pattinaggio (m) artistico	[patti'nadʒo ar'tistiko]
kunstschaatser (de)	pattinatore (m)	[pattina'tore]
kunstschaatsster (de)	pattinatrice (f)	[pattina'tritʃe]

gewichtheffen (het)	pesistica (f)	[pe'zistika]
gewichtheffer (de)	pesista (m)	[pe'zista]
autoraces (mv.)	automobilismo (m)	[automobi'lizmo]
coureur (de)	pilota (m)	[pi'lota]

| wielersport (de) | ciclismo (m) | [tʃik'lizmo] |
| wielrenner (de) | ciclista (m) | [tʃik'lista] |

verspringen (het)	salto (m) in lungo	['salto in 'lungo]
polsstokspringen (het)	salto (m) con l'asta	['salto kon 'lasta]
verspringer (de)	saltatore (m)	[salta'tore]

133. Soorten sporten. Diversen

Amerikaans voetbal (het)	football (m) americano	['futboll ameri'kano]
badminton (het)	badminton (m)	['badminton]
biatlon (de)	biathlon (m)	['biatlon]
biljart (het)	biliardo (m)	[bi'ljardo]

bobsleeën (het)	bob (m)	[bob]
bodybuilding (de)	culturismo (m)	[kultu'rizmo]
waterpolo (het)	pallanuoto (m)	[pallanu'oto]
handbal (de)	pallamano (m)	[palla'mano]
golf (het)	golf (m)	[golf]

roeisport (de)	canottaggio (m)	[kanot'tadʒo]
duiken (het)	immersione (f) subacquea	[immer'sjone su'bakvea]
langlaufen (het)	sci (m) di fondo	[ʃi di 'fondo]
tafeltennis (het)	tennis (m) da tavolo	['tennis da 'tavolo]

zeilen (het)	vela (f)	['vela]
rally (de)	rally (m)	['relli]
rugby (het)	rugby (m)	['ragbi]
snowboarden (het)	snowboard (m)	['znobord]
boogschieten (het)	tiro (m) con l'arco	['tiro kon 'larko]

134. Fitnessruimte

lange halter (de)	bilanciere (m)	[bilan'tʃere]
halters (mv.)	manubri (m pl)	[ma'nubri]
training machine (de)	attrezzo (m) sportivo	[at'trettso spor'tivo]

| hometrainer (de) | cyclette (f) | [si'klett] |
| loopband (de) | tapis roulant (m) | [ta'pi ru'lan] |

rekstok (de)	sbarra (f)	['zbarra]
brug (de) gelijke leggers	parallele (f pl)	[paral'lele]
paardsprong (de)	cavallo (m)	[ka'vallo]
mat (de)	materassino (m)	[materas'sino]

springtouw (het)	corda (f) per saltare	['korda per sal'tare]
aerobics (de)	aerobica (f)	[ae'robika]
yoga (de)	yoga (m)	['joga]

135. Hockey

hockey (het)	hockey (m)	['okkej]
hockeyspeler (de)	hockeista (m)	[okke'ista]
hockey spelen	giocare a hockey	[dʒo'kare a 'okkej]
ijs (het)	ghiaccio (m)	['gjatʃo]

puck (de)	disco (m)	['disko]
hockeystick (de)	bastone (m) da hockey	[bas'tone da 'okkej]
schaatsen (mv.)	pattini (m pl)	['pattini]

| boarding (de) | bordo (m) | ['bordo] |
| schot (het) | tiro (m) | ['tiro] |

doelman (de)	portiere (m)	[por'tjere]
goal (de)	gol (m)	[gol]
een goal scoren	segnare un gol	[se'ɲare un gol]

periode (de)	tempo (m)	['tempo]
tweede periode (de)	secondo tempo (m)	[se'kondo 'temro]
reservebank (de)	panchina (f)	[paŋ'kina]

136. Voetbal

voetbal (het)	calcio (m)	['kaltʃo]
voetballer (de)	calciatore (m)	[kaltʃa'tore]
voetbal spelen	giocare a calcio	[dʒo'kare a 'kaltʃo]

eredivisie (de)	La Prima Divisione	[la 'prima divi'zjone]
voetbalclub (de)	società (f) calcistica	[sotʃe'ta kal'tʃistika]
trainer (de)	allenatore (m)	[allena'tore]
eigenaar (de)	proprietario (m)	[proprie'tario]

team (het)	squadra (f)	['skwadra]
aanvoerder (de)	capitano (m) di squadra	[kapi'tano di 'skwadra]
speler (de)	giocatore (m)	[dʒoka'tore]
reservespeler (de)	riserva (f)	[ri'zerva]

| aanvaller (de) | attaccante (m) | [attak'kante] |
| centrale aanvaller (de) | centrocampista (m) | [tʃentro·kam'pista] |

doelpuntmaker (de)	bomber (m)	['bomber]
verdediger (de)	terzino (m)	[ter'tsino]
middenvelder (de)	mediano (m)	[me'djano]
match, wedstrijd (de)	partita (f)	[par'tita]
elkaar ontmoeten (ww)	incontrarsi (vr)	[inkon'trarsi]
finale (de)	finale (m)	[fi'nale]
halve finale (de)	semifinale (m)	[semifi'nale]
kampioenschap (het)	campionato (m)	[kampjo'nato]
helft (de)	tempo (m)	['tempo]
eerste helft (de)	primo tempo (m)	['primo 'tempo]
pauze (de)	intervallo (m)	[inter'vallo]
doel (het)	porta (f)	['porta]
doelman (de)	portiere (m)	[por'tjere]
doelpaal (de)	palo (m)	['palo]
lat (de)	traversa (f)	[tra'versa]
doelnet (het)	rete (f)	['rete]
een goal incasseren	subire un gol	[su'bire un gol]
bal (de)	pallone (m)	[pal'lone]
pass (de)	passaggio (m)	[pas'sadʒo]
schot (het), schop (de)	calcio (m), tiro (m)	['kaltʃo], ['tiro]
schieten (de bal ~)	tirare un calcio	[ti'rare un 'kaltʃo]
vrije schop (directe ~)	calcio (m) di punizione	['kaltʃo di puni'tsjone]
hoekschop, corner (de)	calcio (m) d'angolo	['kaltʃo 'dangolo]
aanval (de)	attacco (m)	[at'takko]
tegenaanval (de)	contrattacco (m)	[kontrat'takko]
combinatie (de)	combinazione (f)	[kombina'tsjone]
scheidsrechter (de)	arbitro (m)	['arbitro]
fluiten (ww)	fischiare (vi)	[fis'kjare]
fluitsignaal (het)	fischio (m)	['fiskio]
overtreding (de)	fallo (m)	['fallo]
een overtreding maken	fare un fallo	['fare un 'fallo]
uit het veld te sturen	espellere dal campo	[e'spellere dal 'kampo]
gele kaart (de)	cartellino (m) giallo	[kartel'lino 'dʒallo]
rode kaart (de)	cartellino (m) rosso	[kartel'lino 'rosso]
diskwalificatie (de)	squalifica (f)	[skwa'lifika]
diskwalificeren (ww)	squalificare (vt)	[skwalifi'kare]
strafschop, penalty (de)	rigore (m)	[ri'gore]
muur (de)	barriera (f)	[bar'rjera]
scoren (ww)	segnare (vt)	[se'ɲare]
goal (de), doelpunt (het)	gol (m)	[gol]
een goal scoren	segnare un gol	[se'ɲare un gol]
vervanging (de)	sostituzione (f)	[sostitu'tsjone]
vervangen (ov.ww.)	sostituire (vt)	[sostitu'ire]
regels (mv.)	regole (f pl)	['regole]
tactiek (de)	tattica (f)	['tattika]
stadion (het)	stadio (m)	['stadio]

tribune (de)	tribuna (f)	[tri'buna]
fan, supporter (de)	tifoso, fan (m)	[ti'fozo], [fan]
schreeuwen (ww)	gridare (vi)	[gri'dare]

scorebord (het)	tabellone (m) segnapunti	[tabel'lone seɲa'punti]
stand (~ is 3-1)	punteggio (m)	[pun'tedʒo]

nederlaag (de)	sconfitta (f)	[skon'fitta]
verliezen (ww)	perdere (vi)	['perdere]
gelijkspel (het)	pareggio (m)	[pa'redʒo]
in gelijk spel eindigen	pareggiare (vi)	[pare'dʒare]

overwinning (de)	vittoria (f)	[vit'toria]
overwinnen (ww)	vincere (vi)	['vintʃere]
kampioen (de)	campione (m)	[kam'pjone]
best (bn)	migliore	[miʎ'ʎore]
feliciteren (ww)	congratularsi (vr)	[kongratu'larsi]

commentator (de)	commentatore (m)	[kommenta'tore]
becommentariëren (ww)	commentare (vt)	[kommen'tare]
uitzending (de)	trasmissione (f)	[trazmis'sjone]

137. Alpine skiën

ski's (mv.)	sci (m pl)	[ʃi]
skiën (ww)	sciare (vi)	[ʃi'are]
skigebied (het)	stazione (f) sciistica	[sta'tsjone ʃi'istika]
skilift (de)	sciovia (f)	[ʃio'via]

skistokken (mv.)	bastoni (m pl) da sci	[bas'toni da ʃi]
helling (de)	pendio (m)	[pen'dio]
slalom (de)	slalom (m)	['zlalom]

138. Tennis. Golf

golf (het)	golf (m)	[golf]
golfclub (de)	golf club (m)	[golf klab]
golfer (de)	golfista (m)	[gol'fista]

hole (de)	buca (f)	['buka]
golfclub (de)	mazza (f) da golf	['mattsa da golf]
trolley (de)	carrello (m) da golf	[kar'rello da golf]

tennis (het)	tennis (m)	['tennis]
tennisveld (het)	campo (m) da tennis	['kampo da 'tennis]

opslag (de)	battuta (f)	[bat'tuta]
serveren, opslaan (ww)	servire (vt)	[ser'vire]

racket (het)	racchetta (f)	[rak'ketta]
net (het)	rete (f)	['rete]
bal (de)	palla (f)	['palla]

139. Schaken

schaak (het)	scacchi (m pl)	['skakki]
schaakstukken (mv.)	pezzi (m pl) degli scacchi	['pettsi 'deʎʎi 'skakki]
schaker (de)	scacchista (m)	[skak'kista]
schaakbord (het)	scacchiera (f)	[skak'kjera]
schaakstuk (het)	pezzo (m)	['pettso]
witte stukken (mv.)	Bianchi (m pl)	['bjaŋki]
zwarte stukken (mv.)	Neri (m pl)	['neri]
pion (de)	pedina (f)	[pe'dina]
loper (de)	alfiere (m)	[al'fjere]
paard (het)	cavallo (m)	[ka'vallo]
toren (de)	torre (f)	['torre]
dame, koningin (de)	regina (f)	[re'dʒina]
koning (de)	re (m)	[re]
zet (de)	mossa (m)	['mossa]
zetten (ww)	muovere (vt)	[mu'overe]
opofferen (ww)	sacrificare (vt)	[sakrifi'kare]
rokade (de)	arrocco (m)	[ar'rokko]
schaak (het)	scacco (m)	['skakko]
schaakmat (het)	scacco matto (m)	['skakko 'matto]
schaakwedstrijd (de)	torneo (m) di scacchi	[tor'neo di 'skakki]
grootmeester (de)	gran maestro (m)	[gran ma'estro]
combinatie (de)	combinazione (f)	[kombina'tsjone]
partij (de)	partita (f)	[par'tita]
dammen (de)	dama (f)	['dama]

140. Boksen

boksen (het)	pugilato (m), boxe (f)	[pudʒi'lato], [boks]
boksgevecht (het)	incontro (m)	[in'kontro]
bokswedstrijd (de)	incontro (m) di boxe	[in'kontro di boks]
ronde (de)	round (m)	['raund]
ring (de)	ring (m)	[ring]
gong (de)	gong (m)	[gong]
stoot (de)	pugno (m)	['puɲo]
knock-down (de)	knock down (m)	[nok 'daun]
knock-out (de)	knock-out (m)	[nok 'aut]
knock-out slaan (ww)	mettere knock-out	['mettere nok 'aut]
bokshandschoen (de)	guantone (m) da pugile	[gwan'tone da 'pudʒile]
referee (de)	arbitro (m)	['arbitro]
lichtgewicht (het)	peso (m) leggero	['pezo le'dʒero]
middengewicht (het)	peso (m) medio	['pezo 'medio]
zwaargewicht (het)	peso (m) massimo	['pezo 'massimo]

141. Sporten. Diversen

Olympische Spelen (mv.)	Giochi (m pl) Olimpici	['dʒoki o'limpitʃi]
winnaar (de)	vincitore (m)	[vintʃi'tore]
overwinnen (ww)	ottenere la vittoria	[otte'nere la vit'toria]
winnen (ww)	vincere (vi)	['vintʃere]
leider (de)	leader (m), capo (m)	['lider], ['kapo]
leiden (ww)	essere alla guida	['essere 'alla 'gwida]
eerste plaats (de)	primo posto (m)	['primo 'posto]
tweede plaats (de)	secondo posto (m)	[se'kondo 'posto]
derde plaats (de)	terzo posto (m)	['tertso 'posto]
medaille (de)	medaglia (f)	[me'daʎʎa]
trofee (de)	trofeo (m)	[tro'feo]
beker (de)	coppa (f)	['koppa]
prijs (de)	premio (m)	['premio]
hoofdprijs (de)	primo premio (m)	['primo 'premio]
record (het)	record (m)	['rekord]
een record breken	stabilire un record	[stabi'lire un 'rekord]
finale (de)	finale (m)	[fi'nale]
finale (bn)	finale	[fi'nale]
kampioen (de)	campione (m)	[kam'pjone]
kampioenschap (het)	campionato (m)	[kampjo'nato]
stadion (het)	stadio (m)	['stadio]
tribune (de)	tribuna (f)	[tri'buna]
fan, supporter (de)	tifoso, fan (m)	[ti'fozo], [fan]
tegenstander (de)	avversario (m)	[avver'sario]
start (de)	partenza (f)	[par'tentsa]
finish (de)	traguardo (m)	[tra'gwardo]
nederlaag (de)	sconfitta (f)	[skon'fitta]
verliezen (ww)	perdere (vt)	['perdere]
rechter (de)	arbitro (m)	['arbitro]
jury (de)	giuria (f)	[dʒu'ria]
stand (~ is 3-1)	punteggio (m)	[pun'tedʒo]
gelijkspel (het)	pareggio (m)	[pa'redʒo]
in gelijk spel eindigen	pareggiare (vi)	[pare'dʒare]
punt (het)	punto (m)	['punto]
uitslag (de)	risultato (m)	[rizul'tato]
periode (de)	tempo (m)	['tempo]
pauze (de)	intervallo (m)	[inter'vallo]
doping (de)	doping (m)	['doping]
straffen (ww)	penalizzare (vt)	[penalid'dzare]
diskwalificeren (ww)	squalificare (vt)	[skwalifi'kare]
toestel (het)	attrezzatura (f)	[attrettsa'tura]
speer (de)	giavellotto (m)	[dʒavel'lotto]

kogel (de)	**peso** (m)	['pezo]
bal (de)	**biglia** (f)	['biʎʎa]

doel (het)	**obiettivo** (m)	[objet'tivo]
schietkaart (de)	**bersaglio** (m)	[ber'saʎʎo]
schieten (ww)	**sparare** (vi)	[spa'rare]
precies (bijv. precieze schot)	**preciso**	[pre'tʃizo]

trainer, coach (de)	**allenatore** (m)	[allena'tore]
trainen (ww)	**allenare** (vt)	[alle'nare]
zich trainen (ww)	**allenarsi** (vr)	[alle'narsi]
training (de)	**allenamento** (m)	[allena'mento]

gymnastiekzaal (de)	**palestra** (f)	[pa'lestra]
oefening (de)	**esercizio** (m)	[ezer'tʃitsio]
opwarming (de)	**riscaldamento** (m)	[riskalda'mento]

Onderwijs

142. School

school (de)	scuola (f)	['skwola]
schooldirecteur (de)	direttore (m) di scuola	[diret'tore di 'skwola]

leerling (de)	allievo (m)	[al'ljevo]
leerlinge (de)	allieva (f)	[al'ljeva]
scholier (de)	scolaro (m)	[sko'laro]
scholiere (de)	scolara (f)	[sko'lara]

leren (lesgeven)	insegnare	[inse'ɲare]
studeren (bijv. een taal ~)	imparare (vt)	[impa'rare]
van buiten leren	imparare a memoria	[impa'rare a me'moria]

leren (bijv. ~ tellen)	studiare (vi)	[stu'djare]
in school zijn (schooljongen zijn)	frequentare la scuola	[frekwen'tare la 'skwola]
naar school gaan	andare a scuola	[an'dare a 'skwola]

alfabet (het)	alfabeto (m)	[alfa'beto]
vak (schoolvak)	materia (f)	[ma'teria]

klaslokaal (het)	classe (f)	['klasse]
les (de)	lezione (f)	[le'tsjone]
pauze (de)	ricreazione (f)	[rikrea'tsjone]
bel (de)	campanella (f)	[kampa'nella]
schooltafel (de)	banco (m)	['banko]
schoolbord (het)	lavagna (f)	[la'vaɲa]

cijfer (het)	voto (m)	['voto]
goed cijfer (het)	voto (m) alto	['voto 'alto]
slecht cijfer (het)	voto (m) basso	['voto 'basso]
een cijfer geven	dare un voto	['dare un 'voto]

fout (de)	errore (m)	[er'rore]
fouten maken	fare errori	['fare er'rori]
corrigeren (fouten ~)	correggere (vt)	[kor'redʒere]
spiekbriefje (het)	bigliettino (m)	[biʎʎet'tino]

huiswerk (het)	compiti (m pl)	['kompiti]
oefening (de)	esercizio (m)	[ezer'ʧitsio]

aanwezig zijn (ww)	essere presente	['essere pre'zente]
absent zijn (ww)	essere assente	['essere as'sente]
school verzuimen	mancare le lezioni	[man'kare le le'tsjoni]

bestraffen (een stout kind ~)	punire (vt)	[pu'nire]
bestraffing (de)	punizione (f)	[puni'tsjone]

gedrag (het)	comportamento (m)	[komporta'mento]
cijferlijst (de)	pagella (f)	[pa'dʒella]
potlood (het)	matita (f)	[ma'tita]
gom (de)	gomma (f) per cancellare	['gomma per kanʧel'lare]
krijt (het)	gesso (m)	['dʒesso]
pennendoos (de)	astuccio (m) portamatite	[as'tuʧo portama'tite]

boekentas (de)	cartella (f)	[kar'tella]
pen (de)	penna (f)	['penna]
schrift (de)	quaderno (m)	[kwa'derno]
leerboek (het)	manuale (m)	[manu'ale]
passer (de)	compasso (m)	[kom'passo]

| technisch tekenen (ww) | disegnare (vt) | [dize'ɲare] |
| technische tekening (de) | disegno (m) tecnico | [di'zeɲo 'tekniko] |

gedicht (het)	poesia (f)	[poe'zia]
van buiten (bw)	a memoria	[a me'moria]
van buiten leren	imparare a memoria	[impa'rare a me'moria]

vakantie (de)	vacanze (f pl) scolastiche	[va'kantse sko'lastike]
met vakantie zijn	essere in vacanza	['essere in va'kantsa]
vakantie doorbrengen	passare le vacanze	[pas'sare le va'kantse]

toets (schriftelijke ~)	prova (f) scritta	['prova 'skritta]
opstel (het)	composizione (f)	[kompozi'tsjone]
dictee (het)	dettato (m)	[det'tato]
examen (het)	esame (m)	[e'zame]
examen afleggen	sostenere un esame	[soste'neme un e'zame]
experiment (het)	esperimento (m)	[esperi'mento]

143. Hogeschool. Universiteit

academie (de)	accademia (f)	[akka'demia]
universiteit (de)	università (f)	[universi'ta]
faculteit (de)	facoltà (f)	[fakol'ta]

student (de)	studente (m)	[stu'dente]
studente (de)	studentessa (f)	[studen'tessa]
leraar (de)	docente (m, f)	[do'ʧente]

| collegezaal (de) | aula (f) | ['aula] |
| afgestudeerde (de) | diplomato (m) | [diplo'mato] |

| diploma (het) | diploma (m) | [di'ploma] |
| dissertatie (de) | tesi (f) | ['tezi] |

| onderzoek (het) | ricerca (f) | [ri'ʧerka] |
| laboratorium (het) | laboratorio (m) | [labora'torio] |

college (het)	lezione (f)	[le'tsjone]
medestudent (de)	compagno (m) di corso	[kom'paɲo di 'korso]
studiebeurs (de)	borsa (f) di studio	['borsa di 'studio]
academische graad (de)	titolo (m) accademico	['titolo akka'demiko]

144. Wetenschappen. Disciplines

wiskunde (de)	matematica (f)	[mate'matika]
algebra (de)	algebra (f)	['aldʒebra]
meetkunde (de)	geometria (f)	[dʒeome'tria]
astronomie (de)	astronomia (f)	[astrono'mia]
biologie (de)	biologia (f)	[biolo'dʒia]
geografie (de)	geografia (f)	[dʒeogra'fia]
geologie (de)	geologia (f)	[dʒeolo'dʒia]
geschiedenis (de)	storia (f)	['storia]
geneeskunde (de)	medicina (f)	[medi'tʃina]
pedagogiek (de)	pedagogia (f)	[pedago'dʒia]
rechten (mv.)	diritto (m)	[di'ritto]
fysica, natuurkunde (de)	fisica (f)	['fizika]
scheikunde (de)	chimica (f)	['kimika]
filosofie (de)	filosofia (f)	[filozo'fia]
psychologie (de)	psicologia (f)	[psikolo'dʒia]

145. Schrift. Spelling

grammatica (de)	grammatica (f)	[gram'matika]
vocabulaire (het)	lessico (m)	['lessiko]
fonetiek (de)	fonetica (f)	[fo'netika]
zelfstandig naamwoord (het)	sostantivo (m)	[sostan'tivo]
bijvoeglijk naamwoord (het)	aggettivo (m)	[adʒet'tivo]
werkwoord (het)	verbo (m)	['verbo]
bijwoord (het)	avverbio (m)	[av'verbio]
voornaamwoord (het)	pronome (m)	[pro'nome]
tussenwerpsel (het)	interiezione (f)	[interje'tsjone]
voorzetsel (het)	preposizione (f)	[prepozi'tsjone]
stam (de)	radice (f)	[ra'ditʃe]
achtervoegsel (het)	desinenza (f)	[dezi'nentsa]
voorvoegsel (het)	prefisso (m)	[pre'fisso]
lettergreep (de)	sillaba (f)	['sillaba]
achtervoegsel (het)	suffisso (m)	[suf'fisso]
nadruk (de)	accento (m)	[a'tʃento]
afkappingsteken (het)	apostrofo (m)	[a'postrofo]
punt (de)	punto (m)	['punto]
komma (de/het)	virgola (f)	['virgola]
puntkomma (de)	punto (m) e virgola	['punto e 'virgola]
dubbelpunt (de)	due punti	['due 'punti]
beletselteken (het)	puntini (m pl) di sospensione	[pun'tini di sospen'sjone]
vraagteken (het)	punto (m) interrogativo	['punto interroga'tivo]
uitroepteken (het)	punto (m) esclamativo	['punto esklama'tivo]

aanhalingstekens (mv.)	**virgolette** (f pl)	[virgo'lette]
tussen aanhalingstekens (bw)	**tra virgolette**	[tra virgo'lette]
haakjes (mv.)	**parentesi** (f pl)	[pa'rentezi]
tussen haakjes (bw)	**tra parentesi**	[tra pa'rentezi]
streepje (het)	**trattino** (m)	[trat'tino]
gedachtestreepje (het)	**lineetta** (f)	[line'etta]
spatie	**spazio** (m)	['spatsio]
(~ tussen twee woorden)		
letter (de)	**lettera** (f)	['lettera]
hoofdletter (de)	**lettera** (f) **maiuscola**	['lettera ma'juskola]
klinker (de)	**vocale** (f)	[vo'kale]
medeklinker (de)	**consonante** (f)	[konso'nante]
zin (de)	**proposizione** (f)	[propozi'tsjone]
onderwerp (het)	**soggetto** (m)	[so'dʒetto]
gezegde (het)	**predicato** (m)	[predi'kato]
regel (in een tekst)	**riga** (f)	['riga]
op een nieuwe regel (bw)	**a capo**	[a 'kapo]
alinea (de)	**capoverso** (m)	[kapo'verso]
woord (het)	**parola** (f)	[pa'rola]
woordgroep (de)	**gruppo** (m) **di parole**	['gruppo di pa'role]
uitdrukking (de)	**espressione** (f)	[espres'sjone]
synoniem (het)	**sinonimo** (m)	[si'nonimo]
antoniem (het)	**antonimo** (m)	[an'tonimo]
regel (de)	**regola** (f)	['regola]
uitzondering (de)	**eccezione** (f)	[etʃe'tsjone]
correct (bijv. ~e spelling)	**corretto**	[kor'retto]
vervoeging, conjugatie (de)	**coniugazione** (f)	[konjuga'tsjone]
verbuiging, declinatie (de)	**declinazione** (f)	[deklina'tsjone]
naamval (de)	**caso** (m) **nominativo**	['kazo nomina'tivo]
vraag (de)	**domanda** (f)	[do'manda]
onderstrepen (ww)	**sottolineare** (vt)	[sottoline'are]
stippellijn (de)	**linea** (f) **tratteggiata**	['linea tratte'dʒata]

146. Vreemde talen

taal (de)	**lingua** (f)	['lingua]
vreemd (bn)	**straniero**	[stra'njero]
vreemde taal (de)	**lingua** (f) **straniera**	['lingua stra'njera]
leren (bijv. van buiten ~)	**studiare** (vt)	[stu'djare]
studeren (Nederlands ~)	**imparare** (vt)	[impa'rare]
lezen (ww)	**leggere** (vi, vt)	['ledʒere]
spreken (ww)	**parlare** (vi, vt)	[par'lare]
begrijpen (ww)	**capire** (vt)	[ka'pire]
schrijven (ww)	**scrivere** (vi, vt)	['skrivere]
snel (bw)	**rapidamente**	[rapida'mente]

langzaam (bw)	**lentamente**	[lenta'mente]
vloeiend (bw)	**correntemente**	[korrente'mente]
regels (mv.)	**regole** (f pl)	['regole]
grammatica (de)	**grammatica** (f)	[gram'matika]
vocabulaire (het)	**lessico** (m)	['lessiko]
fonetiek (de)	**fonetica** (f)	[fo'netika]
leerboek (het)	**manuale** (m)	[manu'ale]
woordenboek (het)	**dizionario** (m)	[ditsjo'nario]
leerboek (het) voor zelfstudie	**manuale** (m) **autodidattico**	[manu'ale autodi'dattiko]
taalgids (de)	**frasario** (m)	[fra'zario]
cassette (de)	**cassetta** (f)	[kas'setta]
videocassette (de)	**videocassetta** (f)	[video·kas'setta]
CD (de)	**CD** (m)	[ʧi'di]
DVD (de)	**DVD** (m)	[divu'di]
alfabet (het)	**alfabeto** (m)	[alfa'beto]
spellen (ww)	**compitare** (vt)	[kompi'tare]
uitspraak (de)	**pronuncia** (f)	[pro'nunʧa]
accent (het)	**accento** (m)	[a'ʧento]
met een accent (bw)	**con un accento**	[kon un a'ʧento]
zonder accent (bw)	**senza accento**	['sentsa a'ʧento]
woord (het)	**vocabolo** (m)	[vo'kabolo]
betekenis (de)	**significato** (m)	[siɲifi'kato]
cursus (de)	**corso** (m)	['korso]
zich inschrijven (ww)	**iscriversi** (vr)	[is'kriversi]
leraar (de)	**insegnante** (m, f)	[inse'ɲante]
vertaling (een ~ maken)	**traduzione** (f)	[tradu'tsjone]
vertaling (tekst)	**traduzione** (f)	[tradu'tsjone]
vertaler (de)	**traduttore** (m)	[tradut'tore]
tolk (de)	**interprete** (m)	[in'terprete]
polyglot (de)	**poliglotta** (m)	[poli'glotta]
geheugen (het)	**memoria** (f)	[me'moria]

147. Sprookjesfiguren

Sinterklaas (de)	**Babbo Natale** (m)	['babbo na'tale]
Assepoester (de)	**Cenerentola** (f)	[ʧene'rentola]
zeemeermin (de)	**sirena** (f)	[si'rena]
Neptunus (de)	**Nettuno** (m)	[net'tuno]
magiër, tovenaar (de)	**mago** (m)	['mago]
goede heks (de)	**fata** (f)	['fata]
magisch (bn)	**magico**	['madʒiko]
toverstokje (het)	**bacchetta** (f) **magica**	[bak'ketta 'madʒika]
sprookje (het)	**fiaba** (f), **favola** (f)	['fjaba], ['favola]
wonder (het)	**miracolo** (m)	[mi'rakolo]

dwerg (de)	nano (m)	['nano]
veranderen in ... (anders worden)	trasformarsi in ...	[trasfor'marsi in]

geest (de)	fantasma (m)	[fan'tazma]
spook (het)	spettro (m)	['spettro]
monster (het)	mostro (m)	['mostro]
draak (de)	drago (m)	['drago]
reus (de)	gigante (m)	[dʒi'gante]

148. Dierenriem

Ram (de)	Ariete (m)	[a'rjete]
Stier (de)	Toro (m)	['toro]
Tweelingen (mv.)	Gemelli (m pl)	[dʒe'melli]
Kreeft (de)	Cancro (m)	['kankro]
Leeuw (de)	Leone (m)	[le'one]
Maagd (de)	Vergine (f)	['verdʒine]

Weegschaal (de)	Bilancia (f)	[bi'lantʃa]
Schorpioen (de)	Scorpione (m)	[skor'pjone]
Boogschutter (de)	Sagittario (m)	[sadʒit'tario]
Steenbok (de)	Capricorno (m)	[kapri'korno]
Waterman (de)	Acquario (m)	[a'kwario]
Vissen (mv.)	Pesci (m pl)	['peʃi]

karakter (het)	carattere (m)	[ka'rattere]
karaktertrekken (mv.)	tratti (m pl) del carattere	['tratti del ka'rattere]
gedrag (het)	comportamento (m)	[komporta'mento]
waarzeggen (ww)	predire il futuro	[pre'dire il fu'turo]
waarzegster (de)	cartomante (f)	[karto'mante]
horoscoop (de)	oroscopo (m)	[o'roskopo]

Kunst

149. Theater

theater (het)	teatro (m)	[te'atro]
opera (de)	opera (f)	['opera]
operette (de)	operetta (f)	[ope'retta]
ballet (het)	balletto (m)	[bal'letto]
affiche (de/het)	cartellone (m)	[kartel'lone]
theatergezelschap (het)	compagnia (f) teatrale	[kompa'ɲia tea'trale]
tournee (de)	tournée (f)	[tur'ne]
op tournee zijn	andare in tournée	[an'dare in tur'ne]
repeteren (ww)	fare le prove	['fare le 'prove]
repetitie (de)	prova (f)	['prova]
repertoire (het)	repertorio (m)	[reper'torio]
voorstelling (de)	rappresentazione (f)	[rapprezenta'tsjone]
spektakel (het)	spettacolo (m)	[spet'takolo]
toneelstuk (het)	opera (f) teatrale	['opera tea'trale]
biljet (het)	biglietto (m)	[biʎ'ʎetto]
kassa (de)	botteghino (m)	[botte'gino]
foyer (de)	hall (f)	[oll]
garderobe (de)	guardaroba (f)	[gwarda'roba]
garderobe nummer (het)	cartellino (m) del guardaroba	[kartel'lino del gwarda'roba]
verrekijker (de)	binocolo (m)	[bi'nokolo]
plaatsaanwijzer (de)	maschera (f)	['maskera]
parterre (de)	platea (f)	['platea]
balkon (het)	balconata (f)	[balko'nata]
gouden rang (de)	prima galleria (f)	['prima galle'ria]
loge (de)	palco (m)	['palko]
rij (de)	fila (f)	['fila]
plaats (de)	posto (m)	['posto]
publiek (het)	pubblico (m)	['pubbliko]
kijker (de)	spettatore (m)	[spetta'tore]
klappen (ww)	battere le mani	['battere le 'mani]
applaus (het)	applauso (m)	[app'lauzo]
ovatie (de)	ovazione (f)	[ova'tsjone]
toneel (op het ~ staan)	palcoscenico (m)	[palko'ʃeniko]
gordijn, doek (het)	sipario (m)	[si'pario]
toneeldecor (het)	scenografia (f)	[ʃenogra'fia]
backstage (de)	quinte (f pl)	['kwinte]
scène (de)	scena (f)	['ʃena]
bedrijf (het)	atto (m)	['atto]
pauze (de)	intervallo (m)	[inter'vallo]

150. Bioscoop

acteur (de)	attore (m)	[at'tore]
actrice (de)	attrice (f)	[at'tritʃe]
bioscoop (de)	cinema (m)	['tʃinema]
speelfilm (de)	film (m)	[film]
aflevering (de)	puntata (f)	[pun'tata]
detectivefilm (de)	film (m) giallo	[film 'dʒallo]
actiefilm (de)	film (m) d'azione	[film da'tsjone]
avonturenfilm (de)	film (m) d'avventure	[film davven'ture]
sciencefictionfilm (de)	film (m) di fantascienza	['film de fanta'ʃentsa]
griezelfilm (de)	film (m) d'orrore	[film dor'rore]
komedie (de)	film (m) comico	[film 'komiko]
melodrama (het)	melodramma (m)	[melo'dramma]
drama (het)	dramma (m)	['dramma]
speelfilm (de)	film (m) a soggetto	[film a so'dʒetto]
documentaire (de)	documentario (m)	[dokumen'tario]
tekenfilm (de)	cartoni (m pl) animati	[kar'toni ani'mati]
stomme film (de)	cinema (m) muto	['tʃinema 'muto]
rol (de)	parte (f)	['parte]
hoofdrol (de)	parte (f) principale	['parte printʃi'pale]
spelen (ww)	recitare (vi, vt)	[retʃi'tare]
filmster (de)	star (f), stella (f)	[star], ['stella]
bekend (bn)	noto	['noto]
beroemd (bn)	famoso	[fa'mozo]
populair (bn)	popolare	[popo'lare]
scenario (het)	sceneggiatura (m)	[ʃenedʒa'tura]
scenarioschrijver (de)	sceneggiatore (m)	[ʃenedʒa'tore]
regisseur (de)	regista (m)	[re'dʒista]
filmproducent (de)	produttore (m)	[produt'tore]
assistent (de)	assistente (m)	[assi'stente]
cameraman (de)	cameraman (m)	[kamera'men]
stuntman (de)	cascatore (m)	[kaska'tore]
stuntdubbel (de)	controfigura (f)	[kontrofi'gura]
een film maken	girare un film	[dʒi'rare un film]
auditie (de)	provino (m)	[pro'vino]
opnamen (mv.)	ripresa (f)	[ri'preza]
filmploeg (de)	troupe (f) cinematografica	[trup tʃinemato'grafika]
filmset (de)	set (m)	[set]
filmcamera (de)	cinepresa (f)	[tʃine'preza]
bioscoop (de)	cinema (m)	['tʃinema]
scherm (het)	schermo (m)	['skermo]
een film vertonen	proiettare un film	[projet'tare un film]
geluidsspoor (de)	colonna (f) sonora	[ko'lonna so'nora]
speciale effecten (mv.)	effetti (m pl) speciali	[ef'fetti spe'tʃali]

ondertiteling (de)	sottotitoli (m pl)	[sotto'titoli]
voortiteling, aftiteling (de)	titoli (m pl) di coda	['titoli di 'koda]
vertaling (de)	traduzione (f)	[tradu'tsjone]

151. Schilderij

kunst (de)	arte (f)	['arte]
schone kunsten (mv.)	belle arti (f pl)	['belle 'arti]
kunstgalerie (de)	galleria (f) d'arte	[galle'ria 'darte]
kunsttentoonstelling (de)	mostra (f)	['mostra]

schilderkunst (de)	pittura (f)	[pit'tura]
grafiek (de)	grafica (f)	['grafika]
abstracte kunst (de)	astrattismo (m)	[astrat'tizmo]
impressionisme (het)	impressionismo (m)	[impressio'nizmo]

schilderij (het)	quadro (m)	['kwadro]
tekening (de)	disegno (m)	[di'zeɲo]
poster (de)	cartellone (m)	[kartel'lone]

illustratie (de)	illustrazione (f)	[illustra'tsjone]
miniatuur (de)	miniatura (f)	[minia'tura]
kopie (de)	copia (f)	['kopia]
reproductie (de)	riproduzione (f)	[riprodu'tsjone]

mozaïek (het)	mosaico (m)	[mo'zaiko]
gebrandschilderd glas (het)	vetrata (f)	[ve'trata]
fresco (het)	affresco (m)	[af'fresko]
gravure (de)	incisione (f)	[intʃi'zjone]

buste (de)	busto (m)	['busto]
beeldhouwwerk (het)	scultura (f)	[skul'tura]
beeld (bronzen ~)	statua (f)	['statua]
gips (het)	gesso (m)	['dʒesso]
gipsen (bn)	in gesso	[in 'dʒesso]

portret (het)	ritratto (m)	[ri'tratto]
zelfportret (het)	autoritratto (m)	[autori'tratto]
landschap (het)	paesaggio (m)	[pae'zadʒo]
stilleven (het)	natura (f) morta	[na'tura 'morta]
karikatuur (de)	caricatura (f)	[karika'tura]
schets (de)	abbozzo (m)	[ab'bottso]

verf (de)	colore (m)	[ko'lore]
aquarel (de)	acquerello (m)	[akwe'rello]
olieverf (de)	olio (m)	['oljo]
potlood (het)	matita (f)	[ma'tita]
Oost-Indische inkt (de)	inchiostro (m) di china	[in'kjostro di 'kina]
houtskool (de)	carbone (m)	[kar'bone]

tekenen (met krijt)	disegnare (vt)	[dize'ɲare]
schilderen (ww)	dipingere (vt)	[di'pindʒere]
poseren (ww)	posare (vi)	[po'zare]
naaktmodel (man)	modello (m)	[mo'dello]

naaktmodel (vrouw)	modella (f)	[mo'della]
kunstenaar (de)	pittore (m)	[pit'tore]
kunstwerk (het)	opera (f) d'arte	['opera 'darte]
meesterwerk (het)	capolavoro (m)	[kapo·la'voro]
studio, werkruimte (de)	laboratorio (m)	[labora'torio]

schildersdoek (het)	tela (f)	['tela]
schildersezel (de)	cavalletto (m)	[kaval'letto]
palet (het)	tavolozza (f)	[tavo'lottsa]

lijst (een vergulde ~)	cornice (f)	[kor'nitʃe]
restauratie (de)	restauro (m)	[re'stauro]
restaureren (ww)	restaurare (vt)	[restau'rare]

152. Literatuur & Poëzie

literatuur (de)	letteratura (f)	[lettera'tura]
auteur (de)	autore (m)	[au'tore]
pseudoniem (het)	pseudonimo (m)	[pseu'donimo]

boek (het)	libro (m)	['libro]
boekdeel (het)	volume (m)	[vo'lume]
inhoudsopgave (de)	sommario (m), indice (m)	[som'mario], ['inditʃe]
pagina (de)	pagina (f)	['padʒina]
hoofdpersoon (de)	protagonista (m)	[protago'nista]
handtekening (de)	autografo (m)	[au'tografo]

verhaal (het)	racconto (m)	[rak'konto]
novelle (de)	romanzo (m) breve	[ro'mandzo 'breve]
roman (de)	romanzo (m)	[ro'mandzo]
werk (literatuur)	opera (f)	['opera]
fabel (de)	favola (f)	['favola]
detectiveroman (de)	giallo (m)	['dʒallo]

gedicht (het)	verso (m)	['verso]
poëzie (de)	poesia (f)	[poe'zia]
epos (het)	poema (m)	[po'ema]
dichter (de)	poeta (m)	[po'eta]

fictie (de)	narrativa (f)	[narra'tiva]
sciencefiction (de)	fantascienza (f)	[fanta'ʃentsa]
avonturenroman (de)	avventure (f pl)	[avven'ture]
opvoedkundige literatuur (de)	letteratura (f) formativa	[lettera'tura forma'tiva]
kinderliteratuur (de)	libri (m pl) per l'infanzia	['libri per lin'fansia]

153. Circus

circus (de/het)	circo (m)	['tʃirko]
chapiteau circus (de/het)	tendone (m) del circo	[ten'done del 'tʃirko]
programma (het)	programma (m)	[pro'gramma]
voorstelling (de)	spettacolo (m)	[spet'takolo]
nummer (circus ~)	numero (m)	['numero]

arena (de)	**arena** (f)	[a'rena]
pantomime (de)	**pantomima** (m)	[panto'mima]
clown (de)	**pagliaccio** (m)	[paʎ'ʎatʃo]
acrobaat (de)	**acrobata** (m)	[a'krobata]
acrobatiek (de)	**acrobatica** (f)	[akro'batika]
gymnast (de)	**ginnasta** (m)	[dʒin'nasta]
gymnastiek (de)	**ginnastica** (m)	[dʒin'nastika]
salto (de)	**salto** (m) **mortale**	['salto mor'tale]
sterke man (de)	**forzuto** (m)	[for'tsuto]
temmer (de)	**domatore** (m)	[doma'tore]
ruiter (de)	**cavallerizzo** (m)	[kavalle'riddzo]
assistent (de)	**assistente** (m)	[assi'stente]
stunt (de)	**acrobazia** (f)	[akroba'tsia]
goocheltruc (de)	**gioco** (m) **di prestigio**	['dʒoko di pre'stidʒo]
goochelaar (de)	**prestigiatore** (m)	[prestidʒa'tore]
jongleur (de)	**giocoliere** (m)	[dʒoko'ljere]
jongleren (ww)	**giocolare** (vi)	[dʒoko'lare]
dierentrainer (de)	**ammaestratore** (m)	[ammaestra'tore]
dressuur (de)	**ammaestramento** (m)	[ammaestra'mento]
dresseren (ww)	**ammaestrare** (vt)	[ammae'strare]

154. Muziek. Popmuziek

muziek (de)	**musica** (f)	['muzika]
muzikant (de)	**musicista** (m)	[muzi'tʃista]
muziekinstrument (het)	**strumento** (m) **musicale**	[stru'mento muzi'kale]
spelen (bijv. gitaar ~)	**suonare ...**	[suo'nare]
gitaar (de)	**chitarra** (f)	[ki'tarra]
viool (de)	**violino** (m)	[vio'lino]
cello (de)	**violoncello** (m)	[violon'tʃello]
contrabas (de)	**contrabbasso** (m)	[kontrab'basso]
harp (de)	**arpa** (f)	['arpa]
piano (de)	**pianoforte** (m)	[pjano'forte]
vleugel (de)	**pianoforte** (m) **a coda**	[pjano'forte a 'koda]
orgel (het)	**organo** (m)	['organo]
blaasinstrumenten (mv.)	**strumenti** (m pl) **a fiato**	[stru'menti a 'fjato]
hobo (de)	**oboe** (m)	['oboe]
saxofoon (de)	**sassofono** (m)	[sas'sofono]
klarinet (de)	**clarinetto** (m)	[klari'netto]
fluit (de)	**flauto** (m)	['flauto]
trompet (de)	**tromba** (f)	['tromba]
accordeon (de/het)	**fisarmonica** (f)	[fizar'monika]
trommel (de)	**tamburo** (m)	[tam'buro]
duet (het)	**duetto** (m)	[du'etto]
trio (het)	**trio** (m)	['trio]

kwartet (het)	quartetto (m)	[kwar'tetto]
koor (het)	coro (m)	['koro]
orkest (het)	orchestra (f)	[or'kestra]

popmuziek (de)	musica (f) pop	['muzika pop]
rockmuziek (de)	musica (f) rock	['muzika rok]
rockgroep (de)	gruppo (m) rock	['gruppo rok]
jazz (de)	jazz (m)	[dʒaz]

idool (het)	idolo (m)	['idolo]
bewonderaar (de)	ammiratore (m)	[ammira'tore]

concert (het)	concerto (m)	[kon'tʃerto]
symfonie (de)	sinfonia (f)	[sinfo'nia]
compositie (de)	composizione (f)	[kompozi'tsjone]
componeren (muziek ~)	comporre (vt)	[kom'porre]

zang (de)	canto (m)	['kanto]
lied (het)	canzone (f)	[kan'tsone]
melodie (de)	melodia (f)	[melo'dia]
ritme (het)	ritmo (m)	['ritmo]
blues (de)	blues (m)	[bluz]

bladmuziek (de)	note (f pl)	['note]
dirigeerstok (baton)	bacchetta (f)	[bak'ketta]
strijkstok (de)	arco (m)	['arko]
snaar (de)	corda (f)	['korda]
koffer (de)	custodia (f)	[ku'stodia]

Rusten. Entertainment. Reizen

155. Trip. Reizen

toerisme (het)	turismo (m)	[tu'rizmo]
toerist (de)	turista (m)	[tu'rista]
reis (de)	viaggio (m)	['vjadʒo]
avontuur (het)	avventura (f)	[avven'tura]
tocht (de)	viaggio (m)	['vjadʒo]
vakantie (de)	vacanza (f)	[va'kantsa]
met vakantie zijn	essere in vacanza	['essere in va'kantsa]
rust (de)	riposo (m)	[ri'pozo]
trein (de)	treno (m)	['treno]
met de trein	in treno	[in 'treno]
vliegtuig (het)	aereo (m)	[a'ereo]
met het vliegtuig	in aereo	[in a'ereo]
met de auto	in macchina	[in 'makkina]
per schip (bw)	in nave	[in 'nave]
bagage (de)	bagaglio (m)	[ba'gaʎʎo]
valies (de)	valigia (f)	[va'lidʒa]
bagagekarretje (het)	carrello (m)	[kar'rello]
paspoort (het)	passaporto (m)	[passa'porto]
visum (het)	visto (m)	['visto]
kaartje (het)	biglietto (m)	[biʎ'ʎetto]
vliegticket (het)	biglietto (m) aereo	[biʎ'ʎetto a'ereo]
reisgids (de)	guida (f)	['gwida]
kaart (de)	carta (f) geografica	['karta dʒeo'grafika]
gebied (landelijk ~)	località (f)	[lokali'ta]
plaats (de)	luogo (m)	[lu'ogo]
exotische bestemming (de)	ogetti (m pl) esotici	[o'dʒetti e'zotitʃi]
exotisch (bn)	esotico	[e'zotiko]
verwonderlijk (bn)	sorprendente	[sorpren'dente]
groep (de)	gruppo (m)	['gruppo]
rondleiding (de)	escursione (f)	[eskur'sjone]
gids (de)	guida (f)	['gwida]

156. Hotel

hotel (het)	albergo, hotel (m)	[al'bergo], [o'tel]
motel (het)	motel (m)	[mo'tel]
3-sterren	tre stelle	[tre 'stelle]

5-sterren	cinque stelle	['tʃinkwe 'stelle]
overnachten (ww)	alloggiare (vi)	[allo'dʒare]
kamer (de)	camera (f)	['kamera]
eenpersoonskamer (de)	camera (f) singola	['kamera 'singola]
tweepersoonskamer (de)	camera (f) doppia	['kamera 'doppia]
een kamer reserveren	prenotare una camera	[preno'tare 'una 'kamera]
halfpension (het)	mezza pensione (f)	['meddza pen'sjone]
volpension (het)	pensione (f) completa	[pen'sjone kom'pleta]
met badkamer	con bagno	[kon 'baɲo]
met douche	con doccia	[kon 'dotʃa]
satelliet-tv (de)	televisione (f) satellitare	[televi'zjone satelli'tare]
airconditioner (de)	condizionatore (m)	[konditsiona'tore]
handdoek (de)	asciugamano (m)	[aʃuga'mano]
sleutel (de)	chiave (f)	['kjave]
administrateur (de)	amministratore (m)	[amministra'tore]
kamermeisje (het)	cameriera (f)	[kame'rjera]
piccolo (de)	portabagagli (m)	[porta·ba'gaʎʎi]
portier (de)	portiere (m)	[por'tjere]
restaurant (het)	ristorante (m)	[risto'rante]
bar (de)	bar (m)	[bar]
ontbijt (het)	colazione (f)	[kola'tsjone]
avondeten (het)	cena (f)	['tʃena]
buffet (het)	buffet (m)	[buf'fe]
hal (de)	hall (f)	[oll]
lift (de)	ascensore (m)	[aʃen'sore]
NIET STOREN	NON DISTURBARE	[non distur'bare]
VERBODEN TE ROKEN!	VIETATO FUMARE!	[vje'tato fu'mare]

157. Boeken. Lezen

boek (het)	libro (m)	['libro]
auteur (de)	autore (m)	[au'tore]
schrijver (de)	scrittore (m)	[skrit'tore]
schrijven (een boek)	scrivere (vi, vt)	['skrivere]
lezer (de)	lettore (m)	[let'tore]
lezen (ww)	leggere (vi, vt)	['ledʒere]
lezen (het)	lettura (f)	[let'tura]
stil (~ lezen)	in silenzio	[in si'lentsio]
hardop (~ lezen)	ad alta voce	[ad 'alta 'votʃe]
uitgeven (boek ~)	pubblicare (vt)	[pubbli'kare]
uitgeven (het)	pubblicazione (f)	[publika'tsjone]
uitgever (de)	editore (m)	[edi'tore]
uitgeverij (de)	casa (f) editrice	['kaza edi'tritʃe]
verschijnen (bijv. boek)	uscire (vi)	[u'ʃire]

verschijnen (het)	**uscita** (f)	[u'ʃita]
oplage (de)	**tiratura** (f)	[tira'tura]
boekhandel (de)	**libreria** (f)	[libre'ria]
bibliotheek (de)	**biblioteca** (f)	[biblio'teka]
novelle (de)	**romanzo** (m) **breve**	[ro'mandzo 'breve]
verhaal (het)	**racconto** (m)	[rak'konto]
roman (de)	**romanzo** (m)	[ro'mandzo]
detectiveroman (de)	**giallo** (m)	['dʒallo]
memoires (mv.)	**memorie** (f pl)	[me'morie]
legende (de)	**leggenda** (f)	[le'dʒenda]
mythe (de)	**mito** (m)	['mito]
gedichten (mv.)	**poesia** (f), **versi** (m pl)	[poe'zia], ['versi]
autobiografie (de)	**autobiografia** (f)	[auto·biogra'fia]
bloemlezing (de)	**opere** (f pl) **scelte**	['opere 'ʃelte]
sciencefiction (de)	**fantascienza** (f)	[fanta'ʃentsa]
naam (de)	**titolo** (m)	['titolo]
inleiding (de)	**introduzione** (f)	[introdu'tsjone]
voorblad (het)	**frontespizio** (m)	[fronte'spitsio]
hoofdstuk (het)	**capitolo** (m)	[ka'pitolo]
fragment (het)	**frammento** (m)	[fram'mento]
episode (de)	**episodio** (m)	[epi'zodio]
intrige (de)	**soggetto** (m)	[so'dʒetto]
inhoud (de)	**contenuto** (m)	[konte'nuto]
inhoudsopgave (de)	**sommario** (m)	[som'mario]
hoofdpersonage (het)	**protagonista** (m)	[protago'nista]
boekdeel (het)	**volume** (m)	[vo'lume]
omslag (de/het)	**copertina** (f)	[koper'tina]
boekband (de)	**rilegatura** (f)	[rilega'tura]
bladwijzer (de)	**segnalibro** (m)	[seɲa'libro]
pagina (de)	**pagina** (f)	['padʒina]
bladeren (ww)	**sfogliare** (vt)	[sfoʎ'ʎare]
marges (mv.)	**margini** (m pl)	['mardʒini]
annotatie (de)	**annotazione** (f)	[annota'tsjone]
opmerking (de)	**nota** (f)	['nota]
tekst (de)	**testo** (m)	['testo]
lettertype (het)	**carattere** (m)	[ka'rattere]
drukfout (de)	**refuso** (m)	[re'fuzo]
vertaling (de)	**traduzione** (f)	[tradu'tsjone]
vertalen (ww)	**tradurre** (vt)	[tra'durre]
origineel (het)	**originale** (m)	[oridʒi'nale]
beroemd (bn)	**famoso**	[fa'mozo]
onbekend (bn)	**sconosciuto**	[skono'ʃuto]
interessant (bn)	**interessante**	[interes'sante]
bestseller (de)	**best seller** (m)	[best 'seller]

woordenboek (het)	dizionario (m)	[ditsjo'nario]
leerboek (het)	manuale (m)	[manu'ale]
encyclopedie (de)	enciclopedia (f)	[entʃiklope'dia]

158. Jacht. Vissen

jacht (de)	caccia (f)	['katʃa]
jagen (ww)	cacciare (vt)	[ka'tʃare]
jager (de)	cacciatore (m)	[katʃa'tore]
schieten (ww)	sparare (vi)	[spa'rare]
geweer (het)	fucile (m)	[fu'tʃile]
patroon (de)	cartuccia (f)	[kar'tutʃa]
hagel (de)	pallini (m pl)	[pal'lini]
val (de)	tagliola (f)	[taʎ'ʎoʎa]
valstrik (de)	trappola (f)	['trappola]
in de val trappen	cadere in trappola	[ka'dere in 'trappola]
een val zetten	tendere una trappola	['tendere 'una 'trappola]
stroper (de)	bracconiere (m)	[brakko'njere]
wild (het)	cacciagione (m)	[katʃa'dʒone]
jachthond (de)	cane (m) da caccia	['kane da 'katʃa]
safari (de)	safari (m)	[sa'fari]
opgezet dier (het)	animale (m) impagliato	[ani'male impaʎ'ʎato]
visser (de)	pescatore (m)	[peska'tore]
visvangst (de)	pesca (f)	['peska]
vissen (ww)	pescare (vi)	[pe'skare]
hengel (de)	canna (f) da pesca	['kanna da 'peska]
vislijn (de)	lenza (f)	['lentsa]
haak (de)	amo (m)	['amo]
dobber (de)	galleggiante (m)	[galle'dʒante]
aas (het)	esca (f)	['eska]
de hengel uitwerpen	lanciare la canna	[lan'tʃare la 'kanna]
bijten (ov. de vissen)	abboccare (vi)	[abbok'kare]
vangst (de)	pescato (m)	[pe'skato]
wak (het)	buco (m) nel ghiaccio	['buko nel 'gjatʃo]
net (het)	rete (f)	['rete]
boot (de)	barca (f)	['barka]
vissen met netten	prendere con la rete	['prendere kon la 'rete]
het net uitwerpen	gettare la rete	[dʒet'tare la 'rete]
het net binnenhalen	tirare le reti	[ti'rare le 'reti]
in het net vallen	cadere nella rete	[ka'dere 'nella 'rete]
walvisvangst (de)	baleniere (m)	[bale'njere]
walvisvaarder (de)	baleniera (f)	[bale'njera]
harpoen (de)	rampone (m)	[ram'pone]

159. Spellen. Biljart

biljart (het)	**biliardo** (m)	[bi'ljardo]
biljartzaal (de)	**sala** (f) **da biliardo**	['sala da bi'ljardo]
biljartbal (de)	**bilia** (f)	['bilia]
een bal in het gat jagen	**imbucare** (vt)	[imbu'kare]
keu (de)	**stecca** (f) **da biliardo**	['stekka da bi'ljardo]
gat (het)	**buca** (f)	['buka]

160. Spellen. Speelkaarten

ruiten (mv.)	**quadri** (m pl)	['kwadri]
schoppen (mv.)	**picche** (f pl)	['pikke]
klaveren (mv.)	**cuori** (m pl)	[ku'ori]
harten (mv.)	**fiori** (m pl)	['fjori]
aas (de)	**asso** (m)	['asso]
koning (de)	**re** (m)	[re]
dame (de)	**donna** (f)	['donna]
boer (de)	**fante** (m)	['fante]
speelkaart (de)	**carta** (f) **da gioco**	['karta da 'dʒoko]
kaarten (mv.)	**carte** (f pl)	['karte]
troef (de)	**briscola** (f)	['briskola]
pak (het) kaarten	**mazzo** (m) **di carte**	['mattso di 'karte]
punt (bijv. vijftig ~en)	**punto** (m)	['punto]
uitdelen (kaarten ~)	**dare le carte**	['dare le 'karte]
schudden (de kaarten ~)	**mescolare** (vt)	[mesko'lare]
beurt (de)	**turno** (m)	['turno]
valsspeler (de)	**baro** (m)	['baro]

161. Casino. Roulette

casino (het)	**casinò** (m)	[kazi'no]
roulette (de)	**roulette** (f)	[ru'lett]
inzet (de)	**puntata** (f)	[pun'tata]
een bod doen	**puntare su ...**	[pun'tare su]
rood (de)	**rosso**	['rosso]
zwart (de)	**nero** (m)	['nero]
inzetten op rood	**puntare sul rosso**	[pun'tare sul 'rosso]
inzetten op zwart	**puntare sul nero**	[pun'tare sul 'nero]
croupier (de)	**croupier** (m)	[kru'pje]
de cilinder draaien	**far girare la ruota**	[far dʒi'rare la ru'ota]
spelregels (mv.)	**regole** (f pl) **del gioco**	['regole del 'dʒoko]
fiche (pokerfiche, etc.)	**fiche** (f)	[fiʃ]
winnen (ww)	**vincere** (vi, vt)	['vintʃere]
winst (de)	**vincita** (f)	['vintʃita]

verliezen (ww)	perdere (vt)	['perdere]
verlies (het)	perdita (f)	['perdita]

speler (de)	giocatore (m)	[dʒoka'tore]
blackjack (kaartspel)	black jack (m)	[blek 'dʒek]
dobbelspel (het)	gioco (m) dei dadi	['dʒoko dei 'dadi]
dobbelstenen (mv.)	dadi (m pl)	['dadi]
speelautomaat (de)	slot machine (f)	[zlot ma'ʃin]

162. Rusten. Spellen. Diversen

wandelen (on.ww.)	passeggiare (vi)	[passe'dʒare]
wandeling (de)	passeggiata (f)	[passe'dʒata]
trip (per auto)	gita (f)	['dʒita]
avontuur (het)	avventura (f)	[avven'tura]
picknick (de)	picnic (m)	['piknik]

spel (het)	gioco (m)	['dʒoko]
speler (de)	giocatore (m)	[dʒoka'tore]
partij (de)	partita (f)	[par'tita]

collectioneur (de)	collezionista (m)	[kolletsjo'nista]
collectioneren (ww)	collezionare (vt)	[kolletsio'nare]
collectie (de)	collezione (f)	[kolle'tsjone]

kruiswoordraadsel (het)	cruciverba (m)	[krutʃi'verba]
hippodroom (de)	ippodromo (m)	[ip'podromo]
discotheek (de)	discoteca (f)	[disko'teka]

sauna (de)	sauna (f)	['sauna]
loterij (de)	lotteria (f)	[lotte'ria]

trektocht (kampeertocht)	campeggio (m)	[kam'pedʒo]
kamp (het)	campo (m)	['kampo]
tent (de)	tenda (f) da campeggio	['tenda da kam'pedʒo]
kompas (het)	bussola (f)	['bussola]
rugzaktoerist (de)	campeggiatore (m)	[kampedʒa'tore]

bekijken (een film ~)	guardare (vt)	[gwar'dare]
kijker (televisie~)	telespettatore (m)	[telespetta'tore]
televisie-uitzending (de)	trasmissione (f)	[trazmis'sjone]

163. Fotografie

fotocamera (de)	macchina (f) fotografica	['makkina foto'grafika]
foto (de)	fotografia (f)	[fotogra'fia]

fotograaf (de)	fotografo (m)	[fo'tografo]
fotostudio (de)	studio (m) fotografico	['studio foto'grafiko]
fotoalbum (het)	album (m) di fotografie	['album di fotogra'fie]
lens (de), objectief (het)	obiettivo (m)	[objet'tivo]
telelens (de)	teleobiettivo (m)	[teleobjet'tivo]

filter (de/het)	**filtro** (m)	['filtro]
lens (de)	**lente** (f)	['lente]

optiek (de)	**ottica** (f)	['ottika]
diafragma (het)	**diaframma** (m)	[dia'framma]
belichtingstijd (de)	**tempo** (m) **di esposizione**	['tempo di espozi'tsjone]
zoeker (de)	**mirino** (m)	[mi'rino]

digitale camera (de)	**fotocamera** (f) **digitale**	[foto'kamera didʒi'tale]
statief (het)	**cavalletto** (m)	[kaval'letto]
flits (de)	**flash** (m)	[fleʃ]

fotograferen (ww)	**fotografare** (vt)	[fotogra'fare]
foto's maken	**fare foto**	['fare 'foto]
zich laten fotograferen	**fotografarsi**	[fotogra'farsi]

focus (de)	**fuoco** (m)	[fu'oko]
scherpstellen (ww)	**mettere a fuoco**	['mettere a fu'oko]
scherp (bn)	**nitido**	['nitido]
scherpte (de)	**nitidezza** (f)	[niti'dettsa]

contrast (het)	**contrasto** (m)	[kon'trasto]
contrastrijk (bn)	**contrastato**	[kontra'stato]

kiekje (het)	**foto** (f)	['foto]
negatief (het)	**negativa** (f)	[nega'tiva]
filmpje (het)	**pellicola** (f) **fotografica**	[pel'likola foto'grafika]
beeld (frame)	**fotogramma** (m)	[foto'gramma]
afdrukken (foto's ~)	**stampare** (vt)	[stam'pare]

164. Strand. Zwemmen

strand (het)	**spiaggia** (f)	['spjadʒa]
zand (het)	**sabbia** (f)	['sabbia]
leeg (~ strand)	**deserto**	[de'zerto]

bruine kleur (de)	**abbronzatura** (f)	[abbrondza'tura]
zonnebaden (ww)	**abbronzarsi** (vr)	[abbron'dzarsi]
gebruind (bn)	**abbronzato**	[abbron'dzato]
zonnecrème (de)	**crema** (f) **solare**	['krema so'lare]

bikini (de)	**bikini** (m)	[bi'kini]
badpak (het)	**costume** (m) **da bagno**	[ko'stume da 'baɲo]
zwembroek (de)	**slip** (m) **da bagno**	[zlip da 'baɲo]

zwembad (het)	**piscina** (f)	[pi'ʃina]
zwemmen (ww)	**nuotare** (vi)	[nuo'tare]
douche (de)	**doccia** (f)	['dotʃa]
zich omkleden (ww)	**cambiarsi** (vr)	[kam'bjarsi]
handdoek (de)	**asciugamano** (m)	[aʃuga'mano]

boot (de)	**barca** (f)	['barka]
motorboot (de)	**motoscafo** (m)	[moto'skafo]
waterski's (mv.)	**sci** (m) **nautico**	[ʃi 'nautiko]

waterfiets (de)	pedalò (m)	[peda'lo]
surfen (het)	surf (m)	[serf]
surfer (de)	surfista (m)	[sur'fista]

scuba, aqualong (de)	autorespiratore (m)	[autorespira'tore]
zwemvliezen (mv.)	pinne (f pl)	['pinne]
duikmasker (het)	maschera (f)	['maskera]
duiker (de)	subacqueo (m)	[su'bakveo]
duiken (ww)	tuffarsi (vr)	[tuf'farsi]
onder water (bw)	sott'acqua	[so'takva]

parasol (de)	ombrellone (m)	[ombrel'lone]
ligstoel (de)	sdraio (f)	['zdrajo]
zonnebril (de)	occhiali (m pl) da sole	[ok'kjali da 'sole]
luchtmatras (de/het)	materasso (m) ad aria	[mate'rasso ad 'aria]

spelen (ww)	giocare (vi)	[dʒo'kare]
gaan zwemmen (ww)	fare il bagno	['fare il 'baɲo]

bal (de)	pallone (m)	[pal'lone]
opblazen (oppompen)	gonfiare (vt)	[gon'fjare]
lucht-, opblaasbare (bn)	gonfiabile	[gon'fjabile]

golf (hoge ~)	onda (f)	['onda]
boei (de)	boa (f)	['boa]
verdrinken (ww)	annegare (vi)	[anne'gare]

redden (ww)	salvare (vt)	[sal'vare]
reddingsvest (de)	giubbotto (m) di salvataggio	[dʒub'botto di salva'tadʒo]
waarnemen (ww)	osservare (vt)	[osser'vare]
redder (de)	bagnino (m)	[ba'ɲino]

TECHNISCHE APPARATUUR. VERVOER

Technische apparatuur

165. Computer

computer (de)	**computer** (m)	[kom'pjuter]
laptop (de)	**computer** (m) **portatile**	[kom'pjuter por'tatile]
aanzetten (ww)	**accendere** (vt)	[a'tʃendere]
uitzetten (ww)	**spegnere** (vt)	['speɲere]
toetsenbord (het)	**tastiera** (f)	[tas'tjera]
toets (enter~)	**tasto** (m)	['tasto]
muis (de)	**mouse** (m)	['maus]
muismat (de)	**tappetino** (m) **del mouse**	[tappe'tino del 'maus]
knopje (het)	**tasto** (m)	['tasto]
cursor (de)	**cursore** (m)	[kur'sore]
monitor (de)	**monitor** (m)	['monitor]
scherm (het)	**schermo** (m)	['skermo]
harde schijf (de)	**disco** (m) **rigido**	['disko 'ridʒido]
volume (het) van de harde schijf	**spazio** (m) **sul disco rigido**	['spatsio sul 'disko 'ridʒido]
geheugen (het)	**memoria** (f)	[me'moria]
RAM-geheugen (het)	**memoria** (f) **operativa**	[me'moria opera'tiva]
bestand (het)	**file** (m)	[fajl]
folder (de)	**cartella** (f)	[kar'tella]
openen (ww)	**aprire** (vt)	[a'prire]
sluiten (ww)	**chiudere** (vt)	['kjudere]
opslaan (ww)	**salvare** (vt)	[sal'vare]
verwijderen (wissen)	**eliminåre** (vt)	[elimi'nare]
kopiëren (ww)	**copiare** (vt)	[ko'pjare]
sorteren (ww)	**ordinare** (vt)	[ordi'nare]
overplaatsen (ww)	**trasferire** (vt)	[trasfe'rire]
programma (het)	**programma** (m)	[pro'gramma]
software (de)	**software** (m)	['softwea]
programmeur (de)	**programmatore** (m)	[programma'tore]
programmeren (ww)	**programmare** (vt)	[program'mare]
hacker (computerkraker)	**hacker** (m)	['aker]
wachtwoord (het)	**password** (f)	['password]
virus (het)	**virus** (m)	['virus]
ontdekken (virus ~)	**trovare** (vt)	[tro'vare]

byte (de)	**byte** (m)	[bajt]
megabyte (de)	**megabyte** (m)	['megabajt]

data (de)	**dati** (m pl)	['dati]
databank (de)	**database** (m)	['databejz]

kabel (USB-~, enz.)	**cavo** (m)	['kavo]
afsluiten (ww)	**sconnettere** (vt)	[skon'nettere]
aansluiten op (ww)	**collegare** (vt)	[kolle'gare]

166. Internet. E-mail

internet (het)	**internet** (f)	['internet]
browser (de)	**navigatore** (m)	[naviga'tore]
zoekmachine (de)	**motore** (m) **di ricerca**	[mo'tore di ri'tʃerka]
internetprovider (de)	**provider** (m)	[pro'vajder]

webmaster (de)	**webmaster** (m)	web'master]
website (de)	**sito web** (m)	['sito web]
webpagina (de)	**pagina web** (f)	['padʒina web]

adres (het)	**indirizzo** (m)	[indi'rittso]
adresboek (het)	**rubrica** (f) **indirizzi**	[ru'brika indi'rittsi]

postvak (het)	**casella** (f) **di posta**	[ka'zella di 'posta]
post (de)	**posta** (f)	['posta]
vol (~ postvak)	**battaglia** (f)	[bat'taʎʎa]

bericht (het)	**messaggio** (m)	[mes'sadʒo]
binnenkomende berichten (mv.)	**messaggi** (m pl) **in arrivo**	[mes'sadʒi in ar'rivo]
uitgaande berichten (mv.)	**messaggi** (m pl) **in uscita**	[mes'sadʒo in u'ʃita]
verzender (de)	**mittente** (m)	[mit'tente]
verzenden (ww)	**inviare** (vt)	[in'vjare]
verzending (de)	**invio** (m)	[in'vio]

ontvanger (de)	**destinatario** (m)	[destina'tario]
ontvangen (ww)	**ricevere** (vt)	[ri'tʃevere]

correspondentie (de)	**corrispondenza** (f)	[korrispon'dentsa]
corresponderen (met ...)	**essere in corrispondenza**	['essere in korrispon'dentsa]

bestand (het)	**file** (m)	[fajl]
downloaden (ww)	**scaricare** (vt)	[skari'kare]
creëren (ww)	**creare** (vt)	[kre'are]
verwijderen (een bestand ~)	**eliminare** (vt)	[elimi'nare]
verwijderd (bn)	**eliminato**	[elimi'nato]

verbinding (de)	**connessione** (f)	[konne'sjone]
snelheid (de)	**velocità** (f)	[velotʃi'ta]
modem (de)	**modem** (m)	['modem]
toegang (de)	**accesso** (m)	[a'tʃesso]
poort (de)	**porta** (f)	['porta]
aansluiting (de)	**collegamento** (m)	[kollega'mento]

zich aansluiten (ww)	collegarsi a ...	[kolle'garsi a]
selecteren (ww)	scegliere (vt)	['ʃeʎʎere]
zoeken (ww)	cercare (vt)	[ʧer'kare]

167. Elektriciteit

elektriciteit (de)	elettricità (f)	[elettriʧi'ta]
elektrisch (bn)	elettrico	[e'lettriko]
elektriciteitscentrale (de)	centrale (f) elettrica	[ʧen'trale e'lettrika]
energie (de)	energia (f)	[ener'dʒia]
elektrisch vermogen (het)	energia (f) elettrica	[ener'dʒia e'lettrika]

lamp (de)	lampadina (f)	[lampa'dina]
zaklamp (de)	torcia (f) elettrica	['torʧa e'lettrika]
straatlantaarn (de)	lampione (m)	[lam'pjone]

licht (elektriciteit)	luce (f)	['luʧe]
aandoen (ww)	accendere (vt)	[a'ʧendere]
uitdoen (ww)	spegnere (vt)	['speɲere]
het licht uitdoen	spegnere la luce	['speɲere la 'luʧe]

doorbranden (gloeilamp)	fulminarsi (vr)	[fulmi'narsi]
kortsluiting (de)	corto circuito (m)	['korto ʧir'kwito]
onderbreking (de)	rottura (f)	[rot'tura]
contact (het)	contatto (m)	[kon'tatto]

schakelaar (de)	interruttore (m)	[interrut'tore]
stopcontact (het)	presa (f) elettrica	['preza e'lettrika]
stekker (de)	spina (f)	['spina]
verlengsnoer (de)	prolunga (f)	[pro'lunga]

zekering (de)	fusibile (m)	[fu'zibile]
kabel (de)	filo (m)	['filo]
bedrading (de)	impianto (m) elettrico	[im'pjanto e'lettriko]

ampère (de)	ampere (m)	[am'pere]
stroomsterkte (de)	intensità di corrente	[intensi'ta di kor'rente]
volt (de)	volt (m)	[volt]
spanning (de)	tensione (f)	[ten'sjone]

| elektrisch toestel (het) | apparecchio (m) elettrico | [appa'rekkjo e'lettriko] |
| indicator (de) | indicatore (m) | [indika'tore] |

elektricien (de)	elettricista (m)	[elettri'ʧista]
solderen (ww)	saldare (vt)	[sal'dare]
soldeerbout (de)	saldatoio (m)	[salda'tojo]
stroom (de)	corrente (f)	[kor'rente]

168. Gereedschappen

| werktuig (stuk gereedschap) | utensile (m) | [uten'sile] |
| gereedschap (het) | utensili (m pl) | [uten'sili] |

uitrusting (de)	**impianto** (m)	[im'pjanto]
hamer (de)	**martello** (m)	[mar'tello]
schroevendraaier (de)	**giravite** (m)	[dʒira'vite]
bijl (de)	**ascia** (f)	['aʃa]
zaag (de)	**sega** (f)	['sega]
zagen (ww)	**segare** (vt)	[se'gare]
schaaf (de)	**pialla** (f)	['pjalla]
schaven (ww)	**piallare** (vt)	[pjal'lare]
soldeerbout (de)	**saldatoio** (m)	[salda'tojo]
solderen (ww)	**saldare** (vt)	[sal'dare]
vijl (de)	**lima** (f)	['lima]
nijptang (de)	**tenaglie** (f pl)	[te'naʎʎe]
combinatietang (de)	**pinza** (f) **a punte piatte**	['pintsa a 'punte 'pjatte]
beitel (de)	**scalpello** (m)	[skal'pello]
boorkop (de)	**punta** (f) **da trapano**	['punta da 'trapano]
boormachine (de)	**trapano** (m) **elettrico**	['trapano e'lettriko]
boren (ww)	**trapanare** (vt)	[trapa'nare]
mes (het)	**coltello** (m)	[kol'tello]
zakmes (het)	**coltello** (m) **da tasca**	[kol'tello da 'taska]
lemmet (het)	**lama** (f)	['lama]
scherp (bijv. ~ mes)	**affilato**	[affi'lato]
bot (bn)	**smussato**	[zmu'sato]
bot raken (ww)	**smussarsi** (vr)	[zmus'sarsi]
slijpen (een mes ~)	**affilare** (vt)	[affi'lare]
bout (de)	**bullone** (m)	[bul'lone]
moer (de)	**dado** (m)	['dado]
schroefdraad (de)	**filettatura** (f)	[filetta'tura]
houtschroef (de)	**vite** (f)	['vite]
spijker (de)	**chiodo** (m)	[ki'odo]
kop (de)	**testa** (f) **di chiodo**	['testa di ki'odo]
liniaal (de/het)	**regolo** (m)	['regolo]
rolmeter (de)	**nastro** (m) **metrico**	['nastro 'metriko]
waterpas (de/het)	**livella** (f)	[li'vella]
loep (de)	**lente** (f) **d'ingradimento**	['lente dingrandi'mento]
meetinstrument (het)	**strumento** (m) **di misurazione**	[stru'mento di mizura'tsjone]
opmeten (ww)	**misurare** (vt)	[mizu'rare]
schaal (meetschaal)	**scala** (f) **graduata**	['skala gradu'ata]
gegevens (mv.)	**lettura, indicazione** (f)	[let'tura], [indika'tsjone]
compressor (de)	**compressore** (m)	[kompres'sore]
microscoop (de)	**microscopio** (m)	[mikro'skopio]
pomp (de)	**pompa** (f)	['pompa]
robot (de)	**robot** (m)	[ro'bo]
laser (de)	**laser** (m)	['lazer]
moersleutel (de)	**chiave** (f)	['kjave]

plakband (de)	**nastro** (m) **adesivo**	['nastro ade'zivo]
lijm (de)	**colla** (f)	['kolla]

schuurpapier (het)	**carta** (f) **smerigliata**	['karta zmeriʎ'ʎata]
veer (de)	**molla** (f)	['molla]
magneet (de)	**magnete** (m)	[ma'ɲete]
handschoenen (mv.)	**guanti** (m pl)	['gwanti]

touw (bijv. henneptouw)	**corda** (f)	['korda]
snoer (het)	**cordone** (m)	[kor'done]
draad (de)	**filo** (m)	['filo]
kabel (de)	**cavo** (m)	['kavo]

moker (de)	**mazza** (f)	['mattsa]
breekijzer (het)	**palanchino** (m)	[palaɲ'kino]
ladder (de)	**scala** (f) **a pioli**	['skala a pi'oli]
trapje (inklapbaar ~)	**scala** (m) **a libretto**	['skala a li'bretto]

aanschroeven (ww)	**avvitare** (vt)	[avvi'tare]
losschroeven (ww)	**svitare** (vt)	[zvi'tare]
dichtpersen (ww)	**stringere** (vt)	['strindʒere]
vastlijmen (ww)	**incollare** (vt)	[inkol'lare]
snijden (ww)	**tagliare** (vt)	[taʎ'ʎare]

defect (het)	**guasto** (m)	['gwasto]
reparatie (de)	**riparazione** (f)	[ripara'tsjone]
repareren (ww)	**riparare** (vt)	[ripa'rare]
regelen (een machine ~)	**regolare** (vt)	[rego'lare]

checken (ww)	**verificare** (vt)	[verifi'kare]
controle (de)	**controllo** (m)	[kon'trollo]
gegevens (mv.)	**lettura, indicazione** (f)	[let'tura], [indika'tsjone]

degelijk (bijv. ~ machine)	**sicuro**	[si'kuro]
ingewikkeld (bn)	**complesso**	[kom'plesso]

roesten (ww)	**arrugginire** (vi)	[arrudʒi'nire]
roestig (bn)	**arrugginito**	[arrudʒi'nito]
roest (de/het)	**ruggine** (f)	['rudʒine]

Vervoer

169. Vliegtuig

vliegtuig (het)	aereo (m)	[a'ereo]
vliegticket (het)	biglietto (m) aereo	[biʎ'ʎetto a'ereo]
luchtvaartmaatschappij (de)	compagnia (f) aerea	[kompa'nia a'erea]
luchthaven (de)	aeroporto (m)	[aero'porto]
supersonisch (bn)	supersonico	[super'soniko]
gezagvoerder (de)	comandante (m)	[koman'dante]
bemanning (de)	equipaggio (m)	[ekwi'padʒo]
piloot (de)	pilota (m)	[pi'lota]
stewardess (de)	hostess (f)	['ostess]
stuurman (de)	navigatore (m)	[naviga'tore]
vleugels (mv.)	ali (f pl)	['ali]
staart (de)	coda (f)	['koda]
cabine (de)	cabina (f)	[ka'bina]
motor (de)	motore (m)	[mo'tore]
landingsgestel (het)	carrello (m) d'atterraggio	[kar'rello datter'radʒo]
turbine (de)	turbina (f)	[tur'bina]
propeller (de)	elica (f)	['elika]
zwarte doos (de)	scatola (f) nera	['skatola 'nera]
stuur (het)	barra (f) di comando	['barra di ko'mando]
brandstof (de)	combustibile (m)	[kombu'stibile]
veiligheidskaart (de)	safety card (f)	['sejfti kard]
zuurstofmasker (het)	maschera (f) ad ossigeno	['maskera ad os'sidʒeno]
uniform (het)	uniforme (f)	[uni'forme]
reddingsvest (de)	giubbotto (m) di salvataggio	[dʒub'botto di salva'tadʒo]
parachute (de)	paracadute (m)	[paraka'dute]
opstijgen (het)	decollo (m)	[de'kollo]
opstijgen (ww)	decollare (vi)	[dekol'lare]
startbaan (de)	pista (f) di decollo	['pista di de'kollo]
zicht (het)	visibilità (f)	[vizibili'ta]
vlucht (de)	volo (m)	['volo]
hoogte (de)	altitudine (f)	[alti'tudine]
luchtzak (de)	vuoto (m) d'aria	[vu'oto 'daria]
plaats (de)	posto (m)	['posto]
koptelefoon (de)	cuffia (f)	['kuffia]
tafeltje (het)	tavolinetto (m) pieghevole	[tavoli'netto pje'gevole]
venster (het)	oblò (m), finestrino (m)	[ob'lo], [fine'strino]
gangpad (het)	corridoio (m)	[korri'dojo]

170. Trein

trein (de)	treno (m)	['treno]
elektrische trein (de)	elettrotreno (m)	[elettro'treno]
sneltrein (de)	treno (m) rapido	['treno 'rapido]
diesellocomotief (de)	locomotiva (f) diesel	[lokomo'tiva 'dizel]
stoomlocomotief (de)	locomotiva (f) a vapore	[lokomo'tiva a va'pore]
rijtuig (het)	carrozza (f)	[kar'rottsa]
restauratierijtuig (het)	vagone (m) ristorante	[va'gone risto'rante]
rails (mv.)	rotaie (f pl)	[ro'taje]
spoorweg (de)	ferrovia (f)	[ferro'via]
dwarsligger (de)	traversa (f)	[tra'versa]
perron (het)	banchina (f)	[baŋ'kina]
spoor (het)	binario (m)	[bi'nario]
semafoor (de)	semaforo (m)	[se'maforo]
halte (bijv. kleine treinhalte)	stazione (f)	[sta'tsjone]
machinist (de)	macchinista (m)	[makki'nista]
kruier (de)	portabagagli (m)	[porta·ba'gaʎʎi]
conducteur (de)	cuccettista (m, f)	[kutʃet'tista]
passagier (de)	passeggero (m)	[passe'dʒero]
controleur (de)	controllore (m)	[kontrol'lore]
gang (in een trein)	corridoio (m)	[korri'dojo]
noodrem (de)	freno (m) di emergenza	['freno di emer'dʒentsa]
coupé (de)	scompartimento (m)	[skomparti'mento]
bed (slaapplaats)	cuccetta (f)	[ku'tʃetta]
bovenste bed (het)	cuccetta (f) superiore	[ku'tʃetta supe'rjore]
onderste bed (het)	cuccetta (f) inferiore	[ku'tʃetta infe'rjore]
beddengoed (het)	biancheria (f) da letto	[bjanke'ria da 'letto]
kaartje (het)	biglietto (m)	[biʎ'ʎetto]
dienstregeling (de)	orario (m)	[o'rario]
informatiebord (het)	tabellone (m) orari	[tabel'lone o'rari]
vertrekken	partire (vi)	[par'tire]
(De trein vertrekt ...)		
vertrek (ov. een trein)	partenza (f)	[par'tentsa]
aankomen (ov. de treinen)	arrivare (vi)	[arri'vare]
aankomst (de)	arrivo (m)	[ar'rivo]
aankomen per trein	arrivare con il treno	[arri'vare kon il 'treno]
in de trein stappen	salire sul treno	[sa'lire sul 'treno]
uit de trein stappen	scendere dal treno	['ʃendere dal 'treno]
treinwrak (het)	deragliamento (m)	[deraʎʎa'mento]
ontspoord zijn	deragliare (vi)	[deraʎ'ʎare]
stoomlocomotief (de)	locomotiva (f) a vapore	[lokomo'tiva a va'pore]
stoker (de)	fuochista (m)	[fo'kista]
stookplaats (de)	forno (m)	['forno]
steenkool (de)	carbone (m)	[kar'bone]

171. Schip

schip (het)	nave (f)	['nave]
vaartuig (het)	imbarcazione (f)	[imbarka'tsjone]
stoomboot (de)	piroscafo (m)	[pi'roskafo]
motorschip (het)	barca (f) fluviale	['barka flu'vjale]
lijnschip (het)	transatlantico (m)	[transat'lantiko]
kruiser (de)	incrociatore (m)	[inkrotʃa'tore]
jacht (het)	yacht (m)	[jot]
sleepboot (de)	rimorchiatore (m)	[rimorkja'tore]
duwbak (de)	chiatta (f)	['kjatta]
ferryboot (de)	traghetto (m)	[tra'getto]
zeilboot (de)	veliero (m)	[ve'ljero]
brigantijn (de)	brigantino (m)	[brigan'tino]
ijsbreker (de)	rompighiaccio (m)	[rompi'gjatʃo]
duikboot (de)	sottomarino (m)	[sottoma'rino]
boot (de)	barca (f)	['barka]
sloep (de)	scialuppa (f)	[ʃa'luppa]
reddingssloep (de)	scialuppa (f) di salvataggio	[ʃa'luppa di salva'tadʒo]
motorboot (de)	motoscafo (m)	[moto'skafo]
kapitein (de)	capitano (m)	[kapi'tano]
zeeman (de)	marittimo (m)	[ma'rittimo]
matroos (de)	marinaio (m)	[mari'najo]
bemanning (de)	equipaggio (m)	[ekwi'padʒo]
bootsman (de)	nostromo (m)	[no'stromo]
scheepsjongen (de)	mozzo (m) di nave	['mottso di 'nave]
kok (de)	cuoco (m)	[ku'oko]
scheepsarts (de)	medico (m) di bordo	['mediko di 'bordo]
dek (het)	ponte (m)	['ponte]
mast (de)	albero (m)	['albero]
zeil (het)	vela (f)	['vela]
ruim (het)	stiva (f)	['stiva]
voorsteven (de)	prua (f)	['prua]
achtersteven (de)	poppa (f)	['poppa]
roeispaan (de)	remo (m)	['remo]
schroef (de)	elica (f)	['elika]
kajuit (de)	cabina (f)	[ka'bina]
officierskamer (de)	quadrato (m) degli ufficiali	[kwa'drato 'deʎʎi uffi'tʃali]
machinekamer (de)	sala (f) macchine	['sala 'makkine]
brug (de)	ponte (m) di comando	['ponte di ko'mando]
radiokamer (de)	cabina (f) radiotelegrafica	[ka'bina radiotele'grafika]
radiogolf (de)	onda (f)	['onda]
logboek (het)	giornale (m) di bordo	[dʒor'nale di 'bordo]
verrekijker (de)	cannocchiale (m)	[kannok'kjale]
klok (de)	campana (f)	[kam'pana]

vlag (de)	**bandiera** (f)	[ban'djera]
kabel (de)	**cavo** (m) **d'ormeggio**	['kavo dor'medʒo]
knoop (de)	**nodo** (m)	['nodo]

leuning (de)	**ringhiera** (f)	[rin'gjera]
trap (de)	**passerella** (f)	[passe'rella]

anker (het)	**ancora** (f)	['ankora]
het anker lichten	**levare l'ancora**	[le'vare 'lankora]
het anker neerlaten	**gettare l'ancora**	[dʒet'tare 'lankora]
ankerketting (de)	**catena** (f) **dell'ancora**	[ka'tena dell 'ankora]

haven (bijv. containerhaven)	**porto** (m)	['porto]
kaai (de)	**banchina** (f)	[baŋ'kina]
aanleggen (ww)	**ormeggiarsi** (vr)	[orme'dʒarsi]
wegvaren (ww)	**salpare** (vi)	[sal'pare]

reis (de)	**viaggio** (m)	['vjadʒo]
cruise (de)	**crociera** (f)	[kro'tʃera]
koers (de)	**rotta** (f)	['rotta]
route (de)	**itinerario** (m)	[itine'rario]

vaarwater (het)	**tratto** (m) **navigabile**	['tratto navi'gabile]
zandbank (de)	**secca** (f)	['sekka]
stranden (ww)	**arenarsi** (vr)	[are'narsi]

storm (de)	**tempesta** (f)	[tem'pesta]
signaal (het)	**segnale** (m)	[se'ɲale]
zinken (ov. een boot)	**affondare** (vi)	[affon'dare]
Man overboord!	**Uomo in mare!**	[u'omo in 'mare]
SOS (noodsignaal)	**SOS**	['esse o 'esse]
reddingsboei (de)	**salvagente** (m) **anulare**	[salva'dʒente anu'lare]

172. Vliegveld

luchthaven (de)	**aeroporto** (m)	[aero'porto]
vliegtuig (het)	**aereo** (m)	[a'ereo]
luchtvaartmaatschappij (de)	**compagnia** (f) **aerea**	[kompa'ɲia a'erea]
luchtverkeersleider (de)	**controllore** (m) **di volo**	[kontrol'lore di 'volo]

vertrek (het)	**partenza** (f)	[par'tentsa]
aankomst (de)	**arrivo** (m)	[ar'rivo]
aankomen (per vliegtuig)	**arrivare** (vi)	[arri'vare]

vertrektijd (de)	**ora** (f) **di partenza**	['ora di par'tentsa]
aankomstuur (het)	**ora** (f) **di arrivo**	['ora di ar'rivo]

vertraagd zijn (ww)	**essere ritardato**	['essere ritar'dato]
vluchtvertraging (de)	**volo** (m) **ritardato**	['volo ritar'dato]

informatiebord (het)	**tabellone** (m) **orari**	[tabel'lone o'rari]
informatie (de)	**informazione** (f)	[informa'tsjone]
aankondigen (ww)	**annunciare** (vt)	[annun'tʃare]
vlucht (bijv. KLM ~)	**volo** (m)	['volo]

douane (de)	**dogana** (f)	[do'gana]
douanier (de)	**doganiere** (m)	[doga'njere]
douaneaangifte (de)	**dichiarazione** (f)	[dikjara'tsjone]
een douaneaangifte invullen	**riempire una dichiarazione**	[riem'pire 'una dikjara'tsjone]
paspoortcontrole (de)	**controllo** (m) **passaporti**	[kon'trollo passa'porti]
bagage (de)	**bagaglio** (m)	[ba'gaʎʎo]
handbagage (de)	**bagaglio** (m) **a mano**	[ba'gaʎʎo a 'mano]
bagagekarretje (het)	**carrello** (m)	[kar'rello]
landing (de)	**atterraggio** (m)	[atter'radʒo]
landingsbaan (de)	**pista** (f) **di atterraggio**	['pista di atter'radʒo]
landen (ww)	**atterrare** (vi)	[atter'rare]
vliegtuigtrap (de)	**scaletta** (f) **dell'aereo**	[ska'letta dell a'ereo]
inchecken (het)	**check-in** (m)	[tʃek-in]
incheckbalie (de)	**banco** (m) **del check-in**	['banko del tʃek-in]
inchecken (ww)	**fare il check-in**	['fare il tʃek-in]
instapkaart (de)	**carta** (f) **d'imbarco**	['karta dim'barko]
gate (de)	**porta** (f) **d'imbarco**	['porta dim'barko]
transit (de)	**transito** (m)	['tranzito]
wachten (ww)	**aspettare** (vt)	[aspet'tare]
wachtzaal (de)	**sala** (f) **d'attesa**	['sala dat'teza]
begeleiden (uitwuiven)	**accompagnare** (vt)	[akkompa'ɲare]
afscheid nemen (ww)	**congedarsi** (vr)	[kondʒe'darsi]

173. Fiets. Motorfiets

fiets (de)	**bicicletta** (f)	[bitʃi'kletta]
bromfiets (de)	**motorino** (m)	[moto'rino]
motorfiets (de)	**motocicletta** (f)	[mototʃi'kletta]
met de fiets rijden	**andare in bicicletta**	[an'dare in bitʃi'kletta]
stuur (het)	**manubrio** (m)	[ma'nubrio]
pedaal (de/het)	**pedale** (m)	[pe'dale]
remmen (mv.)	**freni** (m pl)	['freni]
fietszadel (de/het)	**sellino** (m)	[sel'lino]
pomp (de)	**pompa** (f)	['pompa]
bagagedrager (de)	**portabagagli** (m)	[porta·ba'gaʎʎi]
fietslicht (het)	**fanale** (m) **anteriore**	[fa'nale ante'rjore]
helm (de)	**casco** (m)	['kasko]
wiel (het)	**ruota** (f)	[ru'ota]
spatbord (het)	**parafango** (m)	[para'fango]
velg (de)	**cerchione** (m)	[tʃer'kjone]
spaak (de)	**raggio** (m)	['radʒo]

Auto's

174. Soorten auto's

auto (de)	automobile (f)	[auto'mobile]
sportauto (de)	auto (f) sportiva	['auto spor'tiva]
limousine (de)	limousine (f)	[limu'zin]
terreinwagen (de)	fuoristrada (m)	[fuori'strada]
cabriolet (de)	cabriolet (m)	[kabrio'le]
minibus (de)	pulmino (m)	[pul'mino]
ambulance (de)	ambulanza (f)	[ambu'lantsa]
sneeuwruimer (de)	spazzaneve (m)	[spattsa'neve]
vrachtwagen (de)	camion (m)	['kamjon]
tankwagen (de)	autocisterna (f)	[auto·ʧi'sterna]
bestelwagen (de)	furgone (m)	[fur'gone]
trekker (de)	motrice (f)	[mo'triʧe]
aanhangwagen (de)	rimorchio (m)	[ri'morkio]
comfortabel (bn)	confortevole	[konfor'tevole]
tweedehands (bn)	di seconda mano	[di se'konda 'mano]

175. Auto's. Carrosserie

motorkap (de)	cofano (m)	['kofano]
spatbord (het)	parafango (m)	[para'fango]
dak (het)	tetto (m)	['tetto]
voorruit (de)	parabrezza (m)	[para'breddza]
achterruit (de)	retrovisore (m)	[retrovi'zore]
ruitensproeier (de)	lavacristallo (m)	[lava kris'tallo]
wisserbladen (mv.)	tergicristallo (m)	[terdʒikris'tallo]
zijruit (de)	finestrino (m) laterale	[fine'strino late'rale]
raamlift (de)	alzacristalli (m)	[altsa·kri'stalli]
antenne (de)	antenna (f)	[an'tenna]
zonnedak (het)	tettuccio (m) apribile	[tet'tuʧo a'pribile]
bumper (de)	paraurti (m)	[para'urti]
koffer (de)	bagagliaio (m)	[bagaʎ'ʎajo]
imperiaal (de/het)	portapacchi (m)	[porta'pakki]
portier (het)	portiera (f)	[por'tjera]
handvat (het)	maniglia (f)	[ma'niʎʎa]
slot (het)	serratura (f)	[serra'tura]
nummerplaat (de)	targa (f)	['targa]
knalpot (de)	marmitta (f)	[mar'mitta]

benzinetank (de)	serbatoio (m) della benzina	[serba'tojo della ben'dzina]
uitlaatpijp (de)	tubo (m) di scarico	['tubo di 'skariko]
gas (het)	acceleratore (m)	[atʃelera'tore]
pedaal (de/het)	pedale (m)	[pe'dale]
gaspedaal (de/het)	pedale (m) dell'acceleratore	[pe'dale dell atʃelera'tore]
rem (de)	freno (m)	['freno]
rempedaal (de/het)	pedale (m) del freno	[pe'dale del 'freno]
remmen (ww)	frenare (vi)	[fre'nare]
handrem (de)	freno (m) a mano	['freno a 'mano]
koppeling (de)	frizione (f)	[fri'tsjone]
koppelingspedaal (de/het)	pedale (m) della frizione	[pe'dale 'della fri'tsjone]
koppelingsschijf (de)	disco (m) della frizione	['disko 'della fri'tsjone]
schokdemper (de)	ammortizzatore (m)	[ammortiddza'tore]
wiel (het)	ruota (f)	[ru'ota]
reservewiel (het)	ruota (f) di scorta	[ru'ota di 'skorta]
band (de)	pneumatico (m)	[pneu'matiko]
wieldop (de)	copriruota (m)	[kopri·ru'ota]
aandrijfwielen (mv.)	ruote (f pl) motrici	[ru'ote mo'tritʃi]
met voorwielaandrijving	a trazione anteriore	[a tra'tsjone ante'rjore]
met achterwielaandrijving	a trazione posteriore	[a tra'tsjone poste'rjore]
met vierwielaandrijving	a trazione integrale	[a tra'tsjone inte'grale]
versnellingsbak (de)	scatola (f) del cambio	['skatola del 'kambio]
automatisch (bn)	automatico	[auto'matiko]
mechanisch (bn)	meccanico	[mek'kaniko]
versnellingspook (de)	leva (f) del cambio	['leva del 'kambio]
voorlicht (het)	faro (m)	['faro]
voorlichten (mv.)	luci (f pl), fari (m pl)	['lutʃi], ['fari]
dimlicht (het)	luci (f pl) anabbaglianti	['lutʃi anabbaʎ'ʎanti]
grootlicht (het)	luci (f pl) abbaglianti	['lutʃi abbaʎ'ʎanti]
stoplicht (het)	luci (f pl) di arresto	['lutʃi di ar'resto]
standlichten (mv.)	luci (f pl) di posizione	['lutʃi di pozi'tsjone]
noodverlichting (de)	luci (f pl) di emergenza	['lutʃi di emer'dzentsa]
mistlichten (mv.)	fari (m pl) antinebbia	['fari anti'nebbia]
pinker (de)	freccia (f)	['fretʃa]
achteruitrijdlicht (het)	luci (f pl) di retromarcia	['lutʃi di retro'martʃa]

176. Auto's. Passagiersruimte

interieur (het)	abitacolo (m)	[abi'takolo]
leren (van leer gemaak)	di pelle	[di 'pelle]
fluwelen (abn)	in velluto	[in vel'luto]
bekleding (de)	rivestimento (m)	[rivesti'mento]
toestel (het)	strumento (m) di bordo	[stru'mento di 'bordo]
instrumentenbord (het)	cruscotto (m)	[kru'skotto]

snelheidsmeter (de)	tachimetro (m)	[ta'kimetro]
pijltje (het)	lancetta (f)	[lan'tʃetta]

kilometerteller (de)	contachilometri (m)	[kontaki'lometri]
sensor (de)	indicatore (m)	[indika'tore]
niveau (het)	livello (m)	[li'vello]
controlelampje (het)	spia (f) luminosa	['spia lumi'noza]

stuur (het)	volante (m)	[vo'lante]
toeter (de)	clacson (m)	['klakson]
knopje (het)	pulsante (m)	[pul'sante]
schakelaar (de)	interruttore (m)	[interrut'tore]

stoel (bestuurders~)	sedile (m)	[se'dile]
rugleuning (de)	spalliera (f)	[spal'ljera]
hoofdsteun (de)	appoggiatesta (m)	[appodʒa'testa]
veiligheidsgordel (de)	cintura (f) di sicurezza	[tʃin'tura di siku'rettsa]
de gordel aandoen	allacciare la cintura	[ala'tʃare la tʃin'tura]
regeling (de)	regolazione (f)	[regola'tsjone]

airbag (de)	airbag (m)	['erbeg]
airconditioner (de)	condizionatore (m)	[konditsiona'tore]

radio (de)	radio (f)	['radio]
CD-speler (de)	lettore (m) CD	[let'tore tʃi'di]
aanzetten (bijv. radio ~)	accendere (vt)	[a'tʃendere]
antenne (de)	antenna (f)	[an'tenna]
handschoenenkastje (het)	vano (m) portaoggetti	['vano porta·o'dʒetti]
asbak (de)	portacenere (m)	[porta·'tʃenere]

177. Auto's. Motor

diesel- (abn)	a diesel	[a 'dizel]
benzine- (~motor)	a benzina	[a ben'dzina]

motorinhoud (de)	cilindrata (f)	[tʃilin'drata]
vermogen (het)	potenza (f)	[po'tentsa]
paardenkracht (de)	cavallo vapore (m)	[ka'vallo va'pore]
zuiger (de)	pistone (m)	[pi'stone]
cilinder (de)	cilindro (m)	[tʃi'lindro]
klep (de)	valvola (f)	['valvola]

injectie (de)	iniettore (m)	[injet'tore]
generator (de)	generatore (m)	[dʒenera'tore]
carburator (de)	carburatore (m)	[karbura'tore]
motorolie (de)	olio (m) motore	['olio mo'tore]

radiator (de)	radiatore (m)	[radia'tore]
koelvloeistof (de)	liquido (m) di raffreddamento	['likwido di raffredda'mento]
ventilator (de)	ventilatore (m)	[ventila'tore]

accu (de)	batteria (m)	[batte'ria]
starter (de)	motorino (m) d'avviamento	[moto'rino davvja'mento]

contact (ontsteking)	accensione (f)	[atʃen'sjone]
bougie (de)	candela (f) d'accensione	[kan'dela datʃen'sjone]

pool (de)	morsetto (m)	[mor'setto]
positieve pool (de)	più (m)	['pju]
negatieve pool (de)	meno (m)	['meno]
zekering (de)	fusibile (m)	[fu'zibile]

luchtfilter (de)	filtro (m) dell'aria	['filtro dell 'aria]
oliefilter (de)	filtro (m) dell'olio	['filtro dell 'olio]
benzinefilter (de)	filtro (m) del carburante	['filtro del karbu'rante]

178. Auto's. Botsing. Reparatie

auto-ongeval (het)	incidente (m)	[intʃi'dente]
verkeersongeluk (het)	incidente (m) stradale	[intʃi'dente stra'dale]
aanrijden	sbattere contro ...	['zbattere 'kontro]
(tegen een boom, enz.)		
verongelukken (ww)	avere un incidente	[a'vere un intʃi'dente]
beschadiging (de)	danno (m)	['danno]
heelhuids (bn)	illeso	[il'lezo]

pech (de)	guasto (m), avaria (f)	['gwasto], [ava'ria]
kapot gaan (zijn gebroken)	essere rotto	['essere 'rotto]
sleeptouw (het)	cavo (m) di rimorchio	['kavo di ri'morkio]

lek (het)	foratura (f)	[fora'tura]
lekke krijgen (band)	essere a terra	['essere a 'terra]
oppompen (ww)	gonfiare (vt)	[gon'fjare]
druk (de)	pressione (f)	[pres'sjone]
checken (ww)	verificare (vt)	[verifi'kare]

reparatie (de)	riparazione (f)	[ripara'tsjone]
garage (de)	officina (f) meccanica	[offi'tʃina me'kanika]
wisselstuk (het)	pezzo (m) di ricambio	['pettso di ri'kambio]
onderdeel (het)	pezzo (m)	['pettso]

bout (de)	bullone (m)	[bul'lone]
schroef (de)	bullone (m) a vite	[bul'lone a 'vite]
moer (de)	dado (m)	['dado]
sluitring (de)	rondella (f)	[ron'della]
kogellager (de/het)	cuscinetto (m)	[kuʃi'netto]

pijp (de)	tubo (m)	['tubo]
pakking (de)	guarnizione (f)	[gwarni'tsjone]
kabel (de)	filo (m), cavo (m)	['filo], ['kavo]

dommekracht (de)	cric (m)	[krik]
moersleutel (de)	chiave (f)	['kjave]
hamer (de)	martello (m)	[mar'tello]
pomp (de)	pompa (f)	['pompa]
schroevendraaier (de)	giravite (m)	[dʒira'vite]
brandblusser (de)	estintore (m)	[estin'tore]
gevarendriehoek (de)	triangolo (m) di emergenza	[tri'angolo di emer'dʒentsa]

afslaan (ophouden te werken)	spegnersi (vr)	['speɲersi]
uitvallen (het)	spegnimento (m) motore	[speɲi'mento mo'tore]
zijn gebroken	essere rotto	['essere 'rotto]

oververhitten (ww)	surriscaldarsi (vr)	[surriskal'darsi]
verstopt raken (ww)	intasarsi (vr)	[inta'zarsi]
bevriezen (autodeur, enz.)	ghiacciarsi (vr)	[gja'tʃarsi]
barsten (leidingen, enz.)	spaccarsi (vr)	[spak'karsi]

druk (de)	pressione (f)	[pres'sjone]
niveau (bijv. olieniveau)	livello (m)	[li'vello]
slap (de drijfriem is ~)	lento	['lento]

deuk (de)	ammaccatura (f)	[ammakka'tura]
geklop (vreemde geluiden)	battito (m)	['battito]
barst (de)	fessura (f)	[fes'sura]
kras (de)	graffiatura (f)	[graffja'tura]

179. Auto's. Weg

weg (de)	strada (f)	['strada]
snelweg (de)	superstrada (f)	[super'strada]
autoweg (de)	autostrada (f)	[auto'strada]
richting (de)	direzione (f)	[dire'tsjone]
afstand (de)	distanza (f)	[di'stantsa]

brug (de)	ponte (m)	['ponte]
parking (de)	parcheggio (m)	[par'kedʒo]
plein (het)	piazza (f)	['pjattsa]
verkeersknooppunt (het)	svincolo (m)	['zvinkolo]
tunnel (de)	galleria (f), tunnel (m)	[galle'ria], ['tunnel]

benzinestation (het)	distributore (m) di benzina	[distribu'tore di ben'dzina]
parking (de)	parcheggio (m)	[par'kedʒo]
benzinepomp (de)	pompa (f) di benzina	['pompa di ben'dzina]
garage (de)	officina (f) meccanica	[offi'tʃina me'kanika]
tanken (ww)	fare benzina	['fare ben'dzina]
brandstof (de)	carburante (m)	[karbu'rante]
jerrycan (de)	tanica (f)	['tanika]

asfalt (het)	asfalto (m)	[as'falto]
markering (de)	segnaletica (f) stradale	[seɲa'letika stra'dale]
trottoirband (de)	cordolo (m)	['kordolo]
geleiderail (de)	barriera (f) di sicurezza	[bar'rjera di siku'rettsa]
greppel (de)	fosso (m)	['fosso]
vluchtstrook (de)	ciglio (m) della strada	['tʃiʎʎo della 'strada]
lichtmast (de)	lampione (m)	[lam'pjone]

besturen (een auto ~)	guidare, condurre	[gwi'dare], [kon'durre]
afslaan (naar rechts ~)	girare (vi)	[dʒi'rare]
U-bocht maken (ww)	fare un'inversione a U	['fare un inver'sjone a u:]
achteruit (de)	retromarcia (m)	[retro'martʃa]
toeteren (ww)	suonare il clacson	[suo'nare il 'klakson]

toeter (de)	colpo (m) di clacson	['kolpo di 'klakson]
vastzitten (in modder)	incastrarsi (vr)	[inka'strarsi]
spinnen (wielen gaan ~)	impantanarsi (vr)	[impanta'narsi]
uitzetten (ww)	spegnere (vt)	['speɲere]

snelheid (de)	velocità (f)	[veloʧi'ta]
een snelheidsovertreding	superare i limiti	[supe'rare i 'limiti
maken	di velocità	di veloʧi'ta]
bekeuren (ww)	multare (vt)	[mul'tare]
verkeerslicht (het)	semaforo (m)	[se'maforo]
rijbewijs (het)	patente (f) di guida	[pa'tente di 'gwida]

overgang (de)	passaggio (m) a livello	[pas'saʤo a li'vello]
kruispunt (het)	incrocio (m)	[in'kroʧo]
zebrapad (oversteekplaats)	passaggio (m) pedonale	[pas'saʤo pedo'nale]
bocht (de)	curva (f)	['kurva]
voetgangerszone (de)	zona (f) pedonale	['dzona pedo'nale]

180. Verkeersborden

verkeersregels (mv.)	codice (m) stradale	['kodiʧe stra'dale]
verkeersbord (het)	segnale (m) stradale	[se'ɲale stra'dale]
inhalen (het)	sorpasso (m)	[sor'passo]
bocht (de)	curva (f)	['kurva]
U-bocht, kering (de)	inversione a U	[inver'sjone a 'u:]
Rotonde (de)	rotatoria (f)	[rota'toria]

Verboden richting	divieto d'accesso	[di'vjeto da'ʧesso]
Verboden toegang	divieto di transito	[di'vjeto di 'tranzito]
Inhalen verboden	divieto di sorpasso	[di'vjeto di sor'passo]
Parkeerverbod	divieto di sosta	[di'vjeto di 'sosta]
Verbod stil te staan	divieto di fermata	[di'vjeto di fer'mata]

Gevaarlijke bocht	curva (f) pericolosa	['kurva periko'loza]
Gevaarlijke daling	discesa (f) ripida	[di'ʃeza 'ripida]
Eenrichtingsweg	senso (m) unico	['senso 'uniko]
Voetgangers	passaggio (m) pedonale	[pas'saʤo pedo'nale]
Slipgevaar	strada (f) scivolosa	['strada ʃivo'loza]
Voorrang verlenen	dare la precedenza	['dare la preʧe'dentsa]

MENSEN. GEBEURTENISSEN IN HET LEVEN

Gebeurtenissen in het leven

181. Vakanties. Evenement

feest (het)	**festa** (f)	['festa]
nationale feestdag (de)	**festa** (f) **nazionale**	['festa natsjo'nale]
feestdag (de)	**festività** (f) **civile**	[festivi'ta ʧi'vile]
herdenken (ww)	**festeggiare** (vt)	[feste'dʒare]
gebeurtenis (de)	**avvenimento** (m)	[avveni'mento]
evenement (het)	**evento** (m)	[e'vento]
banket (het)	**banchetto** (m)	[baŋ'ketto]
receptie (de)	**ricevimento** (m)	[riʧevi'mento]
feestmaal (het)	**festino** (m)	[fes'tino]
verjaardag (de)	**anniversario** (m)	[anniver'sario]
jubileum (het)	**giubileo** (m)	[dʒubi'leo]
vieren (ww)	**festeggiare** (vt)	[feste'dʒare]
Nieuwjaar (het)	**Capodanno** (m)	[kapo'danno]
Gelukkig Nieuwjaar!	**Buon Anno!**	[buo'nanno]
Kerstfeest (het)	**Natale** (m)	[na'tale]
Vrolijk kerstfeest!	**Buon Natale!**	[bu'on na'tale]
kerstboom (de)	**Albero** (m) **di Natale**	['albero di na'tale]
vuurwerk (het)	**fuochi** (m pl) **artificiali**	[fu'oki artifi'ʧali]
bruiloft (de)	**nozze** (f pl)	['nottse]
bruidegom (de)	**sposo** (m)	['spozo]
bruid (de)	**sposa** (f)	['spoza]
uitnodigen (ww)	**invitare** (vt)	[invi'tare]
uitnodigingskaart (de)	**invito** (m)	[in'vito]
gast (de)	**ospite** (m)	['ospite]
op bezoek gaan	**andare a trovare**	[an'dare a tro'vare]
gasten verwelkomen	**accogliere gli invitati**	[ak'koʎʎere ʎi invi'tati]
geschenk, cadeau (het)	**regalo** (m)	[re'galo]
geven (iets cadeau ~)	**offrire** (vt)	[of'frire]
geschenken ontvangen	**ricevere i regali**	[ri'ʧevere i re'gali]
boeket (het)	**mazzo** (m) **di fiori**	['mattso di 'fjori]
felicitaties (mv.)	**auguri** (m pl)	[au'guri]
feliciteren (ww)	**augurare** (vt)	[augu'rare]
wenskaart (de)	**cartolina** (f)	[karto'lina]
een kaartje versturen	**mandare una cartolina**	[man'dare 'una karto'lina]

een kaartje ontvangen	**ricevere una cartolina**	[ri'tʃevere 'una karto'lina]
toast (de)	**brindisi** (m)	['brindizi]
aanbieden (een drankje ~)	**offrire** (vt)	[of'frire]
champagne (de)	**champagne** (m)	[ʃam'paɲ]

plezier hebben (ww)	**divertirsi** (vr)	[diver'tirsi]
plezier (het)	**allegria** (f)	[alle'gria]
vreugde (de)	**gioia** (f)	['dʒoja]

dans (de)	**danza** (f), **ballo** (m)	['dantsa], ['ballo]
dansen (ww)	**ballare** (vi, vt)	[bal'lare]

wals (de)	**valzer** (m)	['valtser]
tango (de)	**tango** (m)	['tango]

182. Begrafenissen. Begrafenis

kerkhof (het)	**cimitero** (m)	[tʃimi'tero]
graf (het)	**tomba** (f)	['tomba]
kruis (het)	**croce** (f)	['krotʃe]
grafsteen (de)	**pietra** (f) **tombale**	['pjetra tom'bale]
omheining (de)	**recinto** (m)	[re'tʃinto]
kapel (de)	**cappella** (f)	[kap'pella]

dood (de)	**morte** (f)	['morte]
sterven (ww)	**morire** (vi)	[mo'rire]
overledene (de)	**defunto** (m)	[de'funto]
rouw (de)	**lutto** (m)	['lutto]

begraven (ww)	**seppellire** (vt)	[seppel'lire]
begrafenisonderneming (de)	**sede** (f) **di pompe funebri**	['sede di 'pompe 'funebri]
begrafenis (de)	**funerale** (m)	[fune'rale]

krans (de)	**corona** (f) **di fiori**	[ko'rona di 'fjori]
doodskist (de)	**bara** (f)	['bara]
lijkwagen (de)	**carro** (m) **funebre**	['karro 'funebre]
lijkkleed (de)	**lenzuolo** (m) **funebre**	[lentsu'olo 'funebre]

begrafenisstoet (de)	**corteo** (m) **funebre**	[kor'teo 'funebre]
urn (de)	**urna** (f) **funeraria**	['urna fune'raria]
crematorium (het)	**crematorio** (m)	[krema'torio]

overlijdensbericht (het)	**necrologio** (m)	[nekro'lodʒo]
huilen (wenen)	**piangere** (vi)	['pjandʒere]
snikken (huilen)	**singhiozzare** (vi)	[singjot'tsare]

183. Oorlog. Soldaten

peloton (het)	**plotone** (m)	[plo'tone]
compagnie (de)	**compagnia** (f)	[kompa'ɲia]
regiment (het)	**reggimento** (m)	[redʒi'mento]
leger (armee)	**esercito** (m)	[e'zertʃito]

divisie (de)	divisione (f)	[divi'zjone]
sectie (de)	distaccamento (m)	[distakka'mento]
troep (de)	armata (f)	[ar'mata]

soldaat (militair)	soldato (m)	[sol'dato]
officier (de)	ufficiale (m)	[uffi'tʃale]

soldaat (rang)	soldato (m) semplice	[sol'dato 'semplitʃe]
sergeant (de)	sergente (m)	[ser'dʒente]
luitenant (de)	tenente (m)	[te'nente]
kapitein (de)	capitano (m)	[kapi'tano]
majoor (de)	maggiore (m)	[ma'dʒore]
kolonel (de)	colonnello (m)	[kolon'nello]
generaal (de)	generale (m)	[dʒene'rale]

matroos (de)	marinaio (m)	[mari'najo]
kapitein (de)	capitano (m)	[kapi'tano]
bootsman (de)	nostromo (m)	[no'stromo]

artillerist (de)	artigliere (m)	[artiʎ'ʎere]
valschermjager (de)	paracadutista (m)	[parakadu'tista]
piloot (de)	pilota (m)	[pi'lota]
stuurman (de)	navigatore (m)	[naviga'tore]
mecanicien (de)	meccanico (m)	[mek'kaniko]

sappeur (de)	geniere (m)	[dʒe'njere]
parachutist (de)	paracadutista (m)	[parakadu'tista]
verkenner (de)	esploratore (m)	[esplora'tore]
scherpschutter (de)	cecchino (m)	[tʃek'kino]
patrouille (de)	pattuglia (f)	[pat'tuʎʎa]
patrouilleren (ww)	pattugliare (vt)	[pattuʎ'ʎare]
wacht (de)	sentinella (f)	[senti'nella]

krijger (de)	guerriero (m)	[gwer'rjero]
patriot (de)	patriota (m)	[patri'ota]
held (de)	eroe (m)	[e'roe]
heldin (de)	eroina (f)	[ero'ina]

verrader (de)	traditore (m)	[tradi'tore]
deserteur (de)	disertore (m)	[dizer'tore]
deserteren (ww)	disertare (vi)	[dizer'tare]

huurling (de)	mercenario (m)	[mertʃe'nario]
rekruut (de)	recluta (f)	['rekluta]
vrijwilliger (de)	volontario (m)	[volon'tario]

gedode (de)	ucciso (m)	[u'tʃizo]
gewonde (de)	ferito (m)	[fe'rito]
krijgsgevangene (de)	prigioniero (m) di guerra	[pridʒo'njero di 'gwerra]

184. Oorlog. Militaire acties. Deel 1

oorlog (de)	guerra (f)	['gwerra]
oorlog voeren (ww)	essere in guerra	['essere in 'gwerra]

burgeroorlog (de)	**guerra** (f) **civile**	['gwerra tʃi'vile]
achterbaks (bw)	**perfidamente**	[perfida'mente]
oorlogsverklaring (de)	**dichiarazione** (f) **di guerra**	[dikjara'tsjone di 'gwerra]
verklaren (de oorlog ~)	**dichiarare** (vt)	[dikja'rare]
agressie (de)	**aggressione** (f)	[aggres'sjone]
aanvallen (binnenvallen)	**attaccare** (vt)	[attak'kare]
binnenvallen (ww)	**invadere** (vt)	[in'vadere]
invaller (de)	**invasore** (m)	[inva'zore]
veroveraar (de)	**conquistatore** (m)	[konkwista'tore]
verdediging (de)	**difesa** (f)	[di'feza]
verdedigen (je land ~)	**difendere** (vt)	[di'fendere]
zich verdedigen (ww)	**difendersi** (vr)	[di'fendersi]
vijand (de)	**nemico** (m)	[ne'miko]
tegenstander (de)	**avversario** (m)	[avver'sario]
vijandelijk (bn)	**ostile**	[o'stile]
strategie (de)	**strategia** (f)	[strate'dʒia]
tactiek (de)	**tattica** (f)	['tattika]
order (de)	**ordine** (m)	['ordine]
bevel (het)	**comando** (m)	[ko'mando]
bevelen (ww)	**ordinare** (vt)	[ordi'nare]
opdracht (de)	**missione** (f)	[mis'sjone]
geheim (bn)	**segreto**	[se'greto]
veldslag (de)	**battaglia** (f)	[bat'taʎʎa]
strijd (de)	**combattimento** (m)	[kombatti'mento]
aanval (de)	**attacco** (m)	[at'takko]
bestorming (de)	**assalto** (m)	[as'salto]
bestormen (ww)	**assalire** (vt)	[assa'lire]
bezetting (de)	**assedio** (m)	[as'sedio]
aanval (de)	**offensiva** (f)	[offen'siva]
in het offensief te gaan	**passare all'offensiva**	[pas'sare all ofen'siva]
terugtrekking (de)	**ritirata** (f)	[riti'rata]
zich terugtrekken (ww)	**ritirarsi** (vr)	[riti'rarsi]
omsingeling (de)	**accerchiamento** (m)	[atʃerkja'mento]
omsingelen (ww)	**accerchiare** (vt)	[atʃer'kjare]
bombardement (het)	**bombardamento** (m)	[bombarda'mento]
een bom gooien	**lanciare una bomba**	[lan'tʃare 'una 'bomba]
bombarderen (ww)	**bombardare** (vt)	[bomar'dare]
ontploffing (de)	**esplosione** (f)	[esplo'zjone]
schot (het)	**sparo** (m)	['sparo]
een schot lossen	**sparare un colpo**	[spa'rare un 'kolpo]
schieten (het)	**sparatoria** (f)	[spara'toria]
mikken op (ww)	**puntare su ...**	[pun'tare su]
aanleggen (een wapen ~)	**puntare** (vt)	[pun'tare]

treffen (doelwit ~)	colpire (vt)	[kol'pire]
zinken (tot zinken brengen)	affondare (vt)	[affon'dare]
kogelgat (het)	falla (f)	['falla]
zinken (gezonken zijn)	affondare (vi)	[affon'dare]

front (het)	fronte (m)	['fronte]
evacuatie (de)	evacuazione (f)	[evakua'tsjone]
evacueren (ww)	evacuare (vt)	[evaku'are]

loopgraaf (de)	trincea (f)	[trin'tʃea]
prikkeldraad (de)	filo (m) spinato	['filo spi'nato]
verdedigingsobstakel (het)	sbarramento (m)	[zbarra'mento]
wachttoren (de)	torretta (f) di osservazione	[tor'retta di oserva'tsjone]

hospitaal (het)	ospedale (m) militare	[ospe'dale mili'tare]
verwonden (ww)	ferire (vt)	[fe'rire]
wond (de)	ferita (f)	[fe'rita]
gewonde (de)	ferito (m)	[fe'rito]
gewond raken (ww)	rimanere ferito	[rima'nere fe'rito]
ernstig (~e wond)	grave	['grave]

185. Oorlog. Militaire acties. Deel 2

krijgsgevangenschap (de)	prigionia (f)	[pridʒo'nia]
krijgsgevangen nemen	fare prigioniero	['fare pridʒo'njero]
krijgsgevangene zijn	essere prigioniero	['essere pridʒo'njero]
krijgsgevangen genomen worden	essere fatto prigioniero	['essere 'fatto pridʒo'njero]

concentratiekamp (het)	campo (m) di concentramento	['kampo di kontʃentra'mento]
krijgsgevangene (de)	prigioniero (m) di guerra	[pridʒo'njero di 'gwerra]
vluchten (ww)	fuggire (vi)	[fu'dʒire]

verraden (ww)	tradire (vt)	[tra'dire]
verrader (de)	traditore (m)	[tradi'tore]
verraad (het)	tradimento (m)	[tradi'mento]

| fusilleren (executeren) | fucilare (vt) | [futʃi'lare] |
| executie (de) | fucilazione (f) | [futʃila'tsjone] |

uitrusting (de)	divisa (f) militare	[di'viza mili'tare]
schouderstuk (het)	spallina (f)	[spal'lina]
gasmasker (het)	maschera (f) antigas	['maskera anti'gas]

portofoon (de)	radiotrasmettitore (m)	['radio transmetti'tore]
geheime code (de)	codice (m)	['koditʃe]
samenzwering (de)	complotto (m)	[kom'plotto]
wachtwoord (het)	parola (f) d'ordine	[pa'rola 'dordine]

mijn (landmijn)	mina (f)	['mina]
ondermijnen (legden mijnen)	minare (vt)	[mi'nare]
mijnenveld (het)	campo (m) minato	['kampo mi'nato]
luchtalarm (het)	allarme (m) aereo	[al'larme a'ereo]

alarm (het)	allarme (m)	[al'larme]
signaal (het)	segnale (m)	[se'ɲale]
vuurpijl (de)	razzo (m) di segnalazione	['raddzo di seɲala'tsjone]

staf (generale ~)	quartier (m) generale	[kwar'tje dʒene'rale]
verkenning (de)	esplorazione (m)	[esplora'tore]
toestand (de)	situazione (f)	[situa'tsjone]
rapport (het)	rapporto (m)	[rap'porto]
hinderlaag (de)	agguato (m)	[ag'gwato]
versterking (de)	rinforzo (m)	[rin'fortso]

doel (bewegend ~)	bersaglio (m)	[ber'saʎʎo]
proefterrein (het)	terreno (m) di caccia	[ter'reno di 'katʃa]
manoeuvres (mv.)	manovre (f pl)	[ma'novre]

paniek (de)	panico (m)	['paniko]
verwoesting (de)	devastazione (f)	[devasta'tsjone]
verwoestingen (mv.)	distruzione (m)	[distru'tsjone]
verwoesten (ww)	distruggere (vt)	[di'strudʒere]

overleven (ww)	sopravvivere (vi, vt)	[soprav'vivere]
ontwapenen (ww)	disarmare (vt)	[dizar'mare]
behandelen (een pistool ~)	maneggiare (vt)	[mane'dʒare]

| Geeft acht! | Attenti! | [at'tenti] |
| Op de plaats rust! | Riposo! | [ri'pozo] |

heldendaad (de)	atto (m) eroico	['atto e'roiko]
eed (de)	giuramento (m)	[dʒura'mento]
zweren (een eed doen)	giurare (vi)	[dʒu'rare]

decoratie (de)	decorazione (f)	[dekora'tsjone]
onderscheiden (een ereteken geven)	decorare qn	[deko'rare]
medaille (de)	medaglia (f)	[me'daʎʎa]
orde (de)	ordine (m)	['ordine]

overwinning (de)	vittoria (f)	[vit'toria]
verlies (het)	sconfitta (m)	[skon'fitta]
wapenstilstand (de)	armistizio (m)	[armi'stitsio]

wimpel (vaandel)	bandiera (f)	[ban'djera]
roem (de)	gloria (f)	['gloria]
parade (de)	parata (f)	[pa'rata]
marcheren (ww)	marciare (vi)	[mar'tʃare]

186. Wapens

wapens (mv.)	armi (f pl)	['armi]
vuurwapens (mv.)	arma (f) da fuoco	['arma da fu'oko]
koude wapens (mv.)	arma (f) bianca	['arma 'bjanka]

| chemische wapens (mv.) | armi (f pl) chimiche | ['armi 'kimike] |
| kern-, nucleair (bn) | nucleare | [nukle'are] |

kernwapens (mv.)	armi (f pl) nucleari	['armi nukle'ari]
bom (de)	bomba (f)	['bomba]
atoombom (de)	bomba (f) atomica	['bomba a'tomika]

pistool (het)	pistola (f)	[pi'stola]
geweer (het)	fucile (m)	[fu'tʃile]
machinepistool (het)	mitra (m)	['mitra]
machinegeweer (het)	mitragliatrice (f)	[mitraʎʎa'tritʃe]

loop (schietbuis)	bocca (f)	['bokka]
loop (bijv. geweer met kortere ~)	canna (f)	['kanna]
kaliber (het)	calibro (m)	['kalibro]

trekker (de)	grilletto (m)	[gril'letto]
korrel (de)	mirino (m)	[mi'rino]
magazijn (het)	caricatore (m)	[karika'tore]
geweerkolf (de)	calcio (m)	['kaltʃo]

granaat (handgranaat)	bomba (f) a mano	['bomba a 'mano]
explosieven (mv.)	esplosivo (m)	[esplo'zivo]

kogel (de)	pallottola (f)	[pal'lottola]
patroon (de)	cartuccia (f)	[kar'tutʃa]
lading (de)	carica (f)	['karika]
ammunitie (de)	munizioni (f pl)	[muni'tsjoni]

bommenwerper (de)	bombardiere (m)	[bombar'djere]
straaljager (de)	aereo (m) da caccia	[a'ereo da 'katʃa]
helikopter (de)	elicottero (m)	[eli'kottero]

afweergeschut (het)	cannone (m) antiaereo	[kan'none anti·a'ereo]
tank (de)	carro (m) armato	['karro ar'mato]
kanon (tank met een ~ van 76 mm)	cannone (m)	[kan'none]

artillerie (de)	artiglieria (f)	[artiʎʎe'ria]
kanon (het)	cannone (m)	[kan'none]
aanleggen (een wapen ~)	mirare a ...	[mi'rare a]

projectiel (het)	proiettile (m)	[pro'jettile]
mortiergranaat (de)	granata (f) da mortaio	[gra'nata da mor'tajo]
mortier (de)	mortaio (m)	[mor'tajo]
granaatscherf (de)	scheggia (f)	['skedʒa]

duikboot (de)	sottomarino (m)	[sottoma'rino]
torpedo (de)	siluro (m)	[si'luro]
raket (de)	missile (m)	['missile]

laden (geweer, kanon)	caricare (vt)	[kari'kare]
schieten (ww)	sparare (vi)	[spa'rare]
richten op (mikken)	puntare su ...	[pun'tare su]
bajonet (de)	baionetta (f)	[bajo'netta]

degen (de)	spada (f)	['spada]
sabel (de)	sciabola (f)	['ʃabola]

speer (de)	**lancia** (f)	['lantʃa]
boog (de)	**arco** (m)	['arko]
pijl (de)	**freccia** (f)	['fretʃa]
musket (de)	**moschetto** (m)	[mos'ketto]
kruisboog (de)	**balestra** (f)	[ba'lestra]

187. Oude mensen

primitief (bn)	**primitivo**	[primi'tivo]
voorhistorisch (bn)	**preistorico**	[preis'toriko]
eeuwenoude (~ beschaving)	**antico**	[an'tiko]
Steentijd (de)	**Età** (f) **della pietra**	[e'ta 'della 'pjetra]
Bronstijd (de)	**Età** (f) **del bronzo**	[e'ta del 'brondzo]
IJstijd (de)	**epoca** (f) **glaciale**	['epoka gla'tʃale]
stam (de)	**tribù** (f)	[tri'bu]
menseneter (de)	**cannibale** (m)	[kan'nibale]
jager (de)	**cacciatore** (m)	[katʃa'tore]
jagen (ww)	**cacciare** (vt)	[ka'tʃare]
mammoet (de)	**mammut** (m)	[mam'mut]
grot (de)	**caverna** (f), **grotta** (f)	[ka'verna], ['grotta]
vuur (het)	**fuoco** (m)	[fu'oko]
kampvuur (het)	**falò** (m)	[fa'lo]
rotstekening (de)	**pittura** (f) **rupestre**	[pit'tura ru'pestre]
werkinstrument (het)	**strumento** (m) **di lavoro**	[stru'mento di la'voro]
speer (de)	**lancia** (f)	['lantʃa]
stenen bijl (de)	**ascia** (f) **di pietra**	['aʃa di 'pjetra]
oorlog voeren (ww)	**essere in guerra**	['essere in 'gwerra]
temmen (bijv. wolf ~)	**addomesticare** (vt)	[addomesti'kare]
idool (het)	**idolo** (m)	['idolo]
aanbidden (ww)	**idolatrare** (vt)	[idola'trare]
bijgeloof (het)	**superstizione** (f)	[supersti'tsjone]
ritueel (het)	**rito** (m)	['rito]
evolutie (de)	**evoluzione** (f)	[evolu'tsjone]
ontwikkeling (de)	**sviluppo** (m)	[zvi'luppo]
verdwijning (de)	**estinzione** (f)	[estin'tsjone]
zich aanpassen (ww)	**adattarsi** (vr)	[adat'tarsi]
archeologie (de)	**archeologia** (f)	[arkeolo'dʒia]
archeoloog (de)	**archeologo** (m)	[arke'ologo]
archeologisch (bn)	**archeologico**	[arkeo'lodʒiko]
opgravingsplaats (de)	**sito** (m) **archeologico**	['sito arkeo'lodʒiko]
opgravingen (mv.)	**scavi** (m pl)	['skavi]
vondst (de)	**reperto** (m)	[re'perto]
fragment (het)	**frammento** (m)	[fram'mento]

188. Middeleeuwen

volk (het)	popolo (m)	['popolo]
volkeren (mv.)	popoli (m pl)	['popoli]
stam (de)	tribù (f)	[tri'bu]
stammen (mv.)	tribù (f pl)	[tri'bu]
barbaren (mv.)	barbari (m pl)	['barbari]
Galliërs (mv.)	galli (m pl)	['galli]
Goten (mv.)	goti (m pl)	['goti]
Slaven (mv.)	slavi (m pl)	['zlavi]
Vikings (mv.)	vichinghi (m pl)	[vi'kingi]
Romeinen (mv.)	romani (m pl)	[ro'mani]
Romeins (bn)	romano	[ro'mano]
Byzantijnen (mv.)	bizantini (m pl)	[biʣan'tini]
Byzantium (het)	Bisanzio (m)	[bi'zansio]
Byzantijns (bn)	bizantino	[biʣan'tino]
keizer (bijv. Romeinse ~)	imperatore (m)	[impera'tore]
opperhoofd (het)	capo (m)	['kapo]
machtig (bn)	potente	[po'tente]
koning (de)	re (m)	[re]
heerser (de)	governante (m)	[gover'nante]
ridder (de)	cavaliere (m)	[kava'ljere]
feodaal (de)	feudatario (m)	[feuda'tario]
feodaal (bn)	feudale	[feu'dale]
vazal (de)	vassallo (m)	[vas'sallo]
hertog (de)	duca (m)	['duka]
graaf (de)	conte (m)	['konte]
baron (de)	barone (m)	[ba'rone]
bisschop (de)	vescovo (m)	['veskovo]
harnas (het)	armatura (f)	[arma'tura]
schild (het)	scudo (m)	['skudo]
zwaard (het)	spada (f)	['spada]
vizier (het)	visiera (f)	[vi'zjera]
maliënkolder (de)	cotta (f) di maglia	['kotta di 'maʎʎa]
kruistocht (de)	crociata (f)	[kro'tʃata]
kruisvaarder (de)	crociato (m)	[kro'tʃato]
gebied (bijv. bezette ~en)	territorio (m)	[terri'torio]
aanvallen (binnenvallen)	attaccare (vt)	[attak'kare]
veroveren (ww)	conquistare (vt)	[konkwi'stare]
innemen (binnenvallen)	occupare (vt)	[okku'pare]
bezetting (de)	assedio (m)	[as'sedio]
belegerd (bn)	assediato	[asse'djato]
belegeren (ww)	assediare (vt)	[asse'djare]
inquisitie (de)	inquisizione (f)	[inkwizi'tsjone]
inquisiteur (de)	inquisitore (m)	[inkwizi'tore]

foltering (de)	**tortura** (f)	[tor'tura]
wreed (bn)	**crudele**	[kru'dele]
ketter (de)	**eretico** (m)	[e'retiko]
ketterij (de)	**eresia** (f)	[ere'zia]

zeevaart (de)	**navigazione** (f)	[naviga'tsjone]
piraat (de)	**pirata** (m)	[pi'rata]
piraterij (de)	**pirateria** (f)	[pirate'ria]
enteren (het)	**arrembaggio** (m)	[arrem'badʒo]
buit (de)	**bottino** (m)	[bot'tino]
schatten (mv.)	**tesori** (m)	[te'zori]

ontdekking (de)	**scoperta** (f)	[sko'perta]
ontdekken (bijv. nieuw land)	**scoprire** (vt)	[sko'prire]
expeditie (de)	**spedizione** (f)	[spedi'tsjone]

musketier (de)	**moschettiere** (m)	[mosket'tjere]
kardinaal (de)	**cardinale** (m)	[kardi'nale]
heraldiek (de)	**araldica** (f)	[a'raldika]
heraldisch (bn)	**araldico**	[a'raldiko]

189. Leider. Baas. Autoriteiten

koning (de)	**re** (m)	[re]
koningin (de)	**regina** (f)	[re'dʒina]
koninklijk (bn)	**reale**	[re'ale]
koninkrijk (het)	**regno** (m)	['reɲo]

prins (de)	**principe** (m)	['printʃipe]
prinses (de)	**principessa** (f)	[printʃi'pessa]

president (de)	**presidente** (m)	[prezi'dente]
vicepresident (de)	**vicepresidente** (m)	[vitʃe·prezi'dente]
senator (de)	**senatore** (m)	[sena'tore]

monarch (de)	**monarca** (m)	[mo'narka]
heerser (de)	**governante** (m)	[gover'nante]
dictator (de)	**dittatore** (m)	[ditta'tore]
tiran (de)	**tiranno** (m)	[ti'ranno]
magnaat (de)	**magnate** (m)	[ma'ɲate]

directeur (de)	**direttore** (m)	[diret'tore]
chef (de)	**capo** (m)	['kapo]
beheerder (de)	**dirigente** (m)	[diri'dʒente]
baas (de)	**capo** (m)	['kapo]
eigenaar (de)	**proprietario** (m)	[proprie'tario]

hoofd (bijv. ~ van de delegatie)	**capo** (m)	['kapo]
autoriteiten (mv.)	**autorità** (f pl)	[autori'ta]
superieuren (mv.)	**superiori** (m pl)	[supe'rjori]

gouverneur (de)	**governatore** (m)	[governa'tore]
consul (de)	**console** (m)	['konsole]

diplomaat (de)	**diplomatico** (m)	[diplo'matiko]
burgemeester (de)	**sindaco** (m)	['sindako]
sheriff (de)	**sceriffo** (m)	[ʃe'riffo]

keizer (bijv. Romeinse ~)	**imperatore** (m)	[impera'tore]
tsaar (de)	**zar** (m)	[tsar]
farao (de)	**faraone** (m)	[fara'one]
kan (de)	**khan** (m)	['kan]

190. Weg. Weg. Routebeschrijving

weg (de)	**strada** (f)	['strada]
route (de kortste ~)	**cammino** (m)	[kam'mino]

autoweg (de)	**superstrada** (f)	[super'strada]
snelweg (de)	**autostrada** (f)	[auto'strada]
rijksweg (de)	**strada** (f) **statale**	['strada sta'tale]

hoofdweg (de)	**strada** (f) **principale**	['strada printʃi'pale]
landweg (de)	**strada** (f) **sterrata**	['strada ster'rata]

pad (het)	**viottolo** (m)	[vi'ottolo]
paadje (het)	**sentiero** (m)	[sen'tjero]

Waar?	**Dove?**	['dove]
Waarheen?	**Dove?**	['dove]
Waarvandaan?	**Di dove?, Da dove?**	[di 'dove], [da 'dove]

richting (de)	**direzione** (f)	[dire'tsjone]
aanwijzen (de weg ~)	**indicare** (vt)	[indi'kare]

naar links (bw)	**a sinistra**	[a si'nistra]
naar rechts (bw)	**a destra**	[a 'destra]
rechtdoor (bw)	**dritto**	['dritto]
terug (bijv. ~ keren)	**indietro**	[in'djetro]

bocht (de)	**curva** (f)	['kurva]
afslaan (naar rechts ~)	**girare** (vi)	[dʒi'rare]
U-bocht maken (ww)	**fare un'inversione a U**	['fare un inver'sjone a u:]

zichtbaar worden (ww)	**essere visibile**	['essere vi'zibile]
verschijnen (in zicht komen)	**apparire** (vi)	[appa'rire]

stop (korte onderbreking)	**sosta** (f)	['sosta]
zich verpozen (uitrusten)	**riposarsi** (vr)	[ripo'zarsi]
rust (de)	**riposo** (m)	[ri'pozo]

verdwalen (de weg kwijt zijn)	**perdersi** (vr)	['perdersi]
leiden naar ... (de weg)	**portare verso ...**	[por'tare 'verso]
bereiken (ergens aankomen)	**raggiungere** (vt)	[ra'dʒundʒere]
deel (~ van de weg)	**tratto** (m) **di strada**	['tratto di 'strada]

asfalt (het)	**asfalto** (m)	[as'falto]
trottoirband (de)	**cordolo** (m)	['kordolo]

greppel (de)	fosso (m)	['fosso]
putdeksel (het)	tombino (m)	[tom'bino]
vluchtstrook (de)	ciglio (m) della strada	['tʃiʎʎo della 'strada]
kuil (de)	buca (f)	['buka]

| gaan (te voet) | andare (vi) | [an'dare] |
| inhalen (voorbijgaan) | sorpassare (vt) | [sorpas'sare] |

| stap (de) | passo (m) | ['passo] |
| te voet (bw) | a piedi | [a 'pjedi] |

blokkeren (de weg ~)	sbarrare (vt)	[zbar'rare]
slagboom (de)	sbarra (f)	['zbarra]
doodlopende straat (de)	vicolo (m) cieco	['vikolo 'tʃjeko]

191. De wet overtreden. Criminelen. Deel 1

bandiet (de)	bandito (m)	[ban'dito]
misdaad (de)	delitto (m)	[de'litto]
misdadiger (de)	criminale (m)	[krimi'nale]

dief (de)	ladro (m)	['ladro]
stelen (ww)	rubare (vi, vt)	[ru'bare]
stelen (de)	ruberia (f)	[rube'ria]
diefstal (de)	furto (m)	['furto]

kidnappen (ww)	rapire (vt)	[ra'pire]
kidnapping (de)	rapimento (m)	[rapi'mento]
kidnapper (de)	rapitore (m)	[rapi'tore]

| losgeld (het) | riscatto (m) | [ris'katto] |
| eisen losgeld (ww) | chiedere il riscatto | ['kjedere il ris'katto] |

| overvallen (ww) | rapinare (vt) | [rapi'nare] |
| overvaller (de) | rapinatore (m) | [rapina'tore] |

afpersen (ww)	estorcere (vt)	[es'tortʃere]
afperser (de)	estorsore (m)	[estor'sore]
afpersing (de)	estorsione (f)	[estor'sjone]

vermoorden (ww)	uccidere (vt)	[u'tʃidere]
moord (de)	assassinio (m)	[assas'sinio]
moordenaar (de)	assassino (m)	[assas'sino]

schot (het)	sparo (m)	['sparo]
een schot lossen	tirare un colpo	[ti'rare un 'kolpo]
neerschieten (ww)	abbattere (vt)	[ab'battere]
schieten (ww)	sparare (vi)	[spa'rare]
schieten (het)	sparatoria (f)	[spara'toria]

ongeluk (gevecht, enz.)	incidente (m)	[intʃi'dente]
gevecht (het)	rissa (f)	['rissa]
Help!	Aiuto!	[a'juto]
slachtoffer (het)	vittima (f)	['vittima]

beschadigen (ww)	danneggiare (vt)	[danne'dʒare]
schade (de)	danno (m)	['danno]
lijk (het)	cadavere (m)	[ka'davere]
zwaar (~ misdrijf)	grave	['grave]

aanvallen (ww)	aggredire (vt)	[aggre'dire]
slaan (iemand ~)	picchiare (vt)	[pik'kjare]
in elkaar slaan (toetakelen)	picchiare (vt)	[pik'kjare]
ontnemen (beroven)	sottrarre (vt)	[sot'trarre]
steken (met een mes)	accoltellare a morte	[akkolte'lare a 'morte]
verminken (ww)	mutilare (vt)	[muti'lare]
verwonden (ww)	ferire (vt)	[fe'rire]

chantage (de)	ricatto (m)	[ri'katto]
chanteren (ww)	ricattare (vt)	[rikat'tare]
chanteur (de)	ricattatore (m)	[rikatta'tore]

afpersing (de)	estorsione (f)	[estor'sjone]
afperser (de)	estorsore (m)	[estor'sore]
gangster (de)	gangster (m)	['gangster]
maffia (de)	mafia (f)	['mafia]

kruimeldief (de)	borseggiatore (m)	[borsedʒa'tore]
inbreker (de)	scassinatore (m)	[skassina'tore]
smokkelen (het)	contrabbando (m)	[kontrab'bando]
smokkelaar (de)	contrabbandiere (m)	[kontrabban'djere]

namaak (de)	falsificazione (f)	[falsifika'tsjone]
namaken (ww)	falsificare (vt)	[falsifi'kare]
namaak-, vals (bn)	falso, falsificato	['falso], [falsifi'kato]

192. De wet overtreden. Criminelen. Deel 2

verkrachting (de)	stupro (m)	['stupro]
verkrachten (ww)	stuprare (vt)	[stu'prare]
verkrachter (de)	stupratore (m)	[stupra'tore]
maniak (de)	maniaco (m)	[ma'njako]

prostituee (de)	prostituta (f)	[prosti'tuta]
prostitutie (de)	prostituzione (f)	[prostitu'tsjone]
pooier (de)	magnaccia (m)	[ma'ɲatʃa]

| drugsverslaafde (de) | drogato (m) | [dro'gato] |
| drugshandelaar (de) | trafficante (m) di droga | [traffi'kante di 'droga] |

opblazen (ww)	far esplodere	[far e'splodere]
explosie (de)	esplosione (f)	[esplo'zjone]
in brand steken (ww)	incendiare (vt)	[intʃen'djare]
brandstichter (de)	incendiario (m)	[intʃen'djario]

terrorisme (het)	terrorismo (m)	[terro'rizmo]
terrorist (de)	terrorista (m)	[terro'rista]
gijzelaar (de)	ostaggio (m)	[os'tadʒo]
bedriegen (ww)	imbrogliare (vt)	[imbroʎ'ʎare]

bedrog (het)	imbroglio (m)	[im'broʎʎo]
oplichter (de)	imbroglione (m)	[imbroʎ'ʎone]

omkopen (ww)	corrompere (vt)	[kor'rompere]
omkoperij (de)	corruzione (f)	[korru'tsjone]
smeergeld (het)	bustarella (f)	[busta'rella]

vergif (het)	veleno (m)	[ve'leno]
vergiftigen (ww)	avvelenare (vt)	[avvele'nare]
vergif innemen (ww)	avvelenarsi (vr)	[avvele'narsi]

zelfmoord (de)	suicidio (m)	[sui'tʃidio]
zelfmoordenaar (de)	suicida (m)	[sui'tʃida]

bedreigen (bijv. met een pistool)	minacciare (vt)	[mina'tʃare]
bedreiging (de)	minaccia (f)	[mi'natʃa]
een aanslag plegen	attentare (vi)	[atten'tare]
aanslag (de)	attentato (m)	[atten'tato]

stelen (een auto)	rubare (vt)	[ru'bare]
kapen (een vliegtuig)	dirottare (vt)	[dirot'tare]

wraak (de)	vendetta (f)	[ven'detta]
wreken (ww)	vendicare (vt)	[vendi'kare]

martelen (gevangenen)	torturare (vt)	[tortu'rare]
foltering (de)	tortura (f)	[tor'tura]
folteren (ww)	maltrattare (vt)	[maltrat'tare]

piraat (de)	pirata (m)	[pi'rata]
straatschender (de)	teppista (m)	[tep'pista]
gewapend (bn)	armato	[ar'mato]
geweld (het)	violenza (f)	[vio'lentsa]
onwettig (strafbaar)	illegale	[ille'gale]

spionage (de)	spionaggio (m)	[spio'nadʒo]
spioneren (ww)	spiare (vi)	[spi'are]

193. Politie. Wet. Deel 1

justitie (de)	giustizia (f)	[dʒu'stitsia]
gerechtshof (het)	tribunale (m)	[tribu'nale]

rechter (de)	giudice (m)	['dʒuditʃe]
jury (de)	giurati (m)	[dʒu'rati]
juryrechtspraak (de)	processo (m) con giuria	[pro'tʃesso kon dʒu'ria]
berechten (ww)	giudicare (vt)	[dʒudi'kare]

advocaat (de)	avvocato (m)	[avvo'kato]
beklaagde (de)	imputato (m)	[impu'tato]
beklaagdenbank (de)	banco (m) degli imputati	['banko 'deʎʎi impu'tati]
beschuldiging (de)	accusa (f)	[ak'kuza]
beschuldigde (de)	accusato (m)	[akku'zato]

vonnis (het)	condanna (f)	[kon'danna]
veroordelen (in een rechtszaak)	condannare (vt)	[kondan'nare]

schuldige (de)	colpevole (m)	[kol'pevole]
straffen (ww)	punire (vt)	[pu'nire]
bestraffing (de)	punizione (f)	[puni'tsjone]

boete (de)	multa (f), ammenda (f)	['multa], [am'menda]
levenslange opsluiting (de)	ergastolo (m)	[er'gastolo]
doodstraf (de)	pena (f) di morte	['pena di 'morte]
elektrische stoel (de)	sedia (f) elettrica	['sedia e'lettrika]
schavot (het)	impiccagione (f)	[impikka'dʒone]

executeren (ww)	giustiziare (vt)	[dʒusti'tsjare]
executie (de)	esecuzione (f)	[ezeku'tsjone]

gevangenis (de)	prigione (f)	[pri'dʒone]
cel (de)	cella (f)	['tʃella]
konvooi (het)	scorta (f)	['skorta]
gevangenisbewaker (de)	guardia (f) carceraria	['gwardia kartʃe'raria]
gedetineerde (de)	prigioniero (m)	[pridʒo'njero]

handboeien (mv.)	manette (f pl)	[ma'nette]
handboeien omdoen	mettere le manette	['mettere le ma'nette]

ontsnapping (de)	fuga (f)	['fuga]
ontsnappen (ww)	fuggire (vi)	[fu'dʒire]
verdwijnen (ww)	scomparire (vi)	[skompa'rire]
vrijlaten (uit de gevangenis)	liberare (vt)	[libe'rare]
amnestie (de)	amnistia (f)	[amni'stia]

politie (de)	polizia (f)	[poli'tsia]
politieagent (de)	poliziotto (m)	[poli'tsjotto]
politiebureau (het)	commissariato (m)	[kommissa'rjato]
knuppel (de)	manganello (m)	[manga'nello]
megafoon (de)	altoparlante (m)	[altopar'lante]

patrouilleerwagen (de)	macchina (f) di pattuglia	['makkina di pat'tuʎʎa]
sirene (de)	sirena (f)	[si'rena]
de sirene aansteken	mettere la sirena	['mettere la si'rena]
geloei (het) van de sirene	suono (m) della sirena	[su'ono 'della si'rena]

plaats delict (de)	luogo (m) del crimine	[lu'ogo del 'krimine]
getuige (de)	testimone (m)	[testi'mone]
vrijheid (de)	libertà (f)	[liber'ta]
handlanger (de)	complice (m)	['komplitʃe]
ontvluchten (ww)	fuggire (vi)	[fu'dʒire]
spoor (het)	traccia (f)	['tratʃa]

194. Politie. Wet. Deel 2

opsporing (de)	ricerca (f)	[ri'tʃerka]
opsporen (ww)	cercare (vt)	[tʃer'kare]

verdenking (de)	sospetto (m)	[so'spetto]
verdacht (bn)	sospetto	[so'spetto]
aanhouden (stoppen)	fermare (vt)	[fer'mare]
tegenhouden (ww)	arrestare	[arre'stare]
strafzaak (de)	causa (f)	['kauza]
onderzoek (het)	inchiesta (f)	[in'kjesta]
detective (de)	detective (m)	[de'tektiv]
onderzoeksrechter (de)	investigatore (m)	[investiga'tore]
versie (de)	versione (f)	[ver'sjone]
motief (het)	movente (m)	[mo'vente]
verhoor (het)	interrogatorio (m)	[interroga'torio]
ondervragen (door de politie)	interrogare (vt)	[interro'gare]
ondervragen (omstanders ~)	interrogare (vt)	[interro'gare]
controle (de)	controllo (m)	[kon'trollo]
razzia (de)	retata (f)	[re'tata]
huiszoeking (de)	perquisizione (f)	[perkwizi'tsjone]
achtervolging (de)	inseguimento (m)	[insegwi'mento]
achtervolgen (ww)	inseguire (vt)	[inse'gwire]
opsporen (ww)	essere sulle tracce	['essere sulle 'tratʃe]
arrest (het)	arresto (m)	[ar'resto]
arresteren (ww)	arrestare	[arre'stare]
vangen, aanhouden (een dief, enz.)	catturare (vt)	[kattu'rare]
aanhouding (de)	cattura (f)	[kat'tura]
document (het)	documento (m)	[doku'mento]
bewijs (het)	prova (f)	['prova]
bewijzen (ww)	provare (vt)	[pro'vare]
voetspoor (het)	impronta (f) del piede	[im'pronta del 'pjede]
vingerafdrukken (mv.)	impronte (f pl) digitali	[im'pronte didʒi'tali]
bewijs (het)	elemento (m) di prova	[ele'mento di 'prova]
alibi (het)	alibi (m)	['alibi]
onschuldig (bn)	innocente	[inno'tʃente]
onrecht (het)	ingiustizia (f)	[indʒu'stitsia]
onrechtvaardig (bn)	ingiusto	[in'dʒusto]
crimineel (bn)	criminale	[krimi'nale]
confisqueren (in beslag nemen)	confiscare (vt)	[konfis'kare]
drug (de)	droga (f)	['droga]
wapen (het)	armi (f pl)	['armi]
ontwapenen (ww)	disarmare (vt)	[dizar'mare]
bevelen (ww)	ordinare (vt)	[ordi'nare]
verdwijnen (ww)	sparire (vi)	[spa'rire]
wet (de)	legge (f)	['ledʒe]
wettelijk (bn)	legale	[le'gale]
onwettelijk (bn)	illegale	[ille'gale]
verantwoordelijkheid (de)	responsabilità (f)	[responsabili'ta]
verantwoordelijk (bn)	responsabile	[respon'sabile]

NATUUR

De Aarde. Deel 1

195. De kosmische ruimte

kosmos (de)	cosmo (m)	['kozmo]
kosmisch (bn)	cosmico, spaziale	['kozmiko], [spa'tsjale]
kosmische ruimte (de)	spazio (m) cosmico	['spatsio 'kozmiko]
wereld (de)	mondo (m)	['mondo]
heelal (het)	universo (m)	[uni'verso]
sterrenstelsel (het)	galassia (f)	[ga'lassia]
ster (de)	stella (f)	['stella]
sterrenbeeld (het)	costellazione (f)	[kostella'tsjone]
planeet (de)	pianeta (m)	[pja'neta]
satelliet (de)	satellite (m)	[sa'tellite]
meteoriet (de)	meteorite (m)	[meteo'rite]
komeet (de)	cometa (f)	[ko'meta]
asteroïde (de)	asteroide (m)	[aste'roide]
baan (de)	orbita (f)	['orbita]
draaien (om de zon, enz.)	ruotare (vi)	[ruo'tare]
atmosfeer (de)	atmosfera (f)	[atmo'sfera]
Zon (de)	il Sole	[il 'sole]
zonnestelsel (het)	sistema (m) solare	[si'stema so'lare]
zonsverduistering (de)	eclisse (f) solare	[e'klisse so'lare]
Aarde (de)	la Terra	[la 'terra]
Maan (de)	la Luna	[la 'luna]
Mars (de)	Marte (m)	['marte]
Venus (de)	Venere (f)	['venere]
Jupiter (de)	Giove (m)	['dʒove]
Saturnus (de)	Saturno (m)	[sa'turno]
Mercurius (de)	Mercurio (m)	[mer'kurio]
Uranus (de)	Urano (m)	[u'rano]
Neptunus (de)	Nettuno (m)	[net'tuno]
Pluto (de)	Plutone (m)	[plu'tone]
Melkweg (de)	Via (f) Lattea	['via 'lattea]
Grote Beer (de)	Orsa (f) Maggiore	['orsa ma'dʒore]
Poolster (de)	Stella (f) Polare	['stella po'lare]
marsmannetje (het)	marziano (m)	[mar'tsjano]
buitenaards wezen (het)	extraterrestre (m)	[ekstrater'restre]

178

bovenaards (het)	alieno (m)	[a'ljeno]
vliegende schotel (de)	disco (m) volante	['disko vo'lante]

ruimtevaartuig (het)	nave (f) spaziale	['nave spa'tsjale]
ruimtestation (het)	stazione (f) spaziale	[sta'tsjone spa'tsjale]
start (de)	lancio (m)	['lantʃo]

motor (de)	motore (m)	[mo'tore]
straalpijp (de)	ugello (m)	[u'dʒello]
brandstof (de)	combustibile (m)	[kombu'stibile]

cabine (de)	cabina (f) di pilotaggio	[ka'bina di pilo'tadʒio]
antenne (de)	antenna (f)	[an'tenna]
patrijspoort (de)	oblò (m)	[ob'lo]
zonnebatterij (de)	batteria (f) solare	[batte'ria so'lare]
ruimtepak (het)	scafandro (m)	[ska'fandro]

gewichtloosheid (de)	imponderabilità (f)	[imponderabili'ta]
zuurstof (de)	ossigeno (m)	[os'sidʒeno]

koppeling (de)	aggancio (m)	[ag'gantʃo]
koppeling maken	agganciarsi (vr)	[aggan'tʃarsi]

observatorium (het)	osservatorio (m)	[osserva'torio]
telescoop (de)	telescopio (m)	[tele'skopio]
waarnemen (ww)	osservare (vt)	[osser'vare]
exploreren (ww)	esplorare (vt)	[esplo'rare]

196. De Aarde

Aarde (de)	la Terra	[la 'terra]
aardbol (de)	globo (m) terrestre	['globo ter'restre]
planeet (de)	pianeta (m)	[pja'neta]

atmosfeer (de)	atmosfera (f)	[atmo'sfera]
aardrijkskunde (de)	geografia (f)	[dʒeogra'fia]
natuur (de)	natura (f)	[na'tura]

wereldbol (de)	mappamondo (m)	[mappa'mondo]
kaart (de)	carta (f) geografica	['karta dʒeo'grafika]
atlas (de)	atlante (m)	[a'tlante]

Europa (het)	Europa (f)	[eu'ropa]
Azië (het)	Asia (f)	['azia]

Afrika (het)	Africa (f)	['afrika]
Australië (het)	Australia (f)	[au'stralia]

Amerika (het)	America (f)	[a'merika]
Noord-Amerika (het)	America (f) del Nord	[a'merika del nord]
Zuid-Amerika (het)	America (f) del Sud	[a'merika del sud]

Antarctica (het)	Antartide (f)	[an'tartide]
Arctis (de)	Artico (m)	['artiko]

197. Windrichtingen

noorden (het)	**nord** (m)	[nord]
naar het noorden	**a nord**	[a nord]
in het noorden	**al nord**	[al nord]
noordelijk (bn)	**del nord**	[del nord]
zuiden (het)	**sud** (m)	[sud]
naar het zuiden	**a sud**	[a sud]
in het zuiden	**al sud**	[al sud]
zuidelijk (bn)	**del sud**	[del sud]
westen (het)	**ovest** (m)	['ovest]
naar het westen	**a ovest**	[a 'ovest]
in het westen	**all'ovest**	[all 'ovest]
westelijk (bn)	**dell'ovest, occidentale**	[dell 'ovest], [otʃiden'tale]
oosten (het)	**est** (m)	[est]
naar het oosten	**a est**	[a est]
in het oosten	**all'est**	[all 'est]
oostelijk (bn)	**dell'est, orientale**	[dell 'est], [orien'tale]

198. Zee. Oceaan

zee (de)	**mare** (m)	['mare]
oceaan (de)	**oceano** (m)	[o'tʃeano]
golf (baai)	**golfo** (m)	['golfo]
straat (de)	**stretto** (m)	['stretto]
grond (vaste grond)	**terra** (f)	['terra]
continent (het)	**continente** (m)	[konti'nente]
eiland (het)	**isola** (f)	['izola]
schiereiland (het)	**penisola** (f)	[pe'nizola]
archipel (de)	**arcipelago** (m)	[artʃi'pelago]
baai, bocht (de)	**baia** (f)	['baja]
haven (de)	**porto** (m)	['porto]
lagune (de)	**laguna** (f)	[la'guna]
kaap (de)	**capo** (m)	['kapo]
atol (de)	**atollo** (m)	[a'tollo]
rif (het)	**scogliera** (f)	[skoʎ'ʎera]
koraal (het)	**corallo** (m)	[ko'rallo]
koraalrif (het)	**barriera** (f) **corallina**	[bar'rjera koral'lina]
diep (bn)	**profondo**	[pro'fondo]
diepte (de)	**profondità** (f)	[profondi'ta]
diepzee (de)	**abisso** (m)	[a'bisso]
trog (bijv. Marianentrog)	**fossa** (f)	['fossa]
stroming (de)	**corrente** (f)	[kor'rente]
omspoelen (ww)	**circondare** (vt)	[tʃirkon'dare]
oever (de)	**litorale** (m)	[lito'rale]

kust (de)	costa (f)	['kosta]
vloed (de)	alta marea (f)	['alta ma'rea]
eb (de)	bassa marea (f)	['bassa ma'rea]
ondiepte (ondiep water)	banco (m) di sabbia	['banko di 'sabbia]
bodem (de)	fondo (m)	['fondo]
golf (hoge ~)	onda (f)	['onda]
golfkam (de)	cresta (f) dell'onda	['kresta dell 'onda]
schuim (het)	schiuma (f)	['skjuma]
orkaan (de)	uragano (m)	[ura'gano]
tsunami (de)	tsunami (m)	[tsu'nami]
windstilte (de)	bonaccia (f)	[bo'natʃa]
kalm (bijv. ~e zee)	tranquillo	[tran'kwillo]
pool (de)	polo (m)	['polo]
polair (bn)	polare	[po'lare]
breedtegraad (de)	latitudine (f)	[lati'tudine]
lengtegraad (de)	longitudine (f)	[londʒi'tudine]
parallel (de)	parallelo (m)	[paral'lelo]
evenaar (de)	equatore (m)	[ekwa'tore]
hemel (de)	cielo (m)	['tʃelo]
horizon (de)	orizzonte (m)	[orid'dzonte]
lucht (de)	aria (f)	['aria]
vuurtoren (de)	faro (m)	['faro]
duiken (ww)	tuffarsi (vr)	[tuf'farsi]
zinken (ov. een boot)	affondare (vi)	[affon'dare]
schatten (mv.)	tesori (m)	[te'zori]

199. Namen van zeeën en oceanen

Atlantische Oceaan (de)	Oceano (m) Atlantico	[o'tʃeano at'lantiko]
Indische Oceaan (de)	Oceano (m) Indiano	[o'tʃeano indi'ano]
Stille Oceaan (de)	Oceano (m) Pacifico	[o'tʃeano pa'tʃifiko]
Noordelijke IJszee (de)	mar (m) Glaciale Artico	[mar gla'tʃale 'artiko]
Zwarte Zee (de)	mar (m) Nero	[mar 'nero]
Rode Zee (de)	mar (m) Rosso	[mar 'rosso]
Gele Zee (de)	mar (m) Giallo	[mar 'dʒallo]
Witte Zee (de)	mar (m) Bianco	[mar 'bjanko]
Kaspische Zee (de)	mar (m) Caspio	[mar 'kaspio]
Dode Zee (de)	mar (m) Morto	[mar 'morto]
Middellandse Zee (de)	mar (m) Mediterraneo	[mar mediter'raneo]
Egeïsche Zee (de)	mar (m) Egeo	[mar e'dʒeo]
Adriatische Zee (de)	mar (m) Adriatico	[mar adri'atiko]
Arabische Zee (de)	mar (m) Arabico	[mar a'rabiko]
Japanse Zee (de)	mar (m) del Giappone	[mar del dʒap'pone]
Beringzee (de)	mare (m) di Bering	['mare di 'bering]

Zuid-Chinese Zee (de)	mar (m) Cinese meridionale	[mar ʧi'neze meridio'nale]
Koraalzee (de)	mar (m) dei Coralli	[mar 'dei ko'ralli]
Tasmanzee (de)	mar (m) di Tasmania	[mar di taz'mania]
Caribische Zee (de)	mar (m) dei Caraibi	[mar dei kara'ibi]
Barentszzee (de)	mare (m) di Barents	['mare di 'barents]
Karische Zee (de)	mare (m) di Kara	['mare di 'kara]
Noordzee (de)	mare (m) del Nord	['mare del nord]
Baltische Zee (de)	mar (m) Baltico	[mar 'baltiko]
Noorse Zee (de)	mare (m) di Norvegia	['mare di nor'vedʒa]

200. Bergen

berg (de)	monte (m), montagna (f)	['monte], [mon'taɲa]
bergketen (de)	catena (f) montuosa	[ka'tena montu'oza]
gebergte (het)	crinale (m)	[kri'nale]
bergtop (de)	cima (f)	['ʧima]
bergpiek (de)	picco (m)	['pikko]
voet (ov. de berg)	piedi (m pl)	['pjede]
helling (de)	pendio (m)	[pen'dio]
vulkaan (de)	vulcano (m)	[vul'kano]
actieve vulkaan (de)	vulcano (m) attivo	[vul'kano at'tivo]
uitgedoofde vulkaan (de)	vulcano (m) inattivo	[vul'kano inat'tivo]
uitbarsting (de)	eruzione (f)	[eru'tsjone]
krater (de)	cratere (m)	[kra'tere]
magma (het)	magma (m)	['magma]
lava (de)	lava (f)	['lava]
gloeiend (~e lava)	fuso	['fuzo]
kloof (canyon)	canyon (m)	['kenjon]
bergkloof (de)	gola (f)	['gola]
spleet (de)	crepaccio (m)	[kre'paʧo]
afgrond (de)	precipizio (m)	[preʧi'pitsio]
bergpas (de)	passo (m), valico (m)	['passo], ['valiko]
plateau (het)	altopiano (m)	[alto'pjano]
klip (de)	falesia (f)	[fa'lezia]
heuvel (de)	collina (f)	[kol'lina]
gletsjer (de)	ghiacciaio (m)	[gja'ʧajo]
waterval (de)	cascata (f)	[kas'kata]
geiser (de)	geyser (m)	['gejzer]
meer (het)	lago (m)	['lago]
vlakte (de)	pianura (f)	[pja'nura]
landschap (het)	paesaggio (m)	[pae'zadʒo]
echo (de)	eco (f)	['eko]
alpinist (de)	alpinista (m)	[alpi'nista]
bergbeklimmer (de)	scalatore (m)	[skala'tore]

trotseren (berg ~)	conquistare (vt)	[konkwi'stare]
beklimming (de)	scalata (f)	[ska'lata]

201. Bergen namen

Alpen (de)	Alpi (f pl)	['alpi]
Mont Blanc (de)	Monte (m) Bianco	['monte 'bjanko]
Pyreneeën (de)	Pirenei (m pl)	[pire'nei]
Karpaten (de)	Carpazi (m pl)	[kar'patsi]
Oeralgebergte (het)	gli Urali (m pl)	[ʎi u'rali]
Kaukasus (de)	Caucaso (m)	['kaukazo]
Elbroes (de)	Monte (m) Elbrus	['monte 'elbrus]
Altaj (de)	Monti (m pl) Altai	['monti al'taj]
Tiensjan (de)	Tien Shan (m)	[tjen 'ʃan]
Pamir (de)	Pamir (m)	[pa'mir]
Himalaya (de)	Himalaia (m)	[ima'laja]
Everest (de)	Everest (m)	['everest]
Andes (de)	Ande (f pl)	['ande]
Kilimanjaro (de)	Kilimangiaro (m)	[kiliman'dʒaro]

202. Rivieren

rivier (de)	fiume (m)	['fjume]
bron (~ van een rivier)	fonte (f)	['fonte]
rivierbedding (de)	letto (m)	['letto]
rivierbekken (het)	bacino (m)	[ba'tʃino]
uitmonden in ...	sfociare nel ...	[sfo'tʃare nel]
zijrivier (de)	affluente (m)	[afflu'ente]
oever (de)	riva (f)	['riva]
stroming (de)	corrente (f)	[kor'rente]
stroomafwaarts (bw)	a valle	[a 'valle]
stroomopwaarts (bw)	a monte	[a 'monte]
overstroming (de)	inondazione (f)	[inonda'tsjone]
overstroming (de)	piena (f)	['pjena]
buiten zijn oevers treden	straripare (vi)	[strari'pare]
overstromen (ww)	inondare (vt)	[inon'dare]
zandbank (de)	secca (f)	['sekka]
stroomversnelling (de)	rapida (f)	['rapida]
dam (de)	diga (f)	['diga]
kanaal (het)	canale (m)	[ka'nale]
spaarbekken (het)	bacino (m) di riserva	[ba'tʃino di ri'zerva]
sluis (de)	chiusa (f)	['kjuza]
waterlichaam (het)	bacino (m) idrico	[ba'tʃino 'idriko]
moeras (het)	palude (f)	[pa'lude]

| broek (het) | pantano (m) | [pan'tano] |
| draaikolk (de) | vortice (m) | ['vortiʧe] |

stroom (de)	ruscello (m)	[ru'ʃello]
drink- (abn)	potabile	[po'tabile]
zoet (~ water)	dolce	['dolʧe]

| ijs (het) | ghiaccio (m) | ['gjatʧo] |
| bevriezen (rivier, enz.) | ghiacciarsi (vr) | [gja'tʃarsi] |

203. Namen van rivieren

| Seine (de) | Senna (f) | ['senna] |
| Loire (de) | Loira (f) | ['loira] |

Theems (de)	Tamigi (m)	[ta'midʒi]
Rijn (de)	Reno (m)	['reno]
Donau (de)	Danubio (m)	[da'nubio]

Wolga (de)	Volga (m)	['volga]
Don (de)	Don (m)	[don]
Lena (de)	Lena (f)	['lena]

Gele Rivier (de)	Fiume (m) Giallo	['fjume 'dʒallo]
Blauwe Rivier (de)	Fiume (m) Azzurro	['fjume ad'dzurro]
Mekong (de)	Mekong (m)	[me'kong]
Ganges (de)	Gange (m)	['gandʒe]

Nijl (de)	Nilo (m)	['nilo]
Kongo (de)	Congo (m)	['kongo]
Okavango (de)	Okavango	[oka'vango]
Zambezi (de)	Zambesi (m)	[dzam'bezi]
Limpopo (de)	Limpopo (m)	['limpopo]
Mississippi (de)	Mississippi (m)	[missis'sippi]

204. Bos

| bos (het) | foresta (f) | [fo'resta] |
| bos- (abn) | forestale | [fores'tale] |

oerwoud (dicht bos)	foresta (f) fitta	[fo'resta 'fitta]
bosje (klein bos)	boschetto (m)	[bos'ketto]
open plek (de)	radura (f)	[ra'dura]

| struikgewas (het) | roveto (m) | [ro'veto] |
| struiken (mv.) | boscaglia (f) | [bos'kaʎʎa] |

| paadje (het) | sentiero (m) | [sen'tjero] |
| ravijn (het) | calanco (m) | [ka'lanko] |

| boom (de) | albero (m) | ['albero] |
| blad (het) | foglia (f) | ['foʎʎa] |

gebladerte (het)	**fogliame** (m)	[foʎ'ʎame]
vallende bladeren (mv.)	**caduta** (f) **delle foglie**	[ka'duta 'delle 'foʎʎe]
vallen (ov. de bladeren)	**cadere** (vi)	[ka'dere]
boomtop (de)	**cima** (f)	['tʃima]

tak (de)	**ramo** (m), **ramoscello** (m)	['ramo], [ramo'ʃello]
ent (de)	**ramo** (m)	['ramo]
knop (de)	**gemma** (f)	['dʒemma]
naald (de)	**ago** (m)	['ago]
dennenappel (de)	**pigna** (f)	['piɲa]

boom holte (de)	**cavità** (f)	[kavi'ta]
nest (het)	**nido** (m)	['nido]
hol (het)	**tana** (f)	['tana]

stam (de)	**tronco** (m)	['tronko]
wortel (bijv. boom~s)	**radice** (f)	[ra'ditʃe]
schors (de)	**corteccia** (f)	[kor'tetʃa]
mos (het)	**musco** (m)	['musko]

ontwortelen (een boom)	**sradicare** (vt)	[zradi'kare]
kappen (een boom ~)	**abbattere** (vt)	[ab'battere]
ontbossen (ww)	**disboscare** (vt)	[dizbo'skare]
stronk (de)	**ceppo** (m)	['tʃeppo]

kampvuur (het)	**falò** (m)	[fa'lo]
bosbrand (de)	**incendio** (m) **boschivo**	[in'tʃendio bos'kivo]
blussen (ww)	**spegnere** (vt)	['speɲere]

boswachter (de)	**guardia** (f) **forestale**	['gwardia fores'tale]
bescherming (de)	**protezione** (f)	[prote'tsjone]
beschermen (bijv. de natuur ~)	**proteggere** (vt)	[pro'tedʒere]
stroper (de)	**bracconiere** (m)	[brakko'njere]
val (de)	**tagliola** (f)	[taʎ'ʎoʎa]

plukken (vruchten, enz.)	**raccogliere** (vt)	[rak'koʎʎere]
verdwalen (de weg kwijt zijn)	**perdersi** (vr)	['perdersi]

205. Natuurlijke hulpbronnen

natuurlijke rijkdommen (mv.)	**risorse** (f pl) **naturali**	[ri'sorse natu'rali]
delfstoffen (mv.)	**minerali** (m pl)	[mine'rali]
lagen (mv.)	**deposito** (m)	[de'pozito]
veld (bijv. olie~)	**giacimento** (m)	[dʒatʃi'mento]

winnen (uit erts ~)	**estrarre** (vt)	[e'strarre]
winning (de)	**estrazione** (f)	[estra'tsjone]
erts (het)	**minerale** (m) **grezzo**	[mine'rale 'greddzo]
mijn (bijv. kolenmijn)	**miniera** (f)	[mi'njera]
mijnschacht (de)	**pozzo** (m) **di miniera**	['pottso di mi'njera]
mijnwerker (de)	**minatore** (m)	[mina'tore]
gas (het)	**gas** (m)	[gas]
gasleiding (de)	**gasdotto** (m)	[gas'dotto]

olie (aardolie)	**petrolio** (m)	[pe'trolio]
olieleiding (de)	**oleodotto** (m)	[oleo'dotto]
oliebron (de)	**torre** (f) **di estrazione**	['torre di estra'tsjone]
boortoren (de)	**torre** (f) **di trivellazione**	['torre di trivella'tsjone]
tanker (de)	**petroliera** (f)	[petro'ljera]
zand (het)	**sabbia** (f)	['sabbia]
kalksteen (de)	**calcare** (m)	[kal'kare]
grind (het)	**ghiaia** (f)	['gjaja]
veen (het)	**torba** (f)	['torba]
klei (de)	**argilla** (f)	[ar'dʒilla]
steenkool (de)	**carbone** (m)	[kar'bone]
ijzer (het)	**ferro** (m)	['ferro]
goud (het)	**oro** (m)	['oro]
zilver (het)	**argento** (m)	[ar'dʒento]
nikkel (het)	**nichel** (m)	['nikel]
koper (het)	**rame** (m)	['rame]
zink (het)	**zinco** (m)	['dzinko]
mangaan (het)	**manganese** (m)	[manga'neze]
kwik (het)	**mercurio** (m)	[mer'kurio]
lood (het)	**piombo** (m)	['pjombo]
mineraal (het)	**minerale** (m)	[mine'rale]
kristal (het)	**cristallo** (m)	[kris'tallo]
marmer (het)	**marmo** (m)	['marmo]
uraan (het)	**uranio** (m)	[u'ranio]

De Aarde. Deel 2

206. Weer

weer (het)	tempo (m)	['tempo]
weersvoorspelling (de)	previsione (f) del tempo	[previ'zjone del 'tempo]
temperatuur (de)	temperatura (f)	[tempera'tura]
thermometer (de)	termometro (m)	[ter'mometro]
barometer (de)	barometro (m)	[ba'rometro]
vochtig (bn)	umido	['umido]
vochtigheid (de)	umidità (f)	[umidi'ta]
hitte (de)	caldo (m), afa (f)	['kaldo], ['afa]
heet (bn)	molto caldo	['molto 'kaldo]
het is heet	fa molto caldo	[fa 'molto 'kaldo]
het is warm	fa caldo	[fa 'kaldo]
warm (bn)	caldo	['kaldo]
het is koud	fa freddo	[fa 'freddo]
koud (bn)	freddo	['freddo]
zon (de)	sole (m)	['sole]
schijnen (de zon)	splendere (vi)	['splendere]
zonnig (~e dag)	di sole	[di 'sole]
opgaan (ov. de zon)	levarsi (vr)	[le'varsi]
ondergaan (ww)	tramontare (vi)	[tramon'tare]
wolk (de)	nuvola (f)	['nuvola]
bewolkt (bn)	nuvoloso	[nuvo'lozo]
regenwolk (de)	nube (f) di pioggia	['nube di 'pjodʒa]
somber (bn)	nuvoloso	[nuvo'lozo]
regen (de)	pioggia (f)	['pjodʒa]
het regent	piove	['pjove]
regenachtig (bn)	piovoso	[pjo'vozo]
motregenen (ww)	piovigginare (vi)	[pjovidʒi'nare]
plensbui (de)	pioggia (f) torrenziale	['pjodʒa torren'tsjale]
stortbui (de)	acquazzone (m)	[akwat'tsone]
hard (bn)	forte	['forte]
plas (de)	pozzanghera (f)	[pot'tsangera]
nat worden (ww)	bagnarsi (vr)	[ba'narsi]
mist (de)	foschia (f), nebbia (f)	[fos'kia], ['nebbia]
mistig (bn)	nebbioso	[neb'bjozo]
sneeuw (de)	neve (f)	['neve]
het sneeuwt	nevica	['nevika]

207. Zwaar weer. Natuurrampen

noodweer (storm)	temporale (m)	[tempo'rale]
bliksem (de)	fulmine (f)	['fulmine]
flitsen (ww)	lampeggiare (vi)	[lampe'dʒare]
donder (de)	tuono (m)	[tu'ono]
donderen (ww)	tuonare (vi)	[tuo'nare]
het dondert	tuona	[tu'ona]
hagel (de)	grandine (f)	['grandine]
het hagelt	grandina	['grandina]
overstromen (ww)	inondare (vt)	[inon'dare]
overstroming (de)	inondazione (f)	[inonda'tsjone]
aardbeving (de)	terremoto (m)	[terre'moto]
aardschok (de)	scossa (f)	['skossa]
epicentrum (het)	epicentro (m)	[epi'tʃentro]
uitbarsting (de)	eruzione (f)	[eru'tsjone]
lava (de)	lava (f)	['lava]
wervelwind (de)	tromba (f) d'aria	['tromba 'daria]
windhoos (de)	tornado (m)	[tor'nado]
tyfoon (de)	tifone (m)	[ti'fone]
orkaan (de)	uragano (m)	[ura'gano]
storm (de)	tempesta (f)	[tem'pesta]
tsunami (de)	tsunami (m)	[tsu'nami]
cycloon (de)	ciclone (m)	[tʃi'klone]
onweer (het)	maltempo (m)	[mal'tempo]
brand (de)	incendio (m)	[in'tʃendio]
ramp (de)	disastro (m)	[di'zastro]
meteoriet (de)	meteorite (m)	[meteo'rite]
lawine (de)	valanga (f)	[va'langa]
sneeuwverschuiving (de)	slavina (f)	[zla'vina]
sneeuwjacht (de)	tempesta (f) di neve	[tem'pesta di 'neve]
sneeuwstorm (de)	bufera (f) di neve	['bufera di 'neve]

208. Geluiden. Geluiden

stilte (de)	silenzio (m)	[si'lentsio]
geluid (het)	suono (m)	[su'ono]
lawaai (het)	rumore (m)	[ru'more]
lawaai maken (ww)	far rumore	[far ru'more]
lawaaierig (bn)	rumoroso	[rumo'rozo]
luid (~ spreken)	forte, alto	['forte], ['alto]
luid (bijv. ~e stem)	alto, forte	['alto], ['forte]
aanhoudend (voortdurend)	costante	[ko'stante]

schreeuw (de)	**grido** (m)	['grido]
schreeuwen (ww)	**gridare** (vi)	[gri'dare]
gefluister (het)	**sussurro** (m)	[sus'surro]
fluisteren (ww)	**sussurrare** (vi, vt)	[sussur'rare]

geblaf (het)	**abbaiamento** (m)	[abaja'mento]
blaffen (ww)	**abbaiare** (vi)	[abba'jare]

gekreun (het)	**gemito** (m)	['dʒemito]
kreunen (ww)	**gemere** (vi)	['dʒemere]
hoest (de)	**tosse** (f)	['tosse]
hoesten (ww)	**tossire** (vi)	[tos'sire]

gefluit (het)	**fischio** (m)	['fiskio]
fluiten (op het fluitje blazen)	**fischiare** (vi)	[fis'kjare]
geklop (het)	**bussata** (f)	[bus'sata]
kloppen (aan een deur)	**bussare** (vi)	[bus'sare]

kraken (hout, ijs)	**crepitare** (vi)	[krepi'tare]
gekraak (het)	**crepitio** (m)	[krepi'tio]

sirene (de)	**sirena** (f)	[si'rena]
fluit (stoom ~)	**sirena** (f) **di fabbrica**	[si'rena di 'fabbrika]
fluiten (schip, trein)	**emettere un fischio**	[e'mettere un 'fiskio]
toeter (de)	**colpo** (m) **di clacson**	['kolpo di 'klakson]
toeteren (ww)	**clacsonare** (vi)	[klakso'nare]

209. Winter

winter (de)	**inverno** (m)	[in'verno]
winter- (abn)	**invernale**	[inver'nale]
in de winter (bw)	**d'inverno**	[din'verno]

sneeuw (de)	**neve** (f)	['neve]
het sneeuwt	**nevica**	['nevika]
sneeuwval (de)	**nevicata** (f)	[nevi'kata]
sneeuwhoop (de)	**mucchio** (m) **di neve**	['mukkio di 'neve]

sneeuwvlok (de)	**fiocco** (m) **di neve**	[fjokko di 'neve]
sneeuwbal (de)	**palla** (f) **di neve**	['palla di 'neve]
sneeuwman (de)	**pupazzo** (m) **di neve**	[pu'pattso di 'neve]
ijspegel (de)	**ghiacciolo** (m)	[gja'tʃolo]

december (de)	**dicembre** (m)	[di'tʃembre]
januari (de)	**gennaio** (m)	[dʒen'najo]
februari (de)	**febbraio** (m)	[feb'brajo]

vorst (de)	**gelo** (m)	['dʒelo]
vries- (abn)	**gelido**	['dʒelido]

onder nul (bw)	**sotto zero**	['sotto 'dzero]
eerste vorst (de)	**primi geli** (m pl)	['primi 'dʒeli]
rijp (de)	**brina** (f)	['brina]
koude (de)	**freddo** (m)	['freddo]

het is koud	fa freddo	[fa 'freddo]
bontjas (de)	pelliccia (f)	[pel'litʃa]
wanten (mv.)	manopole (f pl)	[ma'nopole]

ziek worden (ww)	ammalarsi (vr)	[amma'larsi]
verkoudheid (de)	raffreddore (m)	[raffred'dore]
verkouden raken (ww)	raffreddarsi (vr)	[raffred'darsi]

ijs (het)	ghiaccio (m)	['gjatʃo]
ijzel (de)	ghiaccio (m) trasparente	['gjatʃo traspa'rente]
bevriezen (rivier, enz.)	ghiacciarsi (vr)	[gja'tʃarsi]
ijsschol (de)	banco (m) di ghiaccio	['banko di 'gjatʃo]

ski's (mv.)	sci (m pl)	[ʃi]
skiër (de)	sciatore (m)	[ʃia'tore]
skiën (ww)	sciare (vi)	[ʃi'are]
schaatsen (ww)	pattinare (vi)	[patti'nare]

Fauna

210. Zoogdieren. Roofdieren

roofdier (het)	**predatore** (m)	[preda'tore]
tijger (de)	**tigre** (f)	['tigre]
leeuw (de)	**leone** (m)	[le'one]
wolf (de)	**lupo** (m)	['lupo]
vos (de)	**volpe** (m)	['volpe]
jaguar (de)	**giaguaro** (m)	[dʒa'gwaro]
luipaard (de)	**leopardo** (m)	[leo'pardo]
jachtluipaard (de)	**ghepardo** (m)	[ge'pardo]
panter (de)	**pantera** (f)	[pan'tera]
poema (de)	**puma** (f)	['puma]
sneeuwluipaard (de)	**leopardo** (m) **delle nevi**	[leo'pardo 'delle 'nevi]
lynx (de)	**lince** (f)	['lintʃe]
coyote (de)	**coyote** (m)	[ko'jote]
jakhals (de)	**sciacallo** (m)	[ʃa'kallo]
hyena (de)	**iena** (f)	['jena]

211. Wilde dieren

dier (het)	**animale** (m)	[ani'male]
beest (het)	**bestia** (f)	['bestia]
eekhoorn (de)	**scoiattolo** (m)	[sko'jattolo]
egel (de)	**riccio** (m)	['ritʃo]
haas (de)	**lepre** (f)	['lepre]
konijn (het)	**coniglio** (m)	[ko'niʎʎo]
das (de)	**tasso** (m)	['tasso]
wasbeer (de)	**procione** (f)	[pro'tʃone]
hamster (de)	**criceto** (m)	[kri'tʃeto]
marmot (de)	**marmotta** (f)	[mar'motta]
mol (de)	**talpa** (f)	['talpa]
muis (de)	**topo** (m)	['topo]
rat (de)	**ratto** (m)	['ratto]
vleermuis (de)	**pipistrello** (m)	[pipi'strello]
hermelijn (de)	**ermellino** (m)	[ermel'lino]
sabeldier (het)	**zibellino** (m)	[dzibel'lino]
marter (de)	**martora** (f)	['martora]
wezel (de)	**donnola** (f)	['donnola]
nerts (de)	**visone** (m)	[vi'zone]

| bever (de) | castoro (m) | [kas'toro] |
| otter (de) | lontra (f) | ['lontra] |

paard (het)	cavallo (m)	[ka'vallo]
eland (de)	alce (m)	['altʃe]
hert (het)	cervo (m)	['tʃervo]
kameel (de)	cammello (m)	[kam'mello]

bizon (de)	bisonte (m) americano	[bi'zonte ameri'kano]
wisent (de)	bisonte (m) europeo	[bi'zonte euro'peo]
buffel (de)	bufalo (m)	['bufalo]

zebra (de)	zebra (f)	['dzebra]
antilope (de)	antilope (f)	[an'tilope]
ree (de)	capriolo (m)	[kapri'olo]
damhert (het)	daino (m)	['daino]
gems (de)	camoscio (m)	[ka'moʃo]
everzwijn (het)	cinghiale (m)	[tʃin'gjale]

walvis (de)	balena (f)	[ba'lena]
rob (de)	foca (f)	['foka]
walrus (de)	tricheco (m)	[tri'keko]
zeebeer (de)	otaria (f)	[o'taria]
dolfijn (de)	delfino (m)	[del'fino]

beer (de)	orso (m)	['orso]
ijsbeer (de)	orso (m) bianco	['orso 'bjanko]
panda (de)	panda (m)	['panda]

aap (de)	scimmia (f)	['ʃimmia]
chimpansee (de)	scimpanzè (m)	[ʃimpan'dze]
orang-oetan (de)	orango (m)	[o'rango]
gorilla (de)	gorilla (m)	[go'rilla]
makaak (de)	macaco (m)	[ma'kako]
gibbon (de)	gibbone (m)	[dʒib'bone]

olifant (de)	elefante (m)	[ele'fante]
neushoorn (de)	rinoceronte (m)	[rinotʃe'ronte]
giraffe (de)	giraffa (f)	[dʒi'raffa]
nijlpaard (het)	ippopotamo (m)	[ippo'potamo]

| kangoeroe (de) | canguro (m) | [kan'guro] |
| koala (de) | koala (m) | [ko'ala] |

mangoest (de)	mangusta (f)	[man'gusta]
chinchilla (de)	cincillà (f)	[tʃintʃil'la]
stinkdier (het)	moffetta (f)	[mof'fetta]
stekelvarken (het)	istrice (m)	['istritʃe]

212. Huisdieren

poes (de)	gatta (f)	['gatta]
kater (de)	gatto (m)	['gatto]
hond (de)	cane (m)	['kane]

paard (het)	cavallo (m)	[ka'vallo]
hengst (de)	stallone (m)	[stal'lone]
merrie (de)	giumenta (f)	[dʒu'menta]

koe (de)	mucca (f)	['mukka]
bul, stier (de)	toro (m)	['toro]
os (de)	bue (m)	['bue]

schaap (het)	pecora (f)	['pekora]
ram (de)	montone (m)	[mon'tone]
geit (de)	capra (f)	['kapra]
bok (de)	caprone (m)	[kap'rone]

| ezel (de) | asino (m) | ['azino] |
| muilezel (de) | mulo (m) | ['mulo] |

varken (het)	porco (m)	['porko]
biggetje (het)	porcellino (m)	[portʃel'lino]
konijn (het)	coniglio (m)	[ko'niʎʎo]

| kip (de) | gallina (f) | [gal'lina] |
| haan (de) | gallo (m) | ['gallo] |

eend (de)	anatra (f)	['anatra]
woerd (de)	maschio (m) dell'anatra	['maskio dell 'anatra]
gans (de)	oca (f)	['oka]

| kalkoen haan (de) | tacchino (m) | [tak'kino] |
| kalkoen (de) | tacchina (f) | [tak'kina] |

huisdieren (mv.)	animali (m pl) domestici	[ani'mali do'mestiʧi]
tam (bijv. hamster)	addomesticato	[addomesti'kato]
temmen (tam maken)	addomesticare (vt)	[addomesti'kare]
fokken (bijv. paarden ~)	allevare (vt)	[alle'vare]

boerderij (de)	fattoria (f)	[fatto'ria]
gevogelte (het)	pollame (m)	[pol'lame]
rundvee (het)	bestiame (m)	[bes'tjame]
kudde (de)	branco (m), mandria (f)	['branko], ['mandria]

paardenstal (de)	scuderia (f)	[skude'ria]
zwijnenstal (de)	porcile (m)	[por'ʧile]
koeienstal (de)	stalla (f)	['stalla]
konijnenhok (het)	conigliera (f)	[koniʎ'ʎera]
kippenhok (het)	pollaio (m)	[pol'lajo]

213. Honden. Hondenrassen

hond (de)	cane (m)	['kane]
herdershond (de)	cane (m) da pastore	['kane da pas'tore]
Duitse herdershond (de)	battaglia (f)	[bat'taʎʎa]
poedel (de)	barbone (m)	[bar'bone]
teckel (de)	bassotto (m)	[bas'sotto]
buldog (de)	bulldog (m)	[bull'dog]

boxer (de)	boxer (m)	['bokser]
mastiff (de)	mastino (m)	[ma'stino]
rottweiler (de)	rottweiler (m)	[rot'vajler]
doberman (de)	dobermann (m)	[dober'mann]

basset (de)	bassotto (m)	[bas'sotto]
bobtail (de)	bobtail (m)	['bobtejl]
dalmatiër (de)	dalmata (m)	['dalmata]
cockerspaniël (de)	cocker (m)	['kokker]

| Newfoundlander (de) | terranova (m) | [terra'nova] |
| sint-bernard (de) | sanbernardo (m) | [sanber'nardo] |

husky (de)	husky (m)	['aski]
chowchow (de)	chow chow (m)	['tʃau 'tʃau]
spits (de)	volpino (m)	[vol'pino]
mopshond (de)	carlino (m)	[kar'lino]

214. Dierengeluiden

geblaf (het)	abbaiamento (m)	[abaja'mento]
blaffen (ww)	abbaiare (vi)	[abba'jare]
miauwen (ww)	miagolare (vi)	[mjago'lare]
spinnen (katten)	fare le fusa	['fare le 'fuza]

loeien (ov. een koe)	muggire (vi)	[mu'dʒire]
brullen (stier)	muggire (vi)	[mu'dʒire]
grommen (ov. de honden)	ringhiare (vi)	[rin'gjare]

gehuil (het)	ululato (m)	[ulu'lato]
huilen (wolf, enz.)	ululare (vi)	[ulu'lare]
janken (ov. een hond)	guaire (vi)	[gwa'ire]

mekkeren (schapen)	belare (vi)	[be'lare]
knorren (varkens)	grugnire (vi)	[gru'ɲire]
gillen (bijv. varken)	squittire (vi)	[skwit'tire]

kwaken (kikvorsen)	gracidare (vi)	[gratʃi'dare]
zoemen (hommel, enz.)	ronzare (vi)	[ron'dzare]
tjirpen (sprinkhanen)	frinire (vi)	[fri'nire]

215. Jonge dieren

jong (het)	cucciolo (m)	['kutʃolo]
poesje (het)	micino (m)	[mi'tʃino]
muisje (het)	topolino (m)	[topo'lino]
puppy (de)	cucciolo (m) di cane	['kutʃolo di 'kane]

jonge haas (de)	leprotto (m)	[le'protto]
konijntje (het)	coniglietto (m)	[koniʎ'ʎetto]
wolfje (het)	cucciolo (m) di lupo	['kutʃolo di 'lupo]
vosje (het)	cucciolo (m) di volpe	['kutʃolo di 'volpe]

beertje (het)	cucciolo (m) di orso	['kutʃolo di 'orso]
leeuwenjong (het)	cucciolo (m) di leone	['kutʃolo di le'one]
tijgertje (het)	cucciolo (m) di tigre	[ku'tʃolo di 'tigre]
olifantenjong (het)	elefantino (m)	[elefan'tino]
biggetje (het)	porcellino (m)	[portʃel'lino]
kalf (het)	vitello (m)	[vi'tello]
geitje (het)	capretto (m)	[ka'pretto]
lam (het)	agnello (m)	[a'ɲello]
reekalf (het)	cerbiatto (m)	[tʃer'bjatto]
jonge kameel (de)	cucciolo (m) di cammello	['kutʃolo di kam'mello]
slangenjong (het)	piccolo (m) di serpente	['pikkolo di ser'pente]
kikkertje (het)	piccolo (m) di rana	['pikkolo di 'rana]
vogeltje (het)	uccellino (m)	[utʃel'lino]
kuiken (het)	pulcino (m)	[pul'tʃino]
eendje (het)	anatroccolo (m)	[ana'trokkolo]

216. Vogels

vogel (de)	uccello (m)	[u'tʃello]
duif (de)	colombo (m), piccione (m)	[kolombo], [pi'tʃone]
mus (de)	passero (m)	['passero]
koolmees (de)	cincia (f)	['tʃintʃa]
ekster (de)	gazza (f)	['gattsa]
raaf (de)	corvo (m)	['korvo]
kraai (de)	cornacchia (f)	[kor'nakkia]
kauw (de)	taccola (f)	['takkola]
roek (de)	corvo (m) nero	['korvo 'nero]
eend (de)	anatra (f)	['anatra]
gans (de)	oca (f)	['oka]
fazant (de)	fagiano (m)	[fa'dʒano]
arend (de)	aquila (f)	['akwila]
havik (de)	astore (m)	[a'store]
valk (de)	falco (m)	['falko]
gier (de)	grifone (m)	[gri'fone]
condor (de)	condor (m)	['kondor]
zwaan (de)	cigno (m)	['tʃiɲo]
kraanvogel (de)	gru (f)	[gru]
ooievaar (de)	cicogna (f)	[tʃi'koɲa]
papegaai (de)	pappagallo (m)	[pappa'gallo]
kolibrie (de)	colibrì (m)	[koli'bri]
pauw (de)	pavone (m)	[pa'vone]
struisvogel (de)	struzzo (m)	['struttso]
reiger (de)	airone (m)	[ai'rone]
flamingo (de)	fenicottero (m)	[feni'kottero]
pelikaan (de)	pellicano (m)	[pelli'kano]

nachtegaal (de)	**usignolo** (m)	[uzi'ɲolo]
zwaluw (de)	**rondine** (f)	['rondine]
lijster (de)	**tordo** (m)	['tordo]
zanglijster (de)	**tordo** (m) **sasello**	['tordo sa'zello]
merel (de)	**merlo** (m)	['merlo]
gierzwaluw (de)	**rondone** (m)	[ron'done]
leeuwerik (de)	**allodola** (f)	[al'lodola]
kwartel (de)	**quaglia** (f)	['kwaʎʎa]
specht (de)	**picchio** (m)	['pikkio]
koekoek (de)	**cuculo** (m)	['kukulo]
uil (de)	**civetta** (f)	[tʃi'vetta]
oehoe (de)	**gufo** (m) **reale**	['gufo re'ale]
auerhoen (het)	**urogallo** (m)	[uro'gallo]
korhoen (het)	**fagiano** (m) **di monte**	[fa'dʒano di 'monte]
patrijs (de)	**pernice** (f)	[per'nitʃe]
spreeuw (de)	**storno** (m)	['storno]
kanarie (de)	**canarino** (m)	[kana'rino]
hazelhoen (het)	**francolino** (m) **di monte**	[franko'lino di 'monte]
vink (de)	**fringuello** (m)	[frin'gwello]
goudvink (de)	**ciuffolotto** (m)	[tʃuffo'lotto]
meeuw (de)	**gabbiano** (m)	[gab'bjano]
albatros (de)	**albatro** (m)	['albatro]
pinguïn (de)	**pinguino** (m)	[pin'gwino]

217. Vogels. Zingen en geluiden

fluiten, zingen (ww)	**cantare** (vi)	[kan'tare]
schreeuwen (dieren, vogels)	**gridare** (vi)	[gri'dare]
kraaien (ov. een haan)	**cantare, chicchiriare**	[kan'tare], [kikki'rjare]
kukeleku	**chicchirichì** (m)	[kikkiri'ki]
klokken (hen)	**chiocciare** (vi)	[kio'tʃare]
krassen (kraai)	**gracchiare** (vi)	[grak'kjare]
kwaken (eend)	**fare qua qua**	['fare kwa kwa]
piepen (kuiken)	**pigolare** (vi)	[pigo'lare]
tjilpen (bijv. een mus)	**cinguettare** (vi)	[tʃingwet'tare]

218. Vis. Zeedieren

brasem (de)	**abramide** (f)	[a'bramide]
karper (de)	**carpa** (f)	['karpa]
baars (de)	**perca** (f)	['perka]
meerval (de)	**pesce** (m) **gatto**	['peʃe 'gatto]
snoek (de)	**luccio** (m)	['lutʃo]
zalm (de)	**salmone** (m)	[sal'mone]
steur (de)	**storione** (m)	[sto'rjone]

haring (de)	aringa (f)	[a'ringa]
atlantische zalm (de)	salmone (m)	[sal'mone]
makreel (de)	scombro (m)	['skombro]
platvis (de)	sogliola (f)	['soʎʎoʎa]

snoekbaars (de)	lucioperca (f)	[luʧo'perka]
kabeljauw (de)	merluzzo (m)	[mer'luttso]
tonijn (de)	tonno (m)	['tonno]
forel (de)	trota (f)	['trota]

paling (de)	anguilla (f)	[an'gwilla]
sidderrog (de)	torpedine (f)	[tor'pedine]
murene (de)	murena (f)	[mu'rena]
piranha (de)	piranha, piragna (f)	[pi'rania]

haai (de)	squalo (m)	['skwalo]
dolfijn (de)	delfino (m)	[del'fino]
walvis (de)	balena (f)	[ba'lena]

krab (de)	granchio (m)	['graŋkio]
kwal (de)	medusa (f)	[me'duza]
octopus (de)	polpo (m)	['polpo]

zeester (de)	stella (f) marina	['stella ma'rina]
zee-egel (de)	riccio (m) di mare	['riʧo di 'mare]
zeepaardje (het)	cavalluccio (m) marino	[kaval'luʧo ma'rino]

oester (de)	ostrica (f)	['ostrika]
garnaal (de)	gamberetto (m)	[gambe'retto]
kreeft (de)	astice (m)	['astiʧe]
langoest (de)	aragosta (f)	[ara'gosta]

219. Amfibieën. Reptielen

| slang (de) | serpente (m) | [ser'pente] |
| giftig (slang) | velenoso | [vele'nozo] |

adder (de)	vipera (f)	['vipera]
cobra (de)	cobra (m)	['kobra]
python (de)	pitone (m)	[pi'tone]
boa (de)	boa (m)	['boa]

ringslang (de)	biscia (f)	['biʃa]
ratelslang (de)	serpente (m) a sonagli	[ser'pente a so'naʎʎi]
anaconda (de)	anaconda (f)	[ana'konda]

hagedis (de)	lucertola (f)	[lu'ʧertola]
leguaan (de)	iguana (f)	[i'gwana]
varaan (de)	varano (m)	[va'rano]
salamander (de)	salamandra (f)	[sala'mandra]
kameleon (de)	camaleonte (m)	[kamale'onte]
schorpioen (de)	scorpione (m)	[skor'pjone]
schildpad (de)	tartaruga (f)	[tarta'ruga]
kikker (de)	rana (f)	['rana]

| pad (de) | rospo (m) | ['rospo] |
| krokodil (de) | coccodrillo (m) | [kokko'drillo] |

220. Insecten

insect (het)	insetto (m)	[in'setto]
vlinder (de)	farfalla (f)	[far'falla]
mier (de)	formica (f)	[for'mika]
vlieg (de)	mosca (f)	['moska]
mug (de)	zanzara (f)	[dzan'dzara]
kever (de)	scarabeo (m)	[skara'beo]

wesp (de)	vespa (f)	['vespa]
bij (de)	ape (f)	['ape]
hommel (de)	bombo (m)	['bombo]
horzel (de)	tafano (m)	[ta'fano]

| spin (de) | ragno (m) | ['raɲo] |
| spinnenweb (het) | ragnatela (f) | [raɲa'tela] |

libel (de)	libellula (f)	[li'bellula]
sprinkhaan (de)	cavalletta (f)	[kaval'letta]
nachtvlinder (de)	farfalla (f) notturna	[far'falla not'turna]

kakkerlak (de)	scarafaggio (m)	[skara'fadʒo]
teek (de)	zecca (f)	['tsekka]
vlo (de)	pulce (f)	['pulʧe]
kriebelmug (de)	moscerino (m)	[moʃe'rino]

treksprinkhaan (de)	locusta (f)	[lo'kusta]
slak (de)	lumaca (f)	[lu'maka]
krekel (de)	grillo (m)	['grillo]
glimworm (de)	lucciola (f)	['luʧola]
lieveheersbeestje (het)	coccinella (f)	[koʧʧi'nella]
meikever (de)	maggiolino (m)	[madʒo'lino]

bloedzuiger (de)	sanguisuga (f)	[sangwi'zuga]
rups (de)	bruco (m)	['bruko]
aardworm (de)	verme (m)	['verme]
larve (de)	larva (m)	['larva]

221. Dieren. Lichaamsdelen

snavel (de)	becco (m)	['bekko]
vleugels (mv.)	ali (f pl)	['ali]
poot (ov. een vogel)	zampa (f)	['dzampa]
verenkleed (het)	piumaggio (m)	[pju'madʒo]
veer (de)	penna (f), piuma (f)	['penna], ['pjuma]
kuifje (het)	cresta (f)	['kresta]

| kieuwen (mv.) | branchia (f) | ['brankia] |
| kuit, dril (de) | uova (f pl) | [u'ova] |

larve (de)	**larva** (f)	['larva]
vin (de)	**pinna** (f)	['pinna]
schubben (mv.)	**squama** (f)	['skwama]

slagtand (de)	**zanna** (f)	['tzanna]
poot (bijv. ~ van een kat)	**zampa** (f)	['dzampa]
muil (de)	**muso** (m)	['muzo]
bek (mond van dieren)	**bocca** (f)	['bokka]
staart (de)	**coda** (f)	['koda]
snorharen (mv.)	**baffi** (m pl)	['baffi]

| hoef (de) | **zoccolo** (m) | ['dzokkolo] |
| hoorn (de) | **corno** (m) | ['korno] |

schild (schildpad, enz.)	**carapace** (f)	[kara'patʃe]
schelp (de)	**conchiglia** (f)	[kon'kiʎʎa]
eierschaal (de)	**guscio** (m) **dell'uovo**	['guʃo dell u'ovo]

| vacht (de) | **pelo** (m) | ['pelo] |
| huid (de) | **pelle** (f) | ['pelle] |

222. Acties van de dieren

| vliegen (ww) | **volare** (vi) | [vo'lare] |
| cirkelen (vogel) | **volteggiare** (vi) | [volte'dʒare] |

| wegvliegen (ww) | **volare via** | [vo'lare 'via] |
| klapwieken (ww) | **battere le ali** | ['battere le 'ali] |

| pikken (vogels) | **beccare** (vi) | [bek'kare] |
| broeden (de eend zit te ~) | **covare** (vt) | [ko'vare] |

| uitbroeden (ww) | **sgusciare** (vi) | [zgu'ʃare] |
| een nest bouwen | **fare il nido** | ['fare il 'nido] |

kruipen (ww)	**strisciare** (vi)	[stri'ʃare]
steken (bij)	**pungere** (vt)	['pundʒere]
bijten (de hond, enz.)	**mordere** (vt)	['mordere]

snuffelen (ov. de dieren)	**fiutare** (vt)	[fju'tare]
blaffen (ww)	**abbaiare** (vi)	[abba'jare]
sissen (slang)	**sibilare** (vi)	[sibi'lare]

| doen schrikken (ww) | **spaventare** (vt) | [spaven'tare] |
| aanvallen (ww) | **attaccare** (vt) | [attak'kare] |

knagen (ww)	**rodere** (vt)	['rodere]
schrammen (ww)	**graffiare** (vt)	[graf'fjare]
zich verbergen (ww)	**nascondersi** (vr)	[na'skondersi]

spelen (ww)	**giocare** (vi)	[dʒo'kare]
jagen (ww)	**cacciare** (vt)	[ka'tʃare]
winterslapen	**ibernare** (vi)	[iber'nare]
uitsterven (dinosauriërs, enz.)	**estinguersi** (vr)	[e'stinguersi]

223. Dieren. Leefomgevingen

leefgebied (het)	ambiente (m) naturale	[am'bjente natu'rale]
migratie (de)	migrazione (f)	[migra'tsjone]
berg (de)	monte (m), montagna (f)	['monte], [mon'taɲa]
rif (het)	scogliera (f)	[skoʎ'ʎera]
klip (de)	falesia (f)	[fa'lezia]
bos (het)	foresta (f)	[fo'resta]
jungle (de)	giungla (f)	['dʒungla]
savanne (de)	savana (f)	[sa'vana]
toendra (de)	tundra (f)	['tundra]
steppe (de)	steppa (f)	['steppa]
woestijn (de)	deserto (m)	[de'zerto]
oase (de)	oasi (f)	['oazi]
zee (de)	mare (m)	['mare]
meer (het)	lago (m)	['lago]
oceaan (de)	oceano (m)	[o'tʃeano]
moeras (het)	palude (f)	[pa'lude]
zoetwater- (abn)	di acqua dolce	[di 'akwa 'doltʃe]
vijver (de)	stagno (m)	['staɲo]
rivier (de)	fiume (m)	['fjume]
berenhol (het)	tana (f)	['tana]
nest (het)	nido (m)	['nido]
boom holte (de)	cavità (f)	[kavi'ta]
hol (het)	tana (f)	['tana]
mierenhoop (de)	formicaio (m)	[formi'kajo]

224. Dierverzorging

dierentuin (de)	zoo (m)	['dzoo]
natuurreservaat (het)	riserva (f) naturale	[ri'zerva natu'rale]
fokkerij (de)	allevatore (m)	[alleva'tore]
openluchtkooi (de)	gabbia (f) all'aperto	['gabbja all a'perto]
kooi (de)	gabbia (f)	['gabbia]
hondenhok (het)	canile (m)	[ka'nile]
duiventil (de)	piccionaia (f)	[pitʃo'naja]
aquarium (het)	acquario (m)	[a'kwario]
dolfinarium (het)	delfinario (m)	[delfi'nario]
fokken (bijv. honden ~)	allevare (vt)	[alle'vare]
nakomelingen (mv.)	cucciolata (f)	[kutʃio'lata]
temmen (tam maken)	addomesticare (vt)	[addomesti'kare]
dresseren (ww)	ammaestrare (vt)	[ammae'strare]
voeding (de)	mangime (m)	[man'dʒime]
voederen (ww)	dare da mangiare	['dare da man'dʒare]

dierenwinkel (de)	**negozio** (m) **di animali**	[ne'gotsio di ani'mali]
muilkorf (de)	**museruola** (f)	[muzeru'ola]
halsband (de)	**collare** (m)	[kol'lare]
naam (ov. een dier)	**nome** (m)	['nome]
stamboom (honden met ~)	**pedigree** (m)	['pedigri]

225. Dieren. Diversen

meute (wolven)	**branco** (m)	['branko]
zwerm (vogels)	**stormo** (m)	['stormo]
school (vissen)	**banco** (m)	['banko]
kudde (wilde paarden)	**mandria** (f)	['mandria]
mannetje (het)	**maschio** (m)	['maskio]
vrouwtje (het)	**femmina** (f)	['femmina]
hongerig (bn)	**affamato**	[affa'mato]
wild (bn)	**selvatico**	[sel'vatiko]
gevaarlijk (bn)	**pericoloso**	[periko'lozo]

226. Paarden

paard (het)	**cavallo** (m)	[ka'vallo]
ras (het)	**razza** (f)	['rattsa]
veulen (het)	**puledro** (m)	[pu'ledro]
merrie (de)	**giumenta** (f)	[dʒu'menta]
mustang (de)	**mustang** (m)	['mustang]
pony (de)	**pony** (m)	['poni]
koudbloed (de)	**cavallo** (m) **da tiro pesante**	[ka'vallo da 'tiro pe'zante]
manen (mv.)	**criniera** (f)	[kri'njera]
staart (de)	**coda** (f)	['koda]
hoef (de)	**zoccolo** (m)	['dzokkolo]
hoefijzer (het)	**ferro** (m) **di cavallo**	['ferro di ka'vallo]
beslaan (ww)	**ferrare** (vt)	[fer'rare]
paardensmid (de)	**fabbro** (m)	['fabbro]
zadel (het)	**sella** (f)	['sella]
stijgbeugel (de)	**staffa** (f)	['staffa]
breidel (de)	**briglia** (f)	['briʎʎa]
leidsels (mv.)	**redini** (m pl)	['redini]
zweep (de)	**frusta** (f)	['frusta]
ruiter (de)	**fantino** (m)	[fan'tino]
zadelen (ww)	**sellare** (vt)	[sel'lare]
een paard bestijgen	**montare in sella**	[mon'tare in 'sella]
galop (de)	**galoppo** (m)	[ga'loppo]
galopperen (ww)	**galoppare** (vi)	[galop'pare]

draf (de)	**trotto** (m)	['trotto]
in draf (bw)	**al trotto**	[al 'trotto]
draven (ww)	**andare al trotto**	[an'dare al 'trotto]

| renpaard (het) | **cavallo** (m) **da corsa** | [ka'vallo da 'korsa] |
| paardenrace (de) | **corse** (f pl) | ['korse] |

paardenstal (de)	**scuderia** (f)	[skude'ria]
voederen (ww)	**dare da mangiare**	['dare da man'dʒare]
hooi (het)	**fieno** (m)	['fjeno]
water geven (ww)	**abbeverare** (vt)	[abbeve'rare]
wassen (paard ~)	**lavare** (vt)	[la'vare]

paardenkar (de)	**carro** (m)	['karro]
grazen (gras eten)	**pascolare** (vi)	[pasko'lare]
hinniken (ww)	**nitrire** (vi)	[ni'trire]
een trap geven	**dare un calcio**	['dare un 'kaltʃo]

Flora

227. Bomen

boom (de)	albero (m)	['albero]
loof- (abn)	deciduo	[de'tʃiduo]
dennen- (abn)	conifero	[ko'nifero]
groenblijvend (bn)	sempreverde	[sempre'verde]
appelboom (de)	melo (m)	['melo]
perenboom (de)	pero (m)	['pero]
zoete kers (de)	ciliegio (m)	[tʃi'ljedʒo]
zure kers (de)	amareno (m)	[ama'reno]
pruimelaar (de)	prugno (m)	['pruɲo]
berk (de)	betulla (f)	[be'tulla]
eik (de)	quercia (f)	['kwertʃa]
linde (de)	tiglio (m)	['tiʎʎo]
esp (de)	pioppo (m) tremolo	['pjoppo 'tremolo]
esdoorn (de)	acero (m)	['atʃero]
spar (de)	abete (m)	[a'bete]
den (de)	pino (m)	['pino]
lariks (de)	larice (m)	['laritʃe]
zilverspar (de)	abete (m) bianco	[a'bete 'bjanko]
ceder (de)	cedro (m)	['tʃedro]
populier (de)	pioppo (m)	['pjoppo]
lijsterbes (de)	sorbo (m)	['sorbo]
wilg (de)	salice (m)	['salitʃe]
els (de)	alno (m)	['alno]
beuk (de)	faggio (m)	['fadʒo]
iep (de)	olmo (m)	['olmo]
es (de)	frassino (m)	['frassino]
kastanje (de)	castagno (m)	[ka'staɲo]
magnolia (de)	magnolia (f)	[ma'ɲolia]
palm (de)	palma (f)	['palma]
cipres (de)	cipresso (m)	[tʃi'presso]
mangrove (de)	mangrovia (f)	[man'growia]
baobab (apenbroodboom)	baobab (m)	[bao'bab]
eucalyptus (de)	eucalipto (m)	[ewka'lipto]
mammoetboom (de)	sequoia (f)	[se'kwoja]

228. Heesters

struik (de)	cespuglio (m)	[tʃes'puʎʎo]
heester (de)	arbusto (m)	[ar'busto]

| wijnstok (de) | vite (f) | ['vite] |
| wijngaard (de) | vigneto (m) | [vi'neto] |

frambozenstruik (de)	lampone (m)	[lam'pone]
rode bessenstruik (de)	ribes (m) rosso	['ribes 'rosso]
kruisbessenstruik (de)	uva (f) spina	['uva 'spina]

acacia (de)	acacia (f)	[a'katʃa]
zuurbes (de)	crespino (m)	[kres'pino]
jasmijn (de)	gelsomino (m)	[dʒelso'mino]

jeneverbes (de)	ginepro (m)	[dʒi'nepro]
rozenstruik (de)	roseto (m)	[ro'zeto]
hondsroos (de)	rosa (f) canina	['roza ka'nina]

229. Champignons

paddenstoel (de)	fungo (m)	['fungo]
eetbare paddenstoel (de)	fungo (m) commestibile	['fungo komme'stibile]
giftige paddenstoel (de)	fungo (m) velenoso	['fungo vele'nozo]
hoed (de)	cappello (m)	[kap'pello]
steel (de)	gambo (m)	['gambo]

eekhoorntjesbrood (het)	porcino (m)	[por'tʃino]
rosse populierboleet (de)	boleto (m) rufo	[bo'leto 'rufo]
berkenboleet (de)	porcinello (m)	[portʃi'nello]
cantharel (de)	gallinaccio (m)	[galli'natʃo]
russula (de)	rossola (f)	['rossola]

morielje (de)	spugnola (f)	['spuɲola]
vliegenzwam (de)	ovolaccio (m)	[ovo'latʃo]
groene knolamaniet (de)	fungo (m) moscario	['fungo mos'kario]

230. Vruchten. Bessen

vrucht (de)	frutto (m)	['frutto]
vruchten (mv.)	frutti (m pl)	['frutti]
appel (de)	mela (f)	['mela]
peer (de)	pera (f)	['pera]
pruim (de)	prugna (f)	['pruɲa]

aardbei (de)	fragola (f)	['fragola]
zure kers (de)	amarena (f)	[ama'rena]
zoete kers (de)	ciliegia (f)	[tʃi'ljedʒa]
druif (de)	uva (f)	['uva]

framboos (de)	lampone (m)	[lam'pone]
zwarte bes (de)	ribes (m) nero	['ribes 'nero]
rode bes (de)	ribes (m) rosso	['ribes 'rosso]
kruisbes (de)	uva (f) spina	['uva 'spina]
veenbes (de)	mirtillo (m) di palude	[mir'tillo di pa'lude]
sinaasappel (de)	arancia (f)	[a'rantʃa]

mandarijn (de)	**mandarino** (m)	[manda'rino]
ananas (de)	**ananas** (m)	[ana'nas]
banaan (de)	**banana** (f)	[ba'nana]
dadel (de)	**dattero** (m)	['dattero]

citroen (de)	**limone** (m)	[li'mone]
abrikoos (de)	**albicocca** (f)	[albi'kokka]
perzik (de)	**pesca** (f)	['peska]
kiwi (de)	**kiwi** (m)	['kiwi]
grapefruit (de)	**pompelmo** (m)	[pom'pelmo]

bes (de)	**bacca** (f)	['bakka]
bessen (mv.)	**bacche** (f pl)	['bakke]
vossenbes (de)	**mirtillo** (m) **rosso**	[mir'tillo 'rosso]
bosaardbei (de)	**fragola** (f) **di bosco**	['fragola di 'bosko]
blauwe bosbes (de)	**mirtillo** (m)	[mir'tillo]

231. Bloemen. Planten

bloem (de)	**fiore** (m)	['fjore]
boeket (het)	**mazzo** (m) **di fiori**	['mattso di 'fjori]

roos (de)	**rosa** (f)	['roza]
tulp (de)	**tulipano** (m)	[tuli'pano]
anjer (de)	**garofano** (m)	[ga'rofano]
gladiool (de)	**gladiolo** (m)	[gla'djolo]

korenbloem (de)	**fiordaliso** (m)	[fjorda'lizo]
klokje (het)	**campanella** (f)	[kampa'nella]
paardenbloem (de)	**soffione** (m)	[sof'fjone]
kamille (de)	**camomilla** (f)	[kamo'milla]

aloë (de)	**aloe** (m)	['aloe]
cactus (de)	**cactus** (m)	['kaktus]
ficus (de)	**ficus** (m)	['fikus]

lelie (de)	**giglio** (m)	['dʒiʎʎo]
geranium (de)	**geranio** (m)	[dʒe'ranio]
hyacint (de)	**giacinto** (m)	[dʒa'tʃinto]

mimosa (de)	**mimosa** (f)	[mi'moza]
narcis (de)	**narciso** (m)	[nar'tʃizo]
Oost-Indische kers (de)	**nasturzio** (m)	[na'sturtsio]

orchidee (de)	**orchidea** (f)	[orki'dea]
pioenroos (de)	**peonia** (f)	[pe'onia]
viooltje (het)	**viola** (f)	[vi'ola]

driekleurig viooltje (het)	**viola** (f) **del pensiero**	[vi'ola del pen'sjero]
vergeet-mij-nietje (het)	**nontiscordardimè** (m)	[non·ti·skordar·di'me]
madeliefje (het)	**margherita** (f)	[marge'rita]

papaver (de)	**papavero** (m)	[pa'pavero]
hennep (de)	**canapa** (f)	['kanapa]

munt (de)	menta (f)	['menta]
lelietje-van-dalen (het)	mughetto (m)	[mu'getto]
sneeuwklokje (het)	bucaneve (m)	[buka'neve]

brandnetel (de)	ortica (f)	[or'tika]
veldzuring (de)	acetosa (f)	[atʃe'toza]
waterlelie (de)	ninfea (f)	[nin'fea]
varen (de)	felce (f)	['feltʃe]
korstmos (het)	lichene (m)	[li'kene]

oranjerie (de)	serra (f)	['serra]
gazon (het)	prato (m) erboso	['prato er'bozo]
bloemperk (het)	aiuola (f)	[aju'ola]

plant (de)	pianta (f)	['pjanta]
gras (het)	erba (f)	['erba]
grasspriet (de)	filo (m) d'erba	['filo 'derba]

blad (het)	foglia (f)	['foʎʎa]
bloemblad (het)	petalo (m)	['petalo]
stengel (de)	stelo (m)	['stelo]
knol (de)	tubero (m)	['tubero]

| scheut (de) | germoglio (m) | [dʒer'moʎʎo] |
| doorn (de) | spina (f) | ['spina] |

bloeien (ww)	fiorire (vi)	[fjo'rire]
verwelken (ww)	appassire (vi)	[appas'sire]
geur (de)	odore (m), profumo (m)	[o'dore], [pro'fumo]
snijden (bijv. bloemen ~)	tagliare (vt)	[taʎ'ʎare]
plukken (bloemen ~)	cogliere (vt)	['koʎʎere]

232. Granen, graankorrels

graan (het)	grano (m)	['grano]
graangewassen (mv.)	cereali (m pl)	[tʃere'ali]
aar (de)	spiga (f)	['spiga]

tarwe (de)	frumento (m)	[fru'mento]
rogge (de)	segale (f)	['segale]
haver (de)	avena (f)	[a'vena]

| gierst (de) | miglio (m) | ['miʎʎo] |
| gerst (de) | orzo (m) | ['ortso] |

maïs (de)	mais (m)	['mais]
rijst (de)	riso (m)	['rizo]
boekweit (de)	grano (m) saraceno	['grano sara'tʃeno]

erwt (de)	pisello (m)	[pi'zello]
nierboon (de)	fagiolo (m)	[fa'dʒolo]
soja (de)	soia (f)	['soja]
linze (de)	lenticchie (f pl)	[len'tikkje]
bonen (mv.)	fave (f pl)	['fave]

233. Groenten. Groene groenten

groenten (mv.)	ortaggi (m pl)	[or'tadʒi]
verse kruiden (mv.)	verdura (f)	[ver'dura]
tomaat (de)	pomodoro (m)	[pomo'doro]
augurk (de)	cetriolo (m)	[tʃetri'olo]
wortel (de)	carota (f)	[ka'rota]
aardappel (de)	patata (f)	[pa'tata]
ui (de)	cipolla (f)	[tʃi'polla]
knoflook (de)	aglio (m)	['aʎʎo]
kool (de)	cavolo (m)	['kavolo]
bloemkool (de)	cavolfiore (m)	[kavol'fjore]
spruitkool (de)	cavoletti (m pl) di Bruxelles	[kavo'letti di bruk'sel]
broccoli (de)	broccolo (m)	['brokkolo]
rode biet (de)	barbabietola (f)	[barba'bjetola]
aubergine (de)	melanzana (f)	[melan'tsana]
courgette (de)	zucchina (f)	[dzuk'kina]
pompoen (de)	zucca (f)	['dzukka]
knolraap (de)	rapa (f)	['rapa]
peterselie (de)	prezzemolo (m)	[pret'tsemolo]
dille (de)	aneto (m)	[a'neto]
sla (de)	lattuga (f)	[lat'tuga]
selderij (de)	sedano (m)	['sedano]
asperge (de)	asparago (m)	[a'sparago]
spinazie (de)	spinaci (m pl)	[spi'natʃi]
erwt (de)	pisello (m)	[pi'zello]
bonen (mv.)	fave (f pl)	['fave]
maïs (de)	mais (m)	['mais]
nierboon (de)	fagiolo (m)	[fa'dʒolo]
peper (de)	peperone (m)	[pepe'rone]
radijs (de)	ravanello (m)	[rava'nello]
artisjok (de)	carciofo (m)	[kar'tʃofo]

REGIONALE AARDRIJKSKUNDE

Landen. Nationaliteiten

234. West-Europa

Europa (het)	**Europa** (f)	[eu'ropa]
Europese Unie (de)	**Unione** (f) **Europea**	[uni'one euro'pea]
Europeaan (de)	**europeo** (m)	[euro'peo]
Europees (bn)	**europeo**	[euro'peo]
Oostenrijk (het)	**Austria** (f)	['austria]
Oostenrijker (de)	**austriaco** (m)	[au'striako]
Oostenrijkse (de)	**austriaca** (f)	[au'striaka]
Oostenrijks (bn)	**austriaco**	[au'striako]
Groot-Brittannië (het)	**Gran Bretagna** (f)	[gran bre'taɲa]
Engeland (het)	**Inghilterra** (f)	[ingil'terra]
Engelsman (de)	**britannico** (m), **inglese** (m)	[bri'taniko], [in'gleze]
Engelse (de)	**britannica** (f), **inglese** (f)	[bri'tanika], [in'gleze]
Engels (bn)	**inglese**	[in'gleze]
België (het)	**Belgio** (m)	['beldʒo]
Belg (de)	**belga** (m)	['belga]
Belgische (de)	**belga** (f)	['belga]
Belgisch (bn)	**belga** (agg)	['belga]
Duitsland (het)	**Germania** (f)	[dʒer'mania]
Duitser (de)	**tedesco** (m)	[te'desko]
Duitse (de)	**tedesca** (f)	[te'deska]
Duits (bn)	**tedesco** (agg)	[te'desko]
Nederland (het)	**Paesi Bassi** (m pl)	[pa'ezi 'bassi]
Holland (het)	**Olanda** (f)	[o'landa]
Nederlander (de)	**olandese** (m)	[olan'deze]
Nederlandse (de)	**olandese** (f)	[olan'deze]
Nederlands (bn)	**olandese** (agg)	[olan'deze]
Griekenland (het)	**Grecia** (f)	['gretʃa]
Griek (de)	**greco** (m)	['greko]
Griekse (de)	**greca** (f)	['greka]
Grieks (bn)	**greco** (agg)	['greko]
Denemarken (het)	**Danimarca** (f)	[dani'marka]
Deen (de)	**danese** (m)	[da'neze]
Deense (de)	**danese** (f)	[da'neze]
Deens (bn)	**danese** (agg)	[da'neze]
Ierland (het)	**Irlanda** (f)	[ir'landa]
Ier (de)	**irlandese** (m)	[irlan'deze]

Ierse (de)	**irlandese** (f)	[irlan'deze]
Iers (bn)	**irlandese** (agg)	[irlan'deze]
IJsland (het)	**Islanda** (f)	[iz'landa]
IJslander (de)	**islandese** (m)	[izlan'deze]
IJslandse (de)	**islandese** (f)	[izlan'deze]
IJslands (bn)	**islandese** (agg)	[izlan'deze]
Spanje (het)	**Spagna** (f)	['spaɲa]
Spanjaard (de)	**spagnolo** (m)	[spa'ɲolo]
Spaanse (de)	**spagnola** (f)	[spa'ɲola]
Spaans (bn)	**spagnolo** (agg)	[spa'ɲolo]
Italië (het)	**Italia** (f)	[i'talia]
Italiaan (de)	**italiano** (m)	[ita'ljano]
Italiaanse (de)	**italiana** (f)	[ita'ljana]
Italiaans (bn)	**italiano** (agg)	[ita'ljano]
Cyprus (het)	**Cipro** (m)	['tʃipro]
Cyprioot (de)	**cipriota** (m)	[tʃipri'ota]
Cypriotische (de)	**cipriota** (f)	[tʃipri'ota]
Cypriotisch (bn)	**cipriota** (agg)	[tʃipri'ota]
Malta (het)	**Malta** (f)	['malta]
Maltees (de)	**maltese** (m)	[mal'teze]
Maltese (de)	**maltese** (f)	[mal'teze]
Maltees (bn)	**maltese** (agg)	[mal'teze]
Noorwegen (het)	**Norvegia** (f)	[nor'vedʒa]
Noor (de)	**norvegese** (m)	[norve'dʒeze]
Noorse (de)	**norvegese** (f)	[norve'dʒeze]
Noors (bn)	**norvegese** (agg)	[norve'dʒeze]
Portugal (het)	**Portogallo** (f)	[porto'gallo]
Portugees (de)	**portoghese** (m)	[porto'geze]
Portugese (de)	**portoghese** (f)	[porto'geze]
Portugees (bn)	**portoghese** (agg)	[porto'geze]
Finland (het)	**Finlandia** (f)	[fin'landia]
Fin (de)	**finlandese** (m)	[finlan'deze]
Finse (de)	**finlandese** (f)	[finlan'deze]
Fins (bn)	**finlandese** (agg)	[finlan'deze]
Frankrijk (het)	**Francia** (f)	['frantʃa]
Fransman (de)	**francese** (m)	[fran'tʃeze]
Française (de)	**francese** (f)	[fran'tʃeze]
Frans (bn)	**francese** (agg)	[fran'tʃeze]
Zweden (het)	**Svezia** (f)	['zvetsia]
Zweed (de)	**svedese** (m)	[zve'deze]
Zweedse (de)	**svedese** (f)	[zve'deze]
Zweeds (bn)	**svedese** (agg)	[zve'deze]
Zwitserland (het)	**Svizzera** (f)	['zvittsera]
Zwitser (de)	**svizzero** (m)	['zvittsero]
Zwitserse (de)	**svizzera** (f)	['zvittsera]

Zwitsers (bn)	**svizzero** (agg)	['zvittsero]
Schotland (het)	**Scozia** (f)	['skotsia]
Schot (de)	**scozzese** (m)	[skot'tseze]
Schotse (de)	**scozzese** (f)	[skot'tseze]
Schots (bn)	**scozzese** (agg)	[skot'tseze]

Vaticaanstad (de)	**Vaticano** (m)	[vati'kano]
Liechtenstein (het)	**Liechtenstein** (m)	['liktenstajn]
Luxemburg (het)	**Lussemburgo** (m)	[lussem'burgo]
Monaco (het)	**Monaco** (m)	['monako]

235. Centraal- en Oost-Europa

Albanië (het)	**Albania** (f)	[alba'nia]
Albanees (de)	**albanese** (m)	[alba'neze]
Albanese (de)	**albanese** (f)	[alba'neze]
Albanees (bn)	**albanese** (agg)	[alba'neze]

Bulgarije (het)	**Bulgaria** (f)	[bulga'ria]
Bulgaar (de)	**bulgaro** (m)	['bulgaro]
Bulgaarse (de)	**bulgara** (f)	['bulgara]
Bulgaars (bn)	**bulgaro** (agg)	['bulgaro]

Hongarije (het)	**Ungheria** (f)	[unge'ria]
Hongaar (de)	**ungherese** (m)	[unge'reze]
Hongaarse (de)	**ungherese** (f)	[unge'reze]
Hongaars (bn)	**ungherese** (agg)	[unge'reze]

Letland (het)	**Lettonia** (f)	[let'tonia]
Let (de)	**lettone** (m)	['lettone]
Letse (de)	**lettone** (f)	['lettone]
Lets (bn)	**lettone** (agg)	['lettone]

Litouwen (het)	**Lituania** (f)	[litu'ania]
Litouwer (de)	**lituano** (m)	[litu'ano]
Litouwse (de)	**lituana** (f)	[litu'ana]
Litouws (bn)	**lituano** (agg)	[litu'ano]

Polen (het)	**Polonia** (f)	[po'lonia]
Pool (de)	**polacco** (m)	[po'lakko]
Poolse (de)	**polacca** (f)	[po'lakka]
Pools (bn)	**polacco** (agg)	[po'lakko]

Roemenië (het)	**Romania** (f)	[roma'nia]
Roemeen (de)	**rumeno** (m)	[ru'meno]
Roemeense (de)	**rumena** (f)	[ru'mena]
Roemeens (bn)	**rumeno** (agg)	[ru'meno]

Servië (het)	**Serbia** (f)	['serbia]
Serviër (de)	**serbo** (m)	['serbo]
Servische (de)	**serba** (f)	['serba]
Servisch (bn)	**serbo** (agg)	['serbo]
Slowakije (het)	**Slovacchia** (f)	[zlo'vakkia]
Slowaak (de)	**slovacco** (m)	[zlo'vakko]

Slowaakse (de)	**slovacca** (f)	[zlo'vakka]
Slowaakse (bn)	**slovacco** (agg)	[zlo'vakko]

Kroatië (het)	**Croazia** (f)	[kro'atsia]
Kroaat (de)	**croato** (m)	[kro'ato]
Kroatische (de)	**croata** (f)	[kro'ata]
Kroatisch (bn)	**croato** (agg)	[kro'ato]

Tsjechië (het)	**Repubblica** (f) **Ceca**	[re'pubblika 'tʃeka]
Tsjech (de)	**ceco** (m)	['tʃeko]
Tsjechische (de)	**ceca** (f)	['tʃeka]
Tsjechisch (bn)	**ceco** (agg)	['tʃeko]

Estland (het)	**Estonia** (f)	[es'tonia]
Est (de)	**estone** (m)	['estone]
Estse (de)	**estone** (f)	['estone]
Ests (bn)	**estone** (agg)	['estone]

Bosnië en Herzegovina (het)	**Bosnia-Erzegovina** (f)	['boznia-ertse'govina]
Macedonië (het)	**Macedonia** (f)	[matʃe'donia]
Slovenië (het)	**Slovenia** (f)	[zlo'venia]
Montenegro (het)	**Montenegro** (m)	[monte'negro]

236. Voormalige USSR landen

Azerbeidzjan (het)	**Azerbaigian** (m)	[azerbaj'dʒan]
Azerbeidzjaan (de)	**azerbaigiano** (m)	[azerbaj'dʒano]
Azerbeidjaanse (de)	**azerbaigiana** (f)	[azerbaj'dʒana]
Azerbeidjaans (bn)	**azerbaigiano** (agg)	[azerbaj'dʒano]

Armenië (het)	**Armenia** (f)	[ar'menia]
Armeen (de)	**armeno** (m)	[ar'meno]
Armeense (de)	**armena** (f)	[ar'mena]
Armeens (bn)	**armeno** (agg)	[ar'meno]

Wit-Rusland (het)	**Bielorussia** (f)	[bjelo'russia]
Wit-Rus (de)	**bielorusso** (m)	[bjelo'russo]
Wit-Russische (de)	**bielorussa** (f)	[bjelo'russa]
Wit-Russisch (bn)	**bielorusso** (agg)	[bjelo'russo]

Georgië (het)	**Georgia** (f)	[dʒe'ordʒa]
Georgiër (de)	**georgiano** (m)	[dʒeor'dʒano]
Georgische (de)	**georgiana** (f)	[dʒeor'dʒana]
Georgisch (bn)	**georgiano** (agg)	[dʒeor'dʒano]

Kazakstan (het)	**Kazakistan** (m)	[ka'zakistan]
Kazak (de)	**kazaco** (m)	[ka'zako]
Kazakse (de)	**kazaca** (f)	[ka'zaka]
Kazakse (bn)	**kazaco** (agg)	[ka'zako]

Kirgizië (het)	**Kirghizistan** (m)	[kir'gizistan]
Kirgiziër (de)	**kirghiso** (m)	[kir'gizo]
Kirgizische (de)	**kirghisa** (f)	[kir'giza]
Kirgizische (bn)	**kirghiso** (agg)	[kir'gizo]

Moldavië (het)	Moldavia (f)	[mol'davia]
Moldaviër (de)	moldavo (m)	[mol'davo]
Moldavische (de)	moldava (f)	[mol'dava]
Moldavisch (bn)	moldavo (agg)	[mol'davo]

Rusland (het)	Russia (f)	['russia]
Rus (de)	russo (m)	['russo]
Russin (de)	russa (f)	['russa]
Russisch (bn)	russo (agg)	['russo]

Tadzjikistan (het)	Tagikistan (m)	[ta'dʒikistan]
Tadzjiek (de)	tagico (m)	['tadʒiko]
Tadzjiekse (de)	tagica (f)	['tadʒika]
Tadzjieks (bn)	tagico (agg)	['tadʒiko]

Turkmenistan (het)	Turkmenistan (m)	[turk'menistan]
Turkmeen (de)	turkmeno (m)	[turk'meno]
Turkmeense (de)	turkmena (f)	[turk'mena]
Turkmeens (bn)	turkmeno (agg)	[turk'meno]

Oezbekistan (het)	Uzbekistan (m)	[uz'bekistan]
Oezbeek (de)	usbeco (m)	[uz'beko]
Oezbeekse (de)	usbeca (f)	[uz'beka]
Oezbeeks (bn)	usbeco (agg)	[uz'beko]

Oekraïne (het)	Ucraina (f)	[uk'raina]
Oekraïner (de)	ucraino (m)	[u'kraino]
Oekraïense (de)	ucraina (f)	[uk'raina]
Oekraïens (bn)	ucraino (agg)	[u'kraino]

237. Azië

| Azië (het) | Asia (f) | ['azia] |
| Aziatisch (bn) | asiatico (agg) | [azi'atiko] |

Vietnam (het)	Vietnam (m)	['vjetnam]
Vietnamees (de)	vietnamita (m)	[vjetna'mita]
Vietnamese (de)	vietnamita (f)	[vjetna'mita]
Vietnamees (bn)	vietnamita (agg)	[vjetna'mita]

India (het)	India (f)	['india]
Indiër (de)	indiano (m)	[indi'ano]
Indische (de)	indiana (f)	[indi'ana]
Indisch (bn)	indiano (agg)	[indi'ano]

Israël (het)	Israele (m)	[izra'ele]
Israëliër (de)	israeliano (m)	[izrae'ljano]
Israëlische (de)	israeliana (f)	[izrae'ljana]
Israëlisch (bn)	israeliano (agg)	[izraeljano]

Jood (etniciteit)	ebreo (m)	[e'breo]
Jodin (de)	ebrea (f)	[eb'rea]
Joods (bn)	ebraico (agg)	[eb'raiko]
China (het)	Cina (f)	['tʃina]

Chinees (de)	cinese (m)	[tʃi'neze]
Chinese (de)	cinese (f)	[tʃi'neze]
Chinees (bn)	cinese (agg)	[tʃi'neze]
Koreaan (de)	coreano (m)	[kore'ano]
Koreaanse (de)	coreana (f)	[kore'ana]
Koreaans (bn)	coreano (agg)	[kore'ano]
Libanon (het)	Libano (m)	['libano]
Libanees (de)	libanese (m)	[liba'neze]
Libanese (de)	libanese (f)	[liba'neze]
Libanees (bn)	libanese (agg)	[liba'neze]
Mongolië (het)	Mongolia (f)	[mo'ngolia]
Mongool (de)	mongolo (m)	['mongolo]
Mongoolse (de)	mongola (f)	['mongola]
Mongools (bn)	mongolo (agg)	['mongolo]
Maleisië (het)	Malesia (f)	[ma'lezia]
Maleisiër (de)	malese (m)	[ma'leze]
Maleisische (de)	malese (f)	[ma'leze]
Maleisisch (bn)	malese (agg)	[ma'leze]
Pakistan (het)	Pakistan (m)	['pakistan]
Pakistaan (de)	pakistano (m)	[paki'stano]
Pakistaanse (de)	pakistana (f)	[paki'stana]
Pakistaans (bn)	pakistano (agg)	[paki'stano]
Saoedi-Arabië (het)	Arabia Saudita (f)	[a'rabia sau'dita]
Arabier (de)	arabo (m), saudita (m)	['arabo], [sau'dita]
Arabische (de)	araba (f)	['araba]
Arabisch (bn)	arabo (agg)	['arabo]
Thailand (het)	Tailandia (f)	[taj'landia]
Thai (de)	tailandese (m)	[tajlan'deze]
Thaise (de)	tailandese (f)	[tajlan'deze]
Thai (bn)	tailandese (agg)	[tajlan'deze]
Taiwan (het)	Taiwan (m)	[taj'van]
Taiwanees (de)	taiwanese (m)	[tajva'neze]
Taiwanese (de)	taiwanese (f)	[tajva'neze]
Taiwanees (bn)	taiwanese (agg)	[tajva'neze]
Turkije (het)	Turchia (f)	[tur'kia]
Turk (de)	turco (m)	['turko]
Turkse (de)	turca (f)	['turka]
Turks (bn)	turco (agg)	['turko]
Japan (het)	Giappone (m)	[dʒap'pone]
Japanner (de)	giapponese (m)	[dʒappo'neze]
Japanse (de)	giapponese (f)	[dʒappo'neze]
Japans (bn)	giapponese (agg)	[dʒappo'neze]
Afghanistan (het)	Afghanistan (m)	[af'ganistan]
Bangladesh (het)	Bangladesh (m)	['bangladeʃ]
Indonesië (het)	Indonesia (f)	[indo'nezia]

Jordanië (het)	**Giordania** (f)	[dʒor'dania]
Irak (het)	**Iraq** (m)	['irak]
Iran (het)	**Iran** (m)	['iran]
Cambodja (het)	**Cambogia** (f)	[kam'bodʒa]
Koeweit (het)	**Kuwait** (m)	[ku'vejt]

Laos (het)	**Laos** (m)	['laos]
Myanmar (het)	**Birmania** (f)	[bir'mania]
Nepal (het)	**Nepal** (m)	[ne'pal]
Verenigde Arabische Emiraten	**Emirati** (m pl) **Arabi**	[emi'rati 'arabi]

Syrië (het)	**Siria** (f)	['siria]
Palestijnse autonomie (de)	**Palestina** (f)	[pale'stina]
Zuid-Korea (het)	**Corea** (f) **del Sud**	[ko'rea del sud]
Noord-Korea (het)	**Corea** (f) **del Nord**	[ko'rea del nord]

238. Noord-Amerika

Verenigde Staten van Amerika	**Stati** (m pl) **Uniti d'America**	['stati u'niti da'merika]
Amerikaan (de)	**americano** (m)	[ameri'kano]
Amerikaanse (de)	**americana** (f)	[ameri'kana]
Amerikaans (bn)	**americano** (agg)	[ameri'kano]

Canada (het)	**Canada** (m)	['kanada]
Canadees (de)	**canadese** (m)	[kana'deze]
Canadese (de)	**canadese** (f)	[kana'deze]
Canadees (bn)	**canadese** (agg)	[kana'deze]

Mexico (het)	**Messico** (m)	['messiko]
Mexicaan (de)	**messicano** (m)	[messi'kano]
Mexicaanse (de)	**messicana** (f)	[messi'kana]
Mexicaans (bn)	**messicano** (agg)	[messi'kano]

239. Midden- en Zuid-Amerika

Argentinië (het)	**Argentina** (f)	[ardʒen'tina]
Argentijn (de)	**argentino** (m)	[ardʒen'tino]
Argentijnse (de)	**argentina** (f)	[ardʒen'tina]
Argentijns (bn)	**argentino** (agg)	[ardʒen'tino]

Brazilië (het)	**Brasile** (m)	[bra'zile]
Braziliaan (de)	**brasiliano** (m)	[brazi'ljano]
Braziliaanse (de)	**brasiliana** (f)	[brazi'ljana]
Braziliaans (bn)	**brasiliano** (agg)	[brazi'ljano]

Colombia (het)	**Colombia** (f)	[ko'lombia]
Colombiaan (de)	**colombiano** (m)	[kolom'bjano]
Colombiaanse (de)	**colombiana** (f)	[kolom'bjana]
Colombiaans (bn)	**colombiano** (agg)	[kolom'bjano]
Cuba (het)	**Cuba** (f)	['kuba]

Cubaan (de)	cubano (m)	[ku'bano]
Cubaanse (de)	cubana (f)	[ku'bana]
Cubaans (bn)	cubano (agg)	[ku'bano]

Chili (het)	Cile (m)	['tʃile]
Chileen (de)	cileno (m)	[tʃi'leno]
Chileense (de)	cilena (f)	[tʃi'lena]
Chileens (bn)	cileno (agg)	[tʃi'leno]

Bolivia (het)	Bolivia (f)	[bo'livia]
Venezuela (het)	Venezuela (f)	[venetsu'ela]
Paraguay (het)	Paraguay (m)	[para'gwaj]
Peru (het)	Perù (m)	[pe'ru]
Suriname (het)	Suriname (m)	[suri'name]
Uruguay (het)	Uruguay (m)	[uru'gwaj]
Ecuador (het)	Ecuador (m)	[ekva'dor]

Bahama's (mv.)	le Bahamas	[le ba'amas]
Haïti (het)	Haiti (m)	[a'iti]
Dominicaanse Republiek (de)	Repubblica (f) Dominicana	[re'pubblika domini'kana]
Panama (het)	Panama (m)	['panama]
Jamaica (het)	Giamaica (f)	[dʒa'majka]

240. Afrika

Egypte (het)	Egitto (m)	[e'dʒitto]
Egyptenaar (de)	egiziano (m)	[edʒi'tsjano]
Egyptische (de)	egiziana (f)	[edʒi'tsjana]
Egyptisch (bn)	egiziano (agg)	[edʒi'tsjano]

Marokko (het)	Marocco (m)	[ma'rokko]
Marokkaan (de)	marocchino (m)	[marok'kino]
Marokkaanse (de)	marocchina (f)	[marok'kina]
Marokkaans (bn)	marocchino (agg)	[marok'kino]

Tunesië (het)	Tunisia (f)	[tuni'zia]
Tunesiër (de)	tunisino (m)	[tuni'zino]
Tunesische (de)	tunisina (f)	[tuni'zina]
Tunesisch (bn)	tunisino (agg)	[tuni'zino]

Ghana (het)	Ghana (m)	['gana]
Zanzibar (het)	Zanzibar	['dzandzibar]
Kenia (het)	Kenya (m)	['kenia]
Libië (het)	Libia (f)	['libia]
Madagaskar (het)	Madagascar (m)	[madagas'kar]

Namibië (het)	Namibia (f)	[na'mibia]
Senegal (het)	Senegal (m)	[sene'gal]
Tanzania (het)	Tanzania (f)	[tan'dzania]
Zuid-Afrika (het)	Repubblica (f) Sudafricana	[re'pubblika sudafri'kana]

Afrikaan (de)	africano (m)	[afri'kano]
Afrikaanse (de)	africana (f)	[afri'kana]
Afrikaans (bn)	africano (agg)	[afri'kano]

241. Australië. Oceanië

Australië (het)	**Australia** (f)	[au'stralia]
Australiër (de)	**australiano** (m)	[austra'ljano]
Australische (de)	**australiana** (f)	[austra'ljana]
Australisch (bn)	**australiano** (agg)	[austra'ljano]
Nieuw-Zeeland (het)	**Nuova Zelanda** (f)	[nu'ova ʤe'landa]
Nieuw-Zeelander (de)	**neozelandese** (m)	[neoʣelan'deze]
Nieuw-Zeelandse (de)	**neozelandese** (f)	[neoʣelan'deze]
Nieuw-Zeelands (bn)	**neozelandese** (agg)	[neoʣelan'deze]
Tasmanië (het)	**Tasmania** (f)	[taz'mania]
Frans-Polynesië	**Polinesia** (f) **Francese**	[poli'nezia fran'tʃeze]

242. Steden

Amsterdam	**Amsterdam**	['amsterdam]
Ankara	**Ankara**	['ankara]
Athene	**Atene**	[a'tene]
Bagdad	**Baghdad**	[bag'dad]
Bangkok	**Bangkok**	[baŋ'kok]
Barcelona	**Barcellona**	[bartʃel'lona]
Beiroet	**Beirut**	['bejrut]
Berlijn	**Berlino**	[ber'lino]
Boedapest	**Budapest**	['budapest]
Boekarest	**Bucarest**	['bukarest]
Bombay, Mumbai	**Bombay, Mumbai**	[bom'bej], [mum'baj]
Bonn	**Bonn**	[bonn]
Bordeaux	**Bordeaux**	[bor'do]
Bratislava	**Bratislava**	[brati'zlava]
Brussel	**Bruxelles**	[bruk'sel]
Caïro	**Il Cairo**	[il 'kairo]
Calcutta	**Calcutta**	[kal'kutta]
Chicago	**Chicago**	[tʃi'kago]
Dar Es Salaam	**Dar es Salaam**	[dar es sala'am]
Delhi	**Delhi**	['deli]
Den Haag	**L'Aia**	['laja]
Dubai	**Dubai**	[du'bai]
Dublin	**Dublino**	[du'blino]
Düsseldorf	**Düsseldorf**	['dysseldorf]
Florence	**Firenze**	[fi'rentse]
Frankfort	**Francoforte**	[franko'forte]
Genève	**Ginevra**	[dʒi'nevra]
Hamburg	**Amburgo**	[am'burgo]
Hanoi	**Hanoi**	[a'noj]
Havana	**L'Avana**	[la'vana]
Helsinki	**Helsinki**	['elsinki]

Hiroshima	**Hiroshima**	[iro'ʃima]
Hongkong	**Hong Kong**	[on'kong]
Istanbul	**Istanbul**	['istanbul]
Jeruzalem	**Gerusalemme**	[dʒeruza'lemme]
Kiev	**Kiev**	['kiev]
Kopenhagen	**Copenaghen**	[kope'nagen]
Kuala Lumpur	**Kuala Lumpur**	[ku'ala 'lumpur]
Lissabon	**Lisbona**	[liz'bona]
Londen	**Londra**	['londra]
Los Angeles	**Los Angeles**	[los 'endʒeles]
Lyon	**Lione**	[li'one]
Madrid	**Madrid**	[ma'drid]
Marseille	**Marsiglia**	[mar'siʎʎa]
Mexico-Stad	**Città del Messico**	[tʃit'ta del 'messiko]
Miami	**Miami**	[ma'jami]
Montreal	**Montreal**	[monre'al]
Moskou	**Mosca**	['moska]
München	**Monaco di Baviera**	['monako di ba'vjera]
Nairobi	**Nairobi**	[naj'robi]
Napels	**Napoli**	['napoli]
New York	**New York**	[nju 'jork]
Nice	**Nizza**	['nittsa]
Oslo	**Oslo**	['ozlo]
Ottawa	**Ottawa**	[ot'tava]
Parijs	**Parigi**	[pa'ridʒi]
Peking	**Pechino**	[pe'kino]
Praag	**Praga**	['praga]
Rio de Janeiro	**Rio de Janeiro**	['rio de ʒa'nejro]
Rome	**Roma**	['roma]
Seoel	**Seoul**	[se'ul]
Singapore	**Singapore**	[singa'pore]
Sint-Petersburg	**San Pietroburgo**	[san pjetro'burgo]
Sjanghai	**Shanghai**	[ʃan'gaj]
Stockholm	**Stoccolma**	[stok'kolma]
Sydney	**Sidney**	[sid'nej]
Taipei	**Taipei**	[taj'pej]
Tokio	**Tokio**	['tokio]
Toronto	**Toronto**	[to'ronto]
Venetië	**Venezia**	[ve'netsia]
Warschau	**Varsavia**	[var'savia]
Washington	**Washington**	['woʃinton]
Wenen	**Vienna**	['vjenna]

243. Politiek. Overheid. Deel 1

politiek (de)	**politica** (f)	[po'litika]
politiek (bn)	**politico** (agg)	[po'litiko]

politicus (de)	**politico** (m)	[po'litiko]
staat (land)	**stato** (m)	['stato]
burger (de)	**cittadino** (m)	[tʃitta'dino]
staatsburgerschap (het)	**cittadinanza** (f)	[tʃittadi'nantsa]

nationaal wapen (het)	**emblema** (m) **nazionale**	[em'blema natsjo'nale]
volkslied (het)	**inno** (m) **nazionale**	['inno natsjo'nale]

regering (de)	**governo** (m)	[go'verno]
staatshoofd (het)	**capo** (m) **di Stato**	['kapo di 'stato]
parlement (het)	**parlamento** (m)	[parla'mento]
partij (de)	**partito** (m)	[par'tito]

kapitalisme (het)	**capitalismo** (m)	[kapita'lizmo]
kapitalistisch (bn)	**capitalistico**	[kapita'listiko]

socialisme (het)	**socialismo** (m)	[sotʃia'lizmo]
socialistisch (bn)	**socialista**	[sotʃia'lista]

communisme (het)	**comunismo** (m)	[komu'nizmo]
communistisch (bn)	**comunista**	[komu'nista]
communist (de)	**comunista** (m)	[komu'nista]

democratie (de)	**democrazia** (f)	[demokra'tsia]
democraat (de)	**democratico** (m)	[demo'kratiko]
democratisch (bn)	**democratico**	[demo'kratiko]
democratische partij (de)	**partito** (m) **democratico**	[par'tito demo'kratiko]

liberaal (de)	**liberale** (m)	[libe'rale]
liberaal (bn)	**liberale** (agg)	[libe'rale]

conservator (de)	**conservatore** (m)	[konserva'tore]
conservatief (bn)	**conservatore** (agg)	[konserva'tore]

republiek (de)	**repubblica** (f)	[re'pubblika]
republikein (de)	**repubblicano** (m)	[repubbli'kano]
Republikeinse Partij (de)	**partito** (m) **repubblicano**	[par'tito repubbli'kano]

verkiezing (de)	**elezioni** (f pl)	[ele'tsjoni]
kiezen (ww)	**eleggere** (vt)	[e'ledʒere]
kiezer (de)	**elettore** (m)	[elet'tore]
verkiezingscampagne (de)	**campagna** (f) **elettorale**	[kam'paɲa eletto'rale]

stemming (de)	**votazione** (f)	[vota'tsjone]
stemmen (ww)	**votare** (vi)	[vo'tare]
stemrecht (het)	**diritto** (m) **di voto**	[di'ritto di 'voto]

kandidaat (de)	**candidato** (m)	[kandi'dato]
zich kandideren	**candidarsi** (vr)	[kandi'darsi]
campagne (de)	**campagna** (f)	[kam'paɲa]

oppositie- (abn)	**d'opposizione**	[doppozi'tsjone]
oppositie (de)	**opposizione** (f)	[oppozi'tsjone]

bezoek (het)	**visita** (f)	['vizita]
officieel bezoek (het)	**visita** (f) **ufficiale**	['vizita uffi'tʃale]

internationaal (bn)	internazionale	[internatsjo'nale]
onderhandelingen (mv.)	trattative (f pl)	[tratta'tive]
onderhandelen (ww)	negoziare (vi)	[nego'tsjare]

244. Politiek. Overheid. Deel 2

maatschappij (de)	società (f)	[sotʃie'ta]
grondwet (de)	costituzione (f)	[kostitu'tsjone]
macht (politieke ~)	potere (m)	[po'tere]
corruptie (de)	corruzione (f)	[korru'tsjone]

| wet (de) | legge (f) | ['ledʒe] |
| wettelijk (bn) | legittimo | [le'dʒittimo] |

| rechtvaardigheid (de) | giustizia (f) | [dʒu'stitsia] |
| rechtvaardig (bn) | giusto | ['dʒusto] |

comité (het)	comitato (m)	[komi'tato]
wetsvoorstel (het)	disegno (m) di legge	[di'zeɲo di 'ledʒe]
begroting (de)	bilancio (m)	[bi'lantʃo]
beleid (het)	politica (f)	[po'litika]
hervorming (de)	riforma (f)	[ri'forma]
radicaal (bn)	radicale	[radi'kale]

macht (vermogen)	forza (f), potenza (f)	['fortsa], [po'tentsa]
machtig (bn)	potente	[po'tente]
aanhanger (de)	sostenitore (m)	[sosteni'tore]
invloed (de)	influenza (f)	[influ'entsa]

regime (het)	regime (m)	[re'dʒime]
conflict (het)	conflitto (m)	[kon'flitto]
samenzwering (de)	complotto (m)	[kom'plotto]
provocatie (de)	provocazione (f)	[provoka'tsjone]

omverwerpen (ww)	rovesciare (vt)	[rove'ʃare]
omverwerping (de)	rovesciamento (m)	[roveʃa'mento]
revolutie (de)	rivoluzione (f)	[rivolu'tsjone]

| staatsgreep (de) | colpo (m) di Stato | ['kolpo di 'stato] |
| militaire coup (de) | golpe (m) militare | ['golpe mili'tare] |

crisis (de)	crisi (f)	['krizi]
economische recessie (de)	recessione (f) economica	[retʃes'sjone eko'nomika]
betoger (de)	manifestante (m)	[manife'stante]
betoging (de)	manifestazione (f)	[manifesta'tsjone]
krijgswet (de)	legge (f) marziale	['ledʒe mar'tsjale]
militaire basis (de)	base (f) militare	['baze mili'tare]

| stabiliteit (de) | stabilità (f) | [stabili'ta] |
| stabiel (bn) | stabile | ['stabile] |

uitbuiting (de)	sfruttamento (m)	[sfrutta'mento]
uitbuiten (ww)	sfruttare (vt)	[sfrut'tare]
racisme (het)	razzismo (m)	[rat'tsizmo]

racist (de)	razzista (m)	[rat'tsista]
fascisme (het)	fascismo (m)	[fa'ʃizmo]
fascist (de)	fascista (m)	[fa'ʃista]

245. Landen. Diversen

vreemdeling (de)	straniero (m)	[stra'njero]
buitenlands (bn)	straniero (agg)	[stra'njero]
in het buitenland (bw)	all'estero	[all 'estero]

emigrant (de)	emigrato (m)	[emi'grato]
emigratie (de)	emigrazione (f)	[emigra'tsjone]
emigreren (ww)	emigrare (vi)	[emi'grare]

Westen (het)	Ovest (m)	['ovest]
Oosten (het)	Est (m)	[est]
Verre Oosten (het)	Estremo Oriente (m)	[e'stremo o'rjente]
beschaving (de)	civiltà (f)	[tʃivil'ta]
mensheid (de)	umanità (f)	[umani'ta]
wereld (de)	mondo (m)	['mondo]
vrede (de)	pace (f)	['patʃe]
wereld- (abn)	mondiale	[mon'djale]

vaderland (het)	patria (f)	['patria]
volk (het)	popolo (m)	['popolo]
bevolking (de)	popolazione (f)	[popola'tsjone]
mensen (mv.)	gente (f)	['dʒente]
natie (de)	nazione (f)	[na'tsjone]
generatie (de)	generazione (f)	[dʒenera'tsjone]
gebied (bijv. bezette ~en)	territorio (m)	[terri'torio]
regio, streek (de)	regione (f)	[re'dʒone]
deelstaat (de)	stato (m)	['stato]

traditie (de)	tradizione (f)	[tradi'tsjone]
gewoonte (de)	costume (m)	[ko'stume]
ecologie (de)	ecologia (f)	[ekolo'dʒia]

Indiaan (de)	indiano (m)	[indi'ano]
zigeuner (de)	zingaro (m)	['tsingaro]
zigeunerin (de)	zingara (f)	['tsingara]
zigeuner- (abn)	di zingaro	[di 'tsingaro]

rijk (het)	impero (m)	[im'pero]
kolonie (de)	colonia (f)	[ko'lonia]
slavernij (de)	schiavitù (f)	[skjavi'tu]
invasie (de)	invasione (f)	[inva'zjone]
hongersnood (de)	carestia (f)	[kare'stia]

246. Grote religieuze groepen. Bekentenissen

| religie (de) | religione (f) | [reli'dʒone] |
| religieus (bn) | religioso | [reli'dʒozo] |

geloof (het)	**fede** (f)	['fede]
geloven (ww)	**credere** (vi)	['kredere]
gelovige (de)	**credente** (m)	[kre'dente]
atheïsme (het)	**ateismo** (m)	[ate'izmo]
atheïst (de)	**ateo** (m)	['ateo]
christendom (het)	**cristianesimo** (m)	[kristja'nezimo]
christen (de)	**cristiano** (m)	[kri'stjano]
christelijk (bn)	**cristiano** (agg)	[kri'stjano]
katholicisme (het)	**Cattolicesimo** (m)	[kattoli'ʧezimo]
katholiek (de)	**cattolico** (m)	[kat'toliko]
katholiek (bn)	**cattolico** (agg)	[kat'toliko]
protestantisme (het)	**Protestantesimo** (m)	[protestan'tesimo]
Protestante Kerk (de)	**Chiesa** (f) **protestante**	['kjeza protes'tante]
protestant (de)	**protestante** (m)	[prote'stante]
orthodoxie (de)	**Ortodossia** (f)	[ortodos'sia]
Orthodoxe Kerk (de)	**Chiesa** (f) **ortodossa**	['kjeza orto'dossa]
orthodox	**ortodosso** (m)	[orto'dosso]
presbyterianisme (het)	**Presbiterianesimo** (m)	[presbiterja'nezimo]
Presbyteriaanse Kerk (de)	**Chiesa** (f) **presbiteriana**	['kjeza presbite'rjana]
presbyteriaan (de)	**presbiteriano** (m)	[presbite'rjano]
lutheranisme (het)	**Luteranesimo** (m)	[lutera'nezimo]
lutheraan (de)	**luterano** (m)	[lute'rano]
baptisme (het)	**confessione** (f) **battista**	[konfes'sjone bat'tista]
baptist (de)	**battista** (m)	[bat'tista]
Anglicaanse Kerk (de)	**Chiesa** (f) **anglicana**	['kjeza angli'kana]
anglicaan (de)	**anglicano** (m)	[angli'kano]
mormonisme (het)	**Mormonismo** (m)	[mormo'nizmo]
mormoon (de)	**mormone** (m)	[mor'mone]
Jodendom (het)	**giudaismo** (m)	[dʒuda'izmo]
jood (aanhanger van het Jodendom)	**ebreo** (m)	[e'breo]
boeddhisme (het)	**buddismo** (m)	[bud'dizmo]
boeddhist (de)	**buddista** (m)	[bud'dista]
hindoeïsme (het)	**Induismo** (m)	[indu'izmo]
hindoe (de)	**induista** (m)	[indu'ista]
islam (de)	**Islam** (m)	['izlam]
islamiet (de)	**musulmano** (m)	[musul'mano]
islamitisch (bn)	**musulmano**	[musul'mano]
sjiisme (het)	**sciismo** (m)	[ʃi'izmo]
sjiiet (de)	**sciita** (m)	[ʃi'ita]
soennisme (het)	**sunnismo** (m)	[sun'nizmo]
soenniet (de)	**sunnita** (m)	[sun'nita]

247. Religies. Priesters

priester (de)	**prete** (m)	['prete]
paus (de)	**Papa** (m)	['papa]
monnik (de)	**monaco** (m)	['monako]
non (de)	**monaca** (f)	['monaka]
pastoor (de)	**pastore** (m)	[pa'store]
abt (de)	**abate** (m)	[a'bate]
vicaris (de)	**vicario** (m)	[vi'kario]
bisschop (de)	**vescovo** (m)	['veskovo]
kardinaal (de)	**cardinale** (m)	[kardi'nale]
predikant (de)	**predicatore** (m)	[predika'tore]
preek (de)	**predica** (f)	['predika]
kerkgangers (mv.)	**parrocchiani** (m)	[parrok'kjani]
gelovige (de)	**credente** (m)	[kre'dente]
atheïst (de)	**ateo** (m)	['ateo]

248. Geloof. Christendom. Islam

Adam	**Adamo**	[a'damo]
Eva	**Eva**	['eva]
God (de)	**Dio** (m)	['dio]
Heer (de)	**Signore** (m)	[si'ɲore]
Almachtige (de)	**Onnipotente** (m)	[onnipo'tente]
zonde (de)	**peccato** (m)	[pek'kato]
zondigen (ww)	**peccare** (vi)	[pek'kare]
zondaar (de)	**peccatore** (m)	[pekka'tore]
zondares (de)	**peccatrice** (f)	[pekka'tritʃe]
hel (de)	**inferno** (m)	[in'ferno]
paradijs (het)	**paradiso** (m)	[para'dizo]
Jezus	**Gesù**	[dʒe'su]
Jezus Christus	**Gesù Cristo**	[dʒe'su 'kristo]
Heilige Geest (de)	**Spirito** (m) **Santo**	['spirito 'santo]
Verlosser (de)	**Salvatore** (m)	[salva'tore]
Maagd Maria (de)	**Madonna**	[ma'donna]
duivel (de)	**Diavolo** (m)	['djavolo]
duivels (bn)	**del diavolo**	[del 'djavolo]
Satan	**Satana** (m)	['satana]
satanisch (bn)	**satanico**	[sa'taniko]
engel (de)	**angelo** (m)	['andʒelo]
beschermengel (de)	**angelo** (m) **custode**	['andʒelo kus'tode]
engelachtig (bn)	**angelico**	[an'dʒeliko]

apostel (de)	**apostolo** (m)	[a'postolo]
aartsengel (de)	**arcangelo** (m)	[ar'kandʒelo]
antichrist (de)	**Anticristo** (m)	[anti'kristo]
Kerk (de)	**Chiesa** (f)	['kjeza]
bijbel (de)	**Bibbia** (f)	['bibbia]
bijbels (bn)	**biblico**	['bibliko]
Oude Testament (het)	**Vecchio Testamento** (m)	['vekkio testa'mento]
Nieuwe Testament (het)	**Nuovo Testamento** (m)	[nu'ovo testa'mento]
evangelie (het)	**Vangelo** (m)	[van'dʒelo]
Heilige Schrift (de)	**Sacra Scrittura** (f)	['sakra skrit'tura]
Hemel, Hemelrijk (de)	**Il Regno dei Cieli**	[il 'reɲo dei 'tʃeli]
gebod (het)	**comandamento** (m)	[komanda'mento]
profeet (de)	**profeta** (m)	[pro'feta]
profetie (de)	**profezia** (f)	[profe'tsia]
Allah	**Allah**	[al'la]
Mohammed	**Maometto**	[mao'meto]
Koran (de)	**Corano** (m)	[ko'rano]
moskee (de)	**moschea** (f)	[mos'kea]
moellah (de)	**mullah** (m)	[mul'la]
gebed (het)	**preghiera** (f)	[pre'gjera]
bidden (ww)	**pregare** (vi, vt)	[pre'gare]
pelgrimstocht (de)	**pellegrinaggio** (m)	[pellegri'nadʒo]
pelgrim (de)	**pellegrino** (m)	[pelle'grino]
Mekka	**La Mecca** (f)	[la 'mekka]
kerk (de)	**chiesa** (f)	['kjeza]
tempel (de)	**tempio** (m)	['tempjo]
kathedraal (de)	**cattedrale** (f)	[katte'drale]
gotisch (bn)	**gotico**	['gotiko]
synagoge (de)	**sinagoga** (f)	[sina'goga]
moskee (de)	**moschea** (f)	[mos'kea]
kapel (de)	**cappella** (f)	[kap'pella]
abdij (de)	**abbazia** (f)	[abba'tsia]
nonnenklooster (het)	**convento** (m) **di suore**	[kon'vento di su'ore]
mannenklooster (het)	**monastero** (m)	[mona'stero]
klok (de)	**campana** (f)	[kam'pana]
klokkentoren (de)	**campanile** (m)	[kampa'nile]
luiden (klokken)	**suonare** (vi)	[suo'nare]
kruis (het)	**croce** (f)	['krotʃe]
koepel (de)	**cupola** (f)	['kupola]
icoon (de)	**icona** (f)	[i'kona]
ziel (de)	**anima** (f)	['anima]
lot, noodlot (het)	**destino** (m), **sorte** (f)	[de'stino], ['sorte]
kwaad (het)	**male** (m)	['male]
goed (het)	**bene** (m)	['bene]
vampier (de)	**vampiro** (m)	[vam'piro]

heks (de)	**strega** (f)	['strega]
demoon (de)	**demone** (m)	['demone]
geest (de)	**spirito** (m)	['spirito]
verzoeningsleer (de)	**redenzione** (f)	[reden'tsjone]
vrijkopen (ww)	**redimere** (vt)	[re'dimere]
mis (de)	**messa** (f)	['messa]
de mis opdragen	**dire la messa**	['dire la 'messa]
biecht (de)	**confessione** (f)	[konfes'sjone]
biechten (ww)	**confessarsi** (vr)	[konfes'sarsi]
heilige (de)	**santo** (m)	['santo]
heilig (bn)	**sacro**	['sakro]
wijwater (het)	**acqua** (f) **santa**	['akwa 'santa]
ritueel (het)	**rito** (m)	['rito]
ritueel (bn)	**rituale**	[ritu'ale]
offerande (de)	**sacrificio** (m)	[sakri'fitʃo]
bijgeloof (het)	**superstizione** (f)	[supersti'tsjone]
bijgelovig (bn)	**superstizioso**	[supersti'tsjozo]
hiernamaals (het)	**vita** (f) **dell'oltretomba**	['vita dell oltre'tomba]
eeuwige leven (het)	**vita** (f) **eterna**	['vita e'terna]

DIVERSEN

249. Diverse nuttige woorden

achtergrond (de)	sfondo (m)	['sfondo]
balans (de)	bilancio (m)	[bi'lantʃo]
basis (de)	base (f)	['baze]
begin (het)	inizio (m)	[i'nitsio]
beurt (wie is aan de ~?)	turno (m)	['turno]
categorie (de)	categoria (f)	[katego'ria]
comfortabel (~ bed, enz.)	comodo	['komodo]
compensatie (de)	compenso (m)	[kom'penso]
deel (gedeelte)	parte (f)	['parte]
deeltje (het)	particella (f)	[parti'tʃella]
ding (object, voorwerp)	cosa (f)	['koza]
dringend (bn, urgent)	urgente	[ur'dʒente]
dringend (bw, met spoed)	urgentemente	[urdʒente'mente]
effect (het)	effetto (m)	[ef'fetto]
eigenschap (kwaliteit)	proprietà (f)	[proprie'ta]
einde (het)	termine (m)	['termine]
element (het)	elemento (m)	[ele'mento]
feit (het)	fatto (m)	['fatto]
fout (de)	errore (m)	[er'rore]
geheim (het)	segreto (m)	[se'greto]
graad (mate)	grado (m)	['grado]
groei (ontwikkeling)	crescita (f)	['kreʃita]
hindernis (de)	barriera (f)	[bar'rjera]
hinderpaal (de)	ostacolo (m)	[os'takolo]
hulp (de)	aiuto (m)	[a'juto]
ideaal (het)	ideale (m)	[ide'ale]
inspanning (de)	sforzo (m)	['sfortso]
keuze (een grote ~)	scelta (f)	['ʃelta]
labyrint (het)	labirinto (m)	[labi'rinto]
manier (de)	modo (m)	['modo]
moment (het)	momento (m)	[mo'mento]
nut (bruikbaarheid)	utilità (f)	[utili'ta]
onderscheid (het)	differenza (f)	[diffe'rentsa]
ontwikkeling (de)	sviluppo (m)	[zvi'luppo]
oplossing (de)	soluzione (f)	[solu'tsjone]
origineel (het)	originale (m)	[oridʒi'nale]
pauze (de)	pausa (f)	['pauza]
positie (de)	posizione (f)	[pozi'tsjone]
principe (het)	principio (m)	[prin'tʃipjo]

probleem (het)	problema (m)	[pro'blema]
proces (het)	processo (m)	[pro'tʃesso]
reactie (de)	reazione (f)	[rea'tsjone]

reden (om ~ van)	causa (f)	['kauza]
risico (het)	rischio (m)	['riskio]
samenvallen (het)	coincidenza (f)	[kojntʃi'dentsa]
serie (de)	serie (f)	['serie]

situatie (de)	situazione (f)	[situa'tsjone]
soort (bijv. ~ sport)	genere (m)	['dʒenere]
standaard (bn)	standard	['standar]
standaard (de)	standard (m)	['standar]
stijl (de)	stile (m)	['stile]

stop (korte onderbreking)	pausa (f)	['pauza]
systeem (het)	sistema (m)	[si'stema]
tabel (bijv. ~ van Mendelejev)	tabella (f)	[ta'bella]
tempo (langzaam ~)	ritmo (m)	['ritmo]
term (medische ~en)	termine (m)	['termine]

type (soort)	tipo (m)	['tipo]
variant (de)	variante (f)	[vari'ante]
veelvuldig (bn)	frequente	[fre'kwente]
vergelijking (de)	confronto (m)	[kon'fronto]
voorbeeld (het goede ~)	esempio (m)	[e'zempjo]

voortgang (de)	progresso (m)	[pro'gresso]
voorwerp (ding)	oggetto (m)	[o'dʒetto]
vorm (uiterlijke ~)	forma (f)	['forma]
waarheid (de)	verità (f)	[veri'ta]
zone (de)	zona (f)	['dzona]

250. Beperkende bijwoorden. Bijvoeglijke naamwoorden. Deel 1

accuraat (uurwerk, enz.)	meticoloso, accurato	[metiko'lozo], [akku'rato]
achter- (abn)	posteriore	[poste'rjore]
additioneel (bn)	supplementare	[supplemen'tare]
anders (bn)	diverso	[di'verso]

arm (bijv. ~e landen)	povero	['povero]
begrijpelijk (bn)	chiaro	['kjaro]
belangrijk (bn)	importante	[impor'tante]
belangrijkst (bn)	il più importante	[il pju impor'tante]

beleefd (bn)	gentile	[dʒen'tile]
beperkt (bn)	limitato	[limi'tato]
betekenisvol (bn)	notevole	[no'tevole]
bijziend (bn)	miope	['miope]
binnen- (abn)	interno	[in'terno]

bitter (bn)	amaro	[a'maro]
blind (bn)	cieco	['tʃeko]
breed (een ~e straat)	largo	['largo]

breekbaar (porselein, glas)	fragile	['fradʒile]
buiten- (abn)	esterno	[e'sterno]

buitenlands (bn)	straniero	[stra'njero]
burgerlijk (bn)	civile	[tʃi'vile]
centraal (bn)	centrale	[tʃen'trale]
dankbaar (bn)	grato	['grato]
dicht (~e mist)	denso	['denso]

dicht (bijv. ~e mist)	fitto	['fitto]
dicht (bn)	vicino, accanto	[vi'tʃino], [a'kanto]
dichtstbijzijnd (bn)	il più vicino	[il pju vi'tʃino]

diepvries (~product)	surgelato	[surdʒe'lato]
dik (bijv. muur)	spesso	['spesso]
dof (~ licht)	fievole	['fjevole]
dom (dwaas)	stupido	['stupido]

donker (bijv. ~e kamer)	buio, scuro	['bujo], ['skuro]
dood (bn)	morto	['morto]
doorzichtig (bn)	trasparente	[traspa'rente]
droevig (~ blik)	triste	['triste]
droog (bn)	secco	['sekko]

dun (persoon)	magro	['magro]
duur (bn)	caro	['karo]
eender (bn)	uguale	[u'gwale]
eenvoudig (bn)	facile	['fatʃile]
eenvoudig (bn)	semplice	['semplitʃe]

eeuwenoude (~ beschaving)	antico	[an'tiko]
enorm (bn)	enorme	[e'norme]
geboorte- (stad, land)	nativo	[na'tivo]
gebruind (bn)	abbronzato	[abbron'dzato]

gelijkend (bn)	simile	['simile]
gelukkig (bn)	felice	[fe'litʃe]
gesloten (bn)	chiuso	['kjuzo]
getaand (bn)	bruno	['bruno]

gevaarlijk (bn)	pericoloso	[periko'lozo]
gewoon (bn)	comune, normale	[ko'mune], [nor'male]
gezamenlijk (~ besluit)	collegiale	[kolle'dʒale]
glad (~ oppervlak)	liscio	['liʃo]
glad (~ oppervlak)	piatto	['pjatto]

goed (bn)	buono	[bu'ono]
goedkoop (bn)	a buon mercato	[a bu'on mer'kato]
gratis (bn)	gratuito	[gratu'ito]
groot (bn)	grande	['grande]

hard (niet zacht)	duro	['duro]
heel (volledig)	intero	[in'tero]
heet (bn)	caldo	['kaldo]
hongerig (bn)	affamato	[affa'mato]
hoofd- (abn)	principale	[printʃi'pale]

227

hoogste (bn)	il più alto	[il pju 'alto]
huidig (courant)	presente	[pre'zente]
jong (bn)	giovane	['dʒovane]
juist, correct (bn)	giusto	['dʒusto]
kalm (bn)	tranquillo	[tran'kwillo]
kinder- (abn)	per bambini	[per bam'bini]
klein (bn)	piccolo	['pikkolo]
koel (~ weer)	fresco	['fresko]
kort (kortstondig)	breve	['breve]
kort (niet lang)	corto	['korto]
koud (~ water, weer)	freddo	['freddo]
kunstmatig (bn)	artificiale	[artifi'tʃale]
laatst (bn)	ultimo	['ultimo]
lang (een ~ verhaal)	lungo	['lungo]
langdurig (bn)	continuo	[kon'tinuo]
lastig (~ probleem)	complicato	[kompli'kato]
leeg (glas, kamer)	vuoto	[vu'oto]
lekker (bn)	buono, gustoso	[bu'ono], [gu'stozo]
licht (kleur)	chiaro, tenue	['kjaro], ['tenue]
licht (niet veel weegt)	leggero	[le'dʒero]
linker (bn)	sinistro	[si'nistro]
luid (bijv. ~e stem)	alto, forte	['alto], ['forte]
mager (bn)	molto magro	['molto 'magro]
mat (bijv. ~ verf)	opaco	[o'pako]
moe (bn)	stanco	['stanko]
moeilijk (~ besluit)	difficile	[dif'fitʃile]
mogelijk (bn)	possibile	[pos'sibile]
mooi (bn)	bello	['bello]
mysterieus (bn)	misterioso	[miste'rjozo]
naburig (bn)	vicino, prossimo	[vi'tʃino], ['prossimo]
nalatig (bn)	noncurante	[nonku'rante]
nat (~te kleding)	bagnato	[ba'ɲato]
nerveus (bn)	nervoso	[ner'vozo]
niet groot (bn)	non molto grande	[non 'molto 'grande]
niet moeilijk (bn)	non difficile	[non dif'fitʃile]
nieuw (bn)	nuovo	[nu'ovo]
nodig (bn)	necessario	[netʃes'sarjo]
normaal (bn)	normale	[nor'male]

251. Beperkende bijwoorden. Bijvoeglijke naamwoorden. Deel 2

onbegrijpelijk (bn)	incomprensibile	[inkompren'sibile]
onbelangrijk (bn)	insignificante	[insiɲifi'kante]
onbeweeglijk (bn)	immobile	[im'mobile]
onbewolkt (bn)	sereno	[se'reno]
ondergronds (geheim)	clandestino	[klande'stino]

ondiep (bn)	poco profondo	['poko pro'fondo]
onduidelijk (bn)	poco chiaro	['poko 'kjaro]
onervaren (bn)	inesperto	[ine'sperto]
onmogelijk (bn)	impossibile	[impos'sibile]
onontbeerlijk (bn)	indispensabile	[indispen'sabile]
onophoudelijk (bn)	ininterrotto	[ininte'rotto]
ontkennend (bn)	negativo	[nega'tivo]
open (bn)	aperto	[a'perto]
openbaar (bn)	pubblico	['pubbliko]
origineel (ongewoon)	originale	[oridʒi'nale]
oud (~ huis)	vecchio	['vekkio]
overdreven (bn)	eccessivo	[etʃes'sivo]
passend (bn)	idoneo	[i'doneo]
permanent (bn)	permanente	[perma'nente]
persoonlijk (bn)	personale	[perso'nale]
plat (bijv. ~ scherm)	piatto	['pjatto]
prachtig (~ paleis, enz.)	magnifico	[ma'ɲifiko]
precies (bn)	preciso	[pre'tʃizo]
prettig (bn)	gradevole	[gra'devole]
privé (bn)	privato	[pri'vato]
punctueel (bn)	puntuale	[puntu'ale]
rauw (niet gekookt)	crudo	['krudo]
recht (weg, straat)	dritto	['dritto]
rechter (bn)	destro	['destro]
rijp (fruit)	maturo	[ma'turo]
riskant (bn)	rischioso	[ris'kjozo]
ruim (een ~ huis)	spazioso	[spa'tsjozo]
rustig (bn)	calmo	['kalmo]
scherp (bijv. ~ mes)	affilato	[affi'lato]
schoon (niet vies)	pulito	[pu'lito]
slecht (bn)	cattivo	[kat'tivo]
slim (verstandig)	intelligente	[intelli'dʒente]
smal (~le weg)	stretto	['stretto]
snel (vlug)	veloce, rapido	[velotʃe], ['rapido]
somber (bn)	fosco	['fosko]
speciaal (bn)	speciale	[spe'tʃale]
sterk (bn)	forte	['forte]
stevig (bn)	solido	['solido]
straatarm (bn)	molto povero	['molto 'povero]
strak (schoenen, enz.)	stretto	['stretto]
teder (liefderijk)	dolce, tenero	['doltʃe], ['tenero]
tegenovergesteld (bn)	opposto	[op'posto]
tevreden (bn)	contento	[kon'tento]
tevreden (klant, enz.)	soddisfatto	[soddi'sfatto]
treurig (bn)	triste, mesto	['triste], ['mesto]
tweedehands (bn)	di seconda mano	[di se'konda 'mano]
uitstekend (bn)	eccellente	[etʃel'lente]
uitstekend (bn)	perfetto	[per'fetto]

uniek (bn)	unico	['uniko]
veilig (niet gevaarlijk)	sicuro	[si'kuro]
ver (in de ruimte)	lontano	[lon'tano]

verenigbaar (bn)	compatibile	[kompa'tibile]
vermoeiend (bn)	faticoso	[fati'kozo]
verplicht (bn)	obbligatorio	[obbliga'torio]
vers (~ brood)	fresco	['fresko]
verschillende (bn)	differente	[diffe'rente]

verst (meest afgelegen)	distante	[di'stante]
vettig (voedsel)	grasso	['grasso]
vijandig (bn)	ostile	[o'stile]
vloeibaar (bn)	liquido	['likwido]
vochtig (bn)	umido	['umido]
vol (helemaal gevuld)	pieno	['pjeno]

volgend (~ jaar)	successivo	[sutʃes'sivo]
vorig (bn)	passato	[pas'sato]
voornaamste (bn)	principale	[printʃi'pale]
vorig (~ jaar)	scorso	['skorso]
vorig (bijv. ~e baas)	precedente	[pretʃe'dente]

vriendelijk (aardig)	gentile	[dʒen'tile]
vriendelijk (goedhartig)	buono	[bu'ono]
vrij (bn)	libero	['libero]
vrolijk (bn)	allegro	[al'legro]
vruchtbaar (~ land)	fertile	['fertile]

vuil (niet schoon)	sporco	['sporko]
waarschijnlijk (bn)	probabile	[pro'babile]
warm (bn)	caldo	['kaldo]
wettelijk (bn)	legale	[le'gale]
zacht (bijv. ~ kussen)	morbido	['morbido]

zacht (bn)	basso	['basso]
zeldzaam (bn)	raro	['raro]
ziek (bn)	malato	[ma'lato]
zoet (~ water)	dolce	['doltʃe]
zoet (bn)	dolce	['doltʃe]

zonnig (~e dag)	di sole	[di 'sole]
zorgzaam (bn)	premuroso	[premu'rozo]
zout (de soep is ~)	salato	[sa'lato]
zuur (smaak)	acido, agro	['atʃido], ['agro]
zwaar (~ voorwerp)	pesante	[pe'zante]

DE 500 BELANGRIJKSTE WERKWOORDEN

252. Werkwoorden A-C

aaien (bijv. een konijn ~)	accarezzare (vt)	[akkaret'tsare]
aanbevelen (ww)	raccomandare (vt)	[rakkoman'dare]
aandringen (ww)	insistere (vi)	[in'sistere]
aankomen (ov. de treinen)	arrivare (vi)	[arri'vare]
aanleggen (bijv. bij de pier)	ormeggiarsi (vr)	[orme'dʒarsi]
aanraken (met de hand)	toccare (vt)	[tok'kare]
aansteken (kampvuur, enz.)	accendere (vt)	[a'tʃendere]
aanstellen (in functie plaatsen)	nominare (vt)	[nomi'nare]
aanvallen (mil.)	attaccare (vt)	[attak'kare]
aanvoelen (gevaar ~)	sentire (vt)	[sen'tire]
aanvoeren (leiden)	capeggiare (vt)	[kape'dʒare]
aanwijzen (de weg ~)	indicare (vt)	[indi'kare]
aanzetten (computer, enz.)	accendere (vt)	[a'tʃendere]
ademen (ww)	respirare (vi)	[respi'rare]
adverteren (ww)	pubblicizzare (vt)	[pubblitʃid'dzare]
adviseren (ww)	consigliare (vt)	[konsiʎ'ʎare]
afdalen (on.ww.)	scendere (vi)	['ʃendere]
afgunstig zijn (ww)	invidiare (vt)	[invi'djare]
afhakken (ww)	tagliare (vt)	[taʎ'ʎare]
afhangen van ...	dipendere da ...	[di'pendere da]
afluisteren (ww)	origliare (vi)	[oriʎ'ʎare]
afnemen (verwijderen)	togliere (vt)	['toʎʎere]
afrukken (ww)	strappare (vt)	[strap'pare]
afslaan (naar rechts ~)	girare (vi)	[dʒi'rare]
afsnijden (ww)	tagliare (vt)	[taʎ'ʎare]
afzeggen (ww)	annullare (vt)	[annul'lare]
amputeren (ww)	amputare (vt)	[ampu'tare]
amuseren (ww)	divertire (vt)	[diver'tire]
antwoorden (ww)	rispondere (vi, vt)	[ris'pondere]
applaudisseren (ww)	applaudire (vi, vt)	[applau'dire]
aspireren (iets willen worden)	aspirare (vi)	[aspi'rare]
assisteren (ww)	assistere (vt)	[as'sistere]
bang zijn (ww)	avere paura	[a'vere pa'ura]
barsten (plafond, enz.)	screpolarsi (vi)	[skrepo'larsi]
bedienen (in restaurant)	servire (vt)	[ser'vire]
bedreigen (bijv. met een pistool)	minacciare (vt)	[mina'tʃare]

bedriegen (ww)	**ingannare** (vt)	[ingan'nare]
beduiden (betekenen)	**significare** (vt)	[siɲifi'kare]
bedwingen (ww)	**trattenere** (vt)	[tratte'nere]
beëindigen (ww)	**finire, terminare** (vt)	[fi'nire], [termi'nare]
begeleiden (vergezellen)	**accompagnare** (vt)	[akkompa'ɲare]
begieten (water geven)	**innaffiare** (vt)	[innaf'fjare]
beginnen (ww)	**cominciare** (vt)	[komin'ʧare]
begrijpen (ww)	**capire** (vt)	[ka'pire]
behandelen (patiënt, ziekte)	**curare** (vt)	[ku'rare]
beheren (managen)	**dirigere** (vt)	[di'ridʒere]
beïnvloeden (ww)	**influire** (vt)	[influ'ire]
bekennen (misdadiger)	**confessarsi** (vr)	[konfes'sarsi]
beledigen (met scheldwoorden)	**insultare** (vt)	[insul'tare]
beledigen (ww)	**offendere** (vt)	[of'fendere]
beloven (ww)	**promettere** (vt)	[pro'mettere]
beperken (de uitgaven ~)	**limitare** (vt)	[limi'tare]
bereiken (doel ~, enz.)	**raggiungere** (vt)	[ra'dʒundʒere]
bereiken (plaats van bestemming ~)	**raggiungere** (vt)	[ra'dʒundʒere]
beschermen (bijv. de natuur ~)	**proteggere** (vt)	[pro'tedʒere]
beschuldigen (ww)	**accusare** (vt)	[akku'zare]
beslissen (~ iets te doen)	**decidere** (vt)	[de'ʧidere]
besmet worden (met ...)	**contagiarsi** (vr)	[konta'dʒarsi]
besmetten (ziekte overbrengen)	**contagiare** (vt)	[konta'dʒare]
bespreken (spreken over)	**discutere** (vt)	[di'skutere]
bestaan (een ~ voeren)	**vivere** (vi)	['vivere]
bestellen (eten ~)	**ordinare** (vt)	[ordi'nare]
bestraffen (een stout kind ~)	**punire** (vt)	[pu'nire]
betalen (ww)	**pagare** (vi, vt)	[pa'gare]
betekenen (beduiden)	**significare** (vt)	[siɲifi'kare]
betreuren (ww)	**rammaricarsi** (vr)	[ramari'karsi]
bevallen (prettig vinden)	**piacere** (vi)	[pja'ʧere]
bevelen (mil.)	**comandare**	[koman'dare]
bevredigen (ww)	**soddisfare** (vt)	[soddi'sfare]
bevrijden (stad, enz.)	**liberare** (vt)	[libe'rare]
bewaren (oude brieven, enz.)	**tenere** (vt)	[te'nere]
bewaren (vrede, leven)	**preservare** (vt)	[prezer'vare]
bewijzen (ww)	**provare** (vt)	[pro'vare]
bewonderen (ww)	**ammirare** (vi)	[ammi'rare]
bezitten (ww)	**possedere** (vt)	[posse'dere]
bezorgd zijn (ww)	**essere preoccupato**	['essere preokku'pato]
bezorgd zijn (ww)	**preoccuparsi** (vr)	[preokku'parsi]
bidden (praten met God)	**pregare** (vi, vt)	[pre'gare]
bijvoegen (ww)	**aggiungere** (vt)	[a'dʒundʒare]

| binden (ww) | legare (vt) | [le'gare] |
| binnengaan (een kamer ~) | entrare (vi) | [en'trare] |

blazen (ww)	soffiare (vi)	[sof'fjare]
blozen (zich schamen)	arrossire (vi)	[arros'sire]
blussen (brand ~)	estinguere (vt)	[e'stingwere]
boos maken (ww)	far arrabbiare	[far arrab'bjare]

boos zijn (ww)	essere arrabbiato con ...	['essere arrab'bjato kon]
breken	scoppiare (vi)	[skop'pjare]
(on.ww., van een touw)		
breken (speelgoed, enz.)	rompere (vt)	['rompere]
brengen (iets ergens ~)	portare (vt)	[por'tare]

charmeren (ww)	incantare (vt)	[iŋkan'tare]
citeren (ww)	citare (vt)	[tʃi'tare]
compenseren (ww)	compensare (vt)	[kompen'sare]
compliceren (ww)	complicare (vt)	[kompli'kare]

componeren (muziek ~)	comporre (vt)	[kom'porre]
compromitteren (ww)	compromettere (vt)	[kompro'mettere]
concurreren (ww)	competere (vi)	[kom'petere]
controleren (ww)	controllare (vt)	[kontrol'lare]

coöpereren (samenwerken)	collaborare (vi)	[kollabo'rare]
coördineren (ww)	coordinare (vt)	[koordi'nare]
corrigeren (fouten ~)	correggere (vt)	[kor'redʒere]
creëren (ww)	creare (vt)	[kre'are]

253. Werkwoorden D-K

danken (ww)	ringraziare (vt)	[ringra'tsjare]
de was doen	fare il bucato	['fare il bu'kato]
de weg wijzen	indirizzare (vt)	[indirit'tsare]
deelnemen (ww)	partecipare (vi)	[partetʃi'pare]
delen (wisk.)	dividere (vt)	[di'videre]

denken (ww)	pensare (vi, vt)	[pen'sare]
doden (ww)	uccidere (vt)	[u'tʃidere]
doen (ww)	fare (vt)	['fare]
dresseren (ww)	ammaestrare (vt)	[ammae'strare]

drinken (ww)	bere (vi, vt)	['bere]
drogen (klederen, haar)	asciugare (vt)	[aʃu'gare]
dromen (in de slaap)	sognare (vi)	[so'ɲare]
dromen (over vakantie ~)	sognare (vi)	[so'ɲare]
duiken (ww)	tuffarsi (vr)	[tuf'farsi]

durven (ww)	osare (vt)	[o'zare]
duwen (ww)	spingere (vt)	['spindʒere]
een auto besturen	guidare, condurre	[gwi'dare], [kon'durre]
een bad geven	far fare il bagno	[far 'fare il 'baɲo]
een bad nemen	fare un bagno	['fare un 'baɲo]
een conclusie trekken	trarre una conclusione	['trarre 'una konklu'zjone]

foto's maken	fare foto	['fare 'foto]
eisen (met klem vragen)	esigere (vt)	[e'ziʤere]
erkennen (schuld)	ammettere (vt)	[am'mettere]
erven (ww)	ereditare (vt)	[eredi'tare]
eten (ww)	mangiare (vi, vt)	[man'ʤare]
excuseren (vergeven)	scusare (vt)	[sku'zare]
existeren (bestaan)	esistere (vi)	[e'zistere]
feliciteren (ww)	congratularsi (vr)	[kongratu'larsi]
gaan (te voet)	camminare (vi)	[kammi'nare]
gaan slapen	andare a letto	[an'dare a 'letto]
gaan zitten (ww)	sedersi (vr)	[se'dersi]
gaan zwemmen	fare il bagno	['fare il 'baɲo]
garanderen (garantie geven)	garantire (vt)	[garan'tire]
gebruiken (bijv. een potlood ~)	usare (vt)	[u'zare]
gebruiken (woord, uitdrukking)	utilizzare (vt)	[utilid'dzare]
geconserveerd zijn (ww)	essere conservato	['essere konser'vato]
gedateerd zijn (ww)	risalire a ...	[resa'lire a]
gehoorzamen (ww)	obbedire (vi)	[obbe'dire]
gelijken (op elkaar lijken)	assomigliare a ...	[assomiʎ'ʎare a]
geloven (vinden)	credere (vt)	['kredere]
genoeg zijn (ww)	bastare (vi)	[bas'tare]
geven (ww)	dare (vt)	['dare]
gieten (in een beker ~)	versare (vt)	[ver'sare]
glimlachen (ww)	sorridere (vi)	[sor'ridere]
glimmen (glanzen)	splendere (vi)	['splendere]
gluren (ww)	spiare (vt)	[spi'are]
goed raden (ww)	indovinare (vt)	[indovi'nare]
gooien (een steen, enz.)	gettare (vt)	[ʤet'tare]
grappen maken (ww)	scherzare (vi)	[sker'tsare]
graven (tunnel, enz.)	scavare (vt)	[ska'vare]
haasten (iemand ~)	mettere fretta a ...	['mettere 'fretta a]
hebben (ww)	avere (vt)	[a'vere]
helpen (hulp geven)	aiutare (vt)	[aju'tare]
herhalen (opnieuw zeggen)	ripetere (vt)	[ri'petere]
herinneren (ww)	ricordare (vt)	[rikor'dare]
herinneren aan ... (afspraak, opdracht)	ricordare (vt)	[rikor'dare]
herkennen (identificeren)	riconoscere (vt)	[riko'noʃere]
herstellen (repareren)	riparare (vt)	[ripa'rare]
het haar kammen	pettinarsi (vr)	[petti'narsi]
hopen (ww)	sperare (vi, vt)	[spe'rare]
horen (waarnemen met het oor)	sentire (vt)	[sen'tire]
houden van (muziek, enz.)	gradire (vt)	[gra'dire]
huilen (wenen)	piangere (vi)	['pjanʤere]
huiveren (ww)	sussultare (vi)	[sussul'tare]

huren (een boot ~)	noleggiare (vt)	[nole'dʒare]
huren (huis, kamer)	affittare (vt)	[affit'tare]
huren (personeel)	assumere (vt)	[as'sumere]
imiteren (ww)	imitare (vt)	[imi'tare]

importeren (ww)	importare (vt)	[impor'tare]
inenten (vaccineren)	vaccinare (vt)	[vatʃi'nare]
informeren (informatie geven)	informare (vt)	[infor'mare]
informeren naar ... (navraag doen)	scoprire (vt)	[sko'prire]
inlassen (invoegen)	inserire (vt)	[inse'rire]

inpakken (in papier)	incartare (vt)	[inkar'tare]
inspireren (ww)	ispirare (vt)	[ispi'rare]
instemmen (akkoord gaan)	essere d'accordo	['essere dak'kordo]
interesseren (ww)	interessare (vt)	[interes'sare]

irriteren (ww)	irritare (vt)	[irri'tare]
isoleren (ww)	isolare (vt)	[izo'lare]
jagen (ww)	cacciare (vt)	[ka'tʃare]
kalmeren (kalm maken)	calmare (vt)	[kal'mare]

kennen (kennis hebben van iemand)	conoscere (vt)	[ko'noʃere]
kennismaken (met ...)	fare la conoscenza di ...	['fare la kono'ʃentsa di]
kiezen (ww)	scegliere (vt)	['ʃeʎʎere]
kijken (ww)	guardare (vi)	[gwar'dare]

klaarmaken (een plan ~)	preparare (vt)	[prepa'rare]
klaarmaken (het eten ~)	fare, preparare	['fare], [prepa'rare]
klagen (ww)	lamentarsi (vr)	[lamen'tarsi]
kloppen (aan een deur)	bussare (vi)	[bus'sare]

kopen (ww)	comprare (vt)	[kom'prare]
kopieën maken	fare copie	['fare 'kopje]
kosten (ww)	costare (vt)	[ko'stare]
kunnen (ww)	potere (vi)	[po'tere]
kweken (planten ~)	coltivare (vt)	[kolti'vare]

254. Werkwoorden L-R

lachen (ww)	ridere (vi)	['ridere]
laden (geweer, kanon)	caricare (vt)	[kari'kare]
laden (vrachtwagen)	caricare (vt)	[kari'kare]
laten vallen (ww)	lasciar cadere	[la'ʃar ka'dere]

lenen (geld ~)	prendere in prestito	['prendere in 'prestito]
leren (lesgeven)	insegnare (vt)	[inse'ɲare]
leven (bijv. in Frankrijk ~)	abitare (vi)	[abi'tare]
lezen (een boek ~)	leggere (vi, vt)	['ledʒere]

lid worden (ww)	aderire a ...	[ade'rire]
liefhebben (ww)	amare (vt)	[a'mare]
liegen (ww)	mentire (vi)	[men'tire]

liggen (op de tafel ~)	**stare** (vi)	['stare]
liggen (persoon)	**essere sdraiato**	['essere zdra'jato]
lijden (pijn voelen)	**soffrire** (vt)	[sof'frire]
losbinden (ww)	**slegare** (vt)	[zle'gare]
luisteren (ww)	**ascoltare** (vi)	[askol'tare]
lunchen (ww)	**pranzare** (vi)	[pran'tsare]
markeren (op de kaart, enz.)	**segnare** (vt)	[se'ɲare]
melden (nieuws ~)	**informare di ...**	[infor'mare di]
memoriseren (ww)	**memorizzare** (vt)	[memorid'dzare]
mengen (ww)	**mescolare** (vt)	[mesko'lare]
mikken op (ww)	**mirare, puntare**	[mi'rare], [pun'tare]
minachten (ww)	**disprezzare** (vt)	[dispret'tsare]
moeten (ww)	**dovere** (v aus)	[do'vere]
morsen (koffie, enz.)	**rovesciare** (vt)	[rove'ʃare]
naderen (dichterbij komen)	**avvicinarsi** (vr)	[avvitʃi'narsi]
neerlaten (ww)	**abbassare** (vt)	[abbas'sare]
nemen (ww)	**prendere** (vt)	['prendere]
nodig zijn (ww)	**essere necessario**	['essere netʃes'sario]
noemen (ww)	**chiamare** (vt)	[kja'mare]
noteren (opschrijven)	**prendere nota**	['prendere 'nota]
omhelzen (ww)	**abbracciare** (vt)	[abbra'tʃare]
omkeren (steen, voorwerp)	**capovolgere** (vt)	[kapo'voldʒere]
onderhandelen (ww)	**negoziare** (vi)	[nego'tsjare]
ondernemen (ww)	**intraprendere** (vt)	[intra'prendere]
onderschatten (ww)	**sottovalutare** (vt)	[sottovalu'tare]
onderscheiden (een ereteken geven)	**decorare qn**	[deko'rare]
onderstrepen (ww)	**sottolineare** (vt)	[sottoline'are]
ondertekenen (ww)	**firmare** (vt)	[fir'mare]
onderwijzen (ww)	**dare istruzioni**	['dare istru'tsjoni]
onderzoeken (alle feiten, enz.)	**esaminare** (vt)	[ezami'nare]
bezorgd maken	**preoccupare** (vt)	[preokku'pare]
onmisbaar zijn (ww)	**occorrere** (vi)	[ok'korrere]
ontbijten (ww)	**fare colazione**	['fare kola'tsjone]
ontdekken (bijv. nieuw land)	**scoprire** (vt)	[sko'prire]
ontkennen (ww)	**negare** (vt)	[ne'gare]
ontlopen (gevaar, taak)	**evitare** (vt)	[evi'tare]
ontnemen (ww)	**privare** (vt)	[pri'vare]
ontwerpen (machine, enz.)	**progettare** (vt)	[prodʒet'tare]
oorlog voeren (ww)	**essere in guerra**	['essere in 'gwerra]
op orde brengen	**mettere in ordine**	['mettere in 'ordine]
opbergen (in de kast, enz.)	**mettere via**	['mettere 'via]
opduiken (ov. een duikboot)	**emergere** (vi)	[e'merdʒere]
openen (ww)	**aprire** (vt)	[a'prire]
ophangen (bijv. gordijnen ~)	**appendere** (vt)	[ap'pendere]

ophouden (ww)	cessare (vt)	[tʃes'sare]
oplossen (een probleem ~)	risolvere (vt)	[ri'zolvere]
opmerken (zien)	accorgersi (vr)	[ak'kordʒersi]
opmerken (zien)	intravedere (vt)	[intrave'dere]
opscheppen (ww)	vantarsi (vr)	[van'tarsi]
opschrijven (op een lijst)	iscrivere (vt)	[I'skrivere]
opschrijven (ww)	annotare (vt)	[anno'tare]
opstaan (uit je bed)	alzarsi (vr)	[al'tsarsi]
opstarten (project, enz.)	avviare (vt)	[av'vjare]
opstijgen (vliegtuig)	decollare (vi)	[dekol'lare]
optreden (resoluut ~)	agire (vi)	[a'dʒire]
organiseren (concert, feest)	organizzare (vt)	[organid'dzare]
overdoen (ww)	rifare (vt)	[ri'fare]
overheersen (dominant zijn)	prevalere (vi)	[preva'lere]
overschatten (ww)	sopravvalutare (vt)	[sopravvalu'tare]
overtuigd worden (ww)	convincersi (vr)	[kon'vintʃersi]
overtuigen (ww)	convincere (vt)	[kon'vintʃere]
passen (jurk, broek)	stare bene	['stare 'bene]
passeren (~ mooie dorpjes, enz.)	sorpassare (vt)	[sorpas'sare]
peinzen (lang nadenken)	diventare pensieroso	[diven'tare pensje'rozo]
penetreren (ww)	penetrare (vi)	[pene'trare]
plaatsen (ww)	mettere (vt)	['mettere]
plaatsen (zetten)	collocare (vt)	[kollo'kare]
plannen (ww)	pianificare (vt)	[pjanifi'kare]
plezier hebben (ww)	divertirsi (vr)	[diver'tirsi]
plukken (bloemen ~)	cogliere (vt)	['koʎʎere]
prefereren (verkiezen)	preferire (vt)	[prefe'rire]
proberen (trachten)	tentare (vt)	[ten'tare]
proberen (trachten)	tentare (vt)	[ten'tare]
protesteren (ww)	protestare (vi)	[prote'stare]
provoceren (uitdagen)	provocare (vt)	[provo'kare]
raadplegen (dokter, enz.)	consultare (vt)	[konsul'tare]
rapporteren (ww)	fare un rapporto	['fare un rap'porto]
redden (ww)	salvare (vt)	[sal'vare]
regelen (conflict)	regolare (vt)	[rego'lare]
reinigen (schoonmaken)	pulirsi (vr)	[pu'lirsi]
rekenen op ...	contare su ...	[kon'tare su]
rennen (ww)	correre (vi)	['korrere]
reserveren (een hotelkamer ~)	prenotare (vt)	[preno'tare]
rijden (per auto, enz.)	andare (vi)	[an'dare]
rillen (ov. de kou)	tremare (vi)	[tre'mare]
riskeren (ww)	rischiare (vi, vt)	[ris'kjare]
roepen (met je stem)	chiamare (vt)	[kja'mare]
roepen (om hulp)	chiamare (vt)	[kja'mare]

ruiken (bepaalde geur verspreiden)	emanare odore	[ema'nare o'dore]
ruiken (rozen)	odorare (vt)	[odo'rare]
rusten (verpozen)	riposarsi (vr)	[ripo'zarsi]

255. Verbs S-V

samenstellen, maken (een lijst ~)	compilare (vt)	[kompi'lare]
schieten (ww)	sparare (vi)	[spa'rare]
schoonmaken (bijv. schoenen ~)	pulire (vt)	[pu'lire]
schoonmaken (ww)	fare le pulizie	['fare le puli'tsie]
schrammen (ww)	graffiare (vt)	[graf'fjare]
schreeuwen (ww)	gridare (vi)	[gri'dare]
schrijven (ww)	scrivere (vi, vt)	['skrivere]
schudden (ww)	scuotere (vt)	[sku'otere]
selecteren (ww)	selezionare (vt)	[seletsjo'nare]
simplificeren (ww)	semplificare (vt)	[semplifi'kare]
slaan (een hond ~)	picchiare (vt)	[pik'kjare]
sluiten (ww)	chiudere (vt)	['kjudere]
smeken (bijv. om hulp ~)	supplicare (vt)	[suppli'kare]
souperen (ww)	cenare (vi)	[tʃe'nare]
spelen (bijv. filmacteur)	recitare (vt)	[retʃi'tare]
spelen (kinderen, enz.)	giocare (vi)	[dʒo'kare]
spreken met ...	parlare con ...	[par'lare kon]
spuwen (ww)	sputare (vi)	[spu'tare]
stelen (ww)	rubare (vt)	[ru'bare]
stemmen (verkiezing)	votare (vi)	[vo'tare]
steunen (een goed doel, enz.)	sostenere (vt)	[soste'nere]
stoppen (pauzeren)	fermarsi (vr)	[fer'marsi]
storen (lastigvallen)	disturbare (vt)	[distur'bare]
strijden (tegen een vijand)	battersi (vr)	['battersi]
strijden (ww)	combattere (vi)	[kom'battere]
strijken (met een strijkbout)	stirare (vt)	[sti'rare]
studeren (bijv. wiskunde ~)	studiare (vt)	[stu'djare]
sturen (zenden)	inviare (vt)	[in'vjare]
tellen (bijv. geld ~)	contare (vt)	[kon'tare]
terugkeren (ww)	ritornare (vi)	[ritor'nare]
terugsturen (ww)	rimandare (vt)	[riman'dare]
toebehoren aan ...	appartenere (vi)	[apparte'nere]
toegeven (zwichten)	arrendersi (vr)	[ar'rendersi]
toenemen (on. ww)	aumentare (vi)	[aumen'tare]
toespreken (zich tot iemand richten)	rivolgersi a ...	[ri'voldʒersi a]

toestaan (goedkeuren)	autorizzare (vt)	[autorid'dzare]
toestaan (ww)	permettere (vt)	[per'mettere]
toewijden (boek, enz.)	dedicare (vt)	[dedi'kare]
tonen (uitstallen, laten zien)	mostrare (vt)	[mo'strare]
trainen (ww)	allenare (vt)	[alle'nare]
transformeren (ww)	trasformare (vt)	[trasfor'mare]
trekken (touw)	tirare (vt)	[ti'rare]
trouwen (ww)	sposarsi (vr)	[spo'zarsi]
tussenbeide komen (ww)	intervenire (vi)	[interve'nire]
twijfelen (onzeker zijn)	dubitare (vi)	[dubi'tare]
uitdelen (pamfletten ~)	distribuire (vt)	[distribu'ire]
uitdoen (licht)	spegnere (vt)	['speɲere]
uitdrukken (opinie, gevoel)	esprimere (vt)	[e'sprimere]
uitgaan (om te dineren, enz.)	uscire (vi)	[u'ʃire]
uitlachen (bespotten)	canzonare (vt)	[kantso'nare]
uitnodigen (ww)	invitare (vt)	[invi'tare]
uitrusten (ww)	equipaggiare (vt)	[ekwipa'dʒare]
uitsluiten (wegsturen)	escludere (vt)	[e'skludere]
uitspreken (ww)	pronunciare (vt)	[pronun'tʃare]
uittorenen (boven …)	sovrastare (vi)	[sovra'stare]
uitvaren tegen (ww)	sgridare (vt)	[zgri'dare]
uitvinden (machine, enz.)	inventare (vt)	[inven'tare]
uitwissen (ww)	cancellare (vt)	[kantʃel'lare]
vangen (ww)	afferrare (vt)	[affer'rare]
vastbinden aan …	legare (vt)	[le'gare]
vechten (ww)	picchiarsi (vr)	[pik'kjarsi]
veranderen (bijv. mening ~)	cambiare (vt)	[kam'bjare]
verbaasd zijn (ww)	stupirsi (vr)	[stu'pirsi]
verbazen (verwonderen)	sorprendere (vt)	[sor'prendere]
verbergen (ww)	nascondere (vt)	[na'skondere]
verbieden (ww)	vietare (vt)	[vje'tare]
verblinden (andere chauffeurs)	abbagliare (vt)	[abbaʎ'ʎare]
verbouwereerd zijn (ww)	essere perplesso	['essere per'plesso]
verbranden (bijv. papieren ~)	bruciare (vt)	[bru'tʃare]
verdedigen (je land ~)	difendere (vt)	[di'fendere]
verdenken (ww)	sospettare (vt)	[sospet'tare]
verdienen (een complimentje, enz.)	meritare (vt)	[meri'tare]
verdragen (tandpijn, enz.)	sopportare (vt)	[soppor'tare]
verdrinken (in het water omkomen)	annegare (vi)	[anne'gare]
verdubbelen (ww)	raddoppiare (vt)	[raddop'pjare]
verdwijnen (ww)	sparire (vi)	[spa'rire]
verenigen (ww)	unire (vt)	[u'nire]
vergelijken (ww)	confrontare (vt)	[konfron'tare]

vergeten (achterlaten)	**lasciare** (vt)	[la'ʃare]
vergeten (ww)	**dimenticare** (vt)	[dimenti'kare]
vergeven (ww)	**perdonare** (vt)	[perdo'nare]
vergroten (groter maken)	**aumentare** (vt)	[aumen'tare]
verklaren (uitleggen)	**spiegare** (vt)	[spje'gare]

verklaren (volhouden)	**affermare** (vt)	[affer'mare]
verklikken (ww)	**denunciare** (vt)	[denun'tʃare]
verkopen (per stuk ~)	**vendere** (vt)	['vendere]
verlaten (echtgenoot, enz.)	**lasciare** (vt)	[la'ʃare]
verlichten (gebouw, straat)	**illuminare** (vt)	[illumi'nare]

verlichten (gemakkelijker maken)	**semplificare** (vt)	[semplifi'kare]
verliefd worden (ww)	**innamorarsi di ...**	[innamo'rarsi di]
verliezen (bagage, enz.)	**perdere** (vt)	['perdere]
vermelden (praten over)	**menzionare** (vt)	[mentsjo'nare]

vermenigvuldigen (wisk.)	**moltiplicare** (vt)	[moltipli'kare]
verminderen (ww)	**ridurre** (vt)	[ri'durre]
vermoeid raken (ww)	**stancarsi** (vr)	[stan'karsi]
vermoeien (ww)	**stancare** (vt)	[sta'nakre]

256. Verbs V-Z

vernietigen (documenten, enz.)	**distruggere** (vt)	[di'strudʒere]
veronderstellen (ww)	**supporre** (vt)	[sup'porre]
verontwaardigd zijn (ww)	**indignarsi** (vr)	[indi'ɲarsi]
veroordelen (in een rechtszaak)	**condannare** (vt)	[kondan'nare]

veroorzaken ... (oorzaak zijn van ...)	**essere causa di ...**	['essere 'kauza di]
verplaatsen (ww)	**spostare** (vt)	[spo'stare]
verpletteren (een insect, enz.)	**schiacciare** (vt)	[skia'tʃare]

verplichten (ww)	**costringere** (vt)	[ko'strindʒere]
verschijnen (bijv. boek)	**uscire** (vi)	[u'ʃire]

verschijnen (in zicht komen)	**apparire** (vi)	[appa'rire]
verschillen (~ van iets anders)	**essere diverso da ...**	['essere di'verso da]
versieren (decoreren)	**decorare** (vt)	[deko'rare]
verspreiden (pamfletten, enz.)	**distribuire** (vt)	[distribu'ire]

verspreiden (reuk, enz.)	**emanare** (vt)	[ema'nare]
versterken (positie ~)	**rafforzare** (vt)	[raffor'tsare]
verstommen (ww)	**smettere di parlare**	['zmettere di par'lare]
vertalen (ww)	**tradurre** (vt)	[tra'durre]
vertellen (verhaal ~)	**raccontare** (vt)	[rakkon'tare]
vertrekken (bijv. naar Mexico ~)	**partire** (vi)	[par'tire]

vertrouwen (ww)	**fidarsi** (vt)	[fi'darsi]
vervolgen (ww)	**continuare** (vt)	[kontinu'are]
verwachten (ww)	**aspettarsi** (vr)	[aspet'tarsi]
verwarmen (ww)	**scaldare** (vt)	[skal'dare]
verwarren (met elkaar ~)	**confondere** (vt)	[kon'fondere]
verwelkomen (ww)	**salutare** (vt)	[salu'tare]
verwezenlijken (ww)	**realizzare** (vt)	[realid'dzare]
verwijderen (een obstakel)	**eliminare** (vt)	[elimi'nare]
verwijderen (een vlek ~)	**rimuovere** (vt)	[rimu'overe]
verwijten (ww)	**rimproverare** (vt)	[rimprove'rare]
verwisselen (ww)	**scambiare** (vt)	[skam'bjare]
verzoeken (ww)	**chiedere, domandare**	['kjedere], [doman'dare]
verzuimen (school, enz.)	**mancare le lezioni**	[man'kare le le'tsjoni]
vies worden (ww)	**sporcarsi** (vr)	[spor'karsi]
vinden (denken)	**pensare** (vi)	[pen'sare]
vinden (ww)	**trovare** (vt)	[tro'vare]
vissen (ww)	**pescare** (vi)	[pe'skare]
vleien (ww)	**adulare** (vt)	[adu'lare]
vliegen (vogel, vliegtuig)	**volare** (vi)	[vo'lare]
voederen (een dier voer geven)	**dare da mangiare**	['dare da man'dʒare]
volgen (ww)	**seguire** (vt)	[se'gwire]
voorstellen (introduceren)	**presentare** (vt)	[prezen'tare]
voorstellen (Mag ik jullie ~)	**far conoscere**	[far ko'noʃere]
voorstellen (ww)	**proporre** (vt)	[pro'porre]
voorzien (verwachten)	**prevedere** (vt)	[preve'dere]
vorderen (vooruitgaan)	**avanzare** (vi)	[avan'tsare]
vormen (samenstellen)	**formare** (vt)	[for'mare]
vullen (glas, fles)	**riempire** (vt)	[riem'pire]
waarnemen (ww)	**osservare** (vt)	[osser'vare]
waarschuwen (ww)	**avvertire** (vt)	[avver'tire]
wachten (ww)	**aspettare** (vt)	[aspet'tare]
wassen (ww)	**lavare** (vt)	[la'vare]
weerspreken (ww)	**obiettare** (vt)	[objet'tare]
wegdraaien (ww)	**girare lo sguardo**	[dʒi'rare lo 'zgwardo]
wegdragen (ww)	**portare via**	[por'tare 'via]
wegen (gewicht hebben)	**pesare** (vi)	[pe'zare]
wegjagen (ww)	**cacciare via**	[ka'tʃare 'via]
weglaten (woord, zin)	**omettere** (vt)	[o'mettere]
wegvaren (uit de haven vertrekken)	**salpare** (vi)	[sal'pare]
weigeren (iemand ~)	**rifiutare** (vt)	[rifju'tare]
wekken (ww)	**svegliare** (vt)	[zveʎ'ʎare]
wensen (ww)	**desiderare** (vt)	[dezide'rare]
werken (ww)	**lavorare** (vi)	[lavo'rare]
weten (ww)	**sapere** (vt)	[sa'pere]

willen (verlangen)	**volere** (vt)	[vo'lere]
wisselen (omruilen, iets ~)	**scambiarsi** (vr)	[skam'bjarsi]
worden (bijv. oud ~)	**diventare, divenire**	[diven'tare], [deve'nire]
worstelen (sport)	**lottare** (vi)	[lot'tare]
wreken (ww)	**vendicare** (vt)	[vendi'kare]
zaaien (zaad strooien)	**seminare** (vt)	[semi'nare]
zeggen (ww)	**dire** (vt)	['dire]
zich baseerd op	**basarsi su ...**	[ba'zarsi su]
zich bevrijden van ... (afhelpen)	**liberarsi** (vr)	[libe'rarsi]
zich concentreren (ww)	**concentrarsi** (vr)	[kontʃen'trarsi]
zich ergeren (ww)	**irritarsi** (vr)	[irri'tarsi]
zich gedragen (ww)	**comportarsi** (vr)	[kompor'tarsi]
zich haasten (ww)	**avere fretta**	[a'vere 'fretta]
zich herinneren (ww)	**ricordarsi di**	[rikor'darsi di]
zich herstellen (ww)	**guarire** (vi)	[gwa'rire]
zich indenken (ww)	**immaginare** (vt)	[immadʒi'nare]
zich interesseren voor ...	**interessarsi di ...**	[interes'sarsi di]
zich scheren (ww)	**rasarsi** (vr)	[ra'zarsi]
zich trainen (ww)	**allenarsi** (vr)	[alle'narsi]
zich verdedigen (ww)	**difendersi** (vr)	[di'fendersi]
zich vergissen (ww)	**sbagliare** (vi)	[zbaʎ'ʎare]
zich verontschuldigen	**scusarsi** (vr)	[sku'zarsi]
zich verspreiden (meel, suiker, enz.)	**spargersi** (vr)	['spardʒersi]
zich vervelen (ww)	**annoiarsi** (vr)	[anno'jarsi]
zijn (ww)	**essere** (vi)	['essere]
zinspelen (ww)	**alludere** (vi)	[al'ludere]
zitten (ww)	**sedere** (vi)	[se'dere]
zoeken (ww)	**cercare** (vt)	[tʃer'kare]
zondigen (ww)	**peccare** (vi)	[pek'kare]
zuchten (ww)	**sospirare** (vi)	[sospi'rare]
zwaaien (met de hand)	**agitare la mano**	[adʒi'tare la 'mano]
zwemmen (ww)	**nuotare** (vi)	[nuo'tare]
zwijgen (ww)	**tacere** (vi)	[ta'tʃere]

www.ingramcontent.com/pod-product-compliance
Lightning Source LLC
Chambersburg PA
CBHW071323090426
42738CB00012B/2779